我們一起做排舞

连仁都 著

厦门大学出版社 国家一级出版社
全国百佳图书出版单位

图书在版编目(CIP)数据

我们一起做排舞/连仁都著. —厦门：厦门大学出版社，2020.2
ISBN 978-7-5615-6910-8

Ⅰ.①我… Ⅱ.①连… Ⅲ.①体育舞蹈-中小学-教学参考资料 Ⅳ.①G633.951.3

中国版本图书馆 CIP 数据核字(2018)第 092747 号

出 版 人　郑文礼
责任编辑　牛跃天
封面设计　李嘉彬
技术编辑　朱　楷

出版发行　厦门大学出版社
社　　址　厦门市软件园二期望海路 39 号
邮政编码　361008
总 编 办　0592-2182177　0592-2181406(传真)
营销中心　0592-2184458　0592-2181365
网　　址　http://www.xmupress.com
邮　　箱　xmup@xmupress.com
印　　刷　厦门市金凯龙印刷有限公司

开本　720 mm×1 000 mm　1/16
印张　17
插页　2
字数　297 千字
版次　2020 年 2 月第 1 版
印次　2020 年 2 月第 1 次印刷
定价　62.00 元

本书如有印装质量问题请直接寄承印厂调换

厦门大学出版社
微信二维码

厦门大学出版社
微博二维码

时间都在这儿了

"人生全凭你自由的拓展和尽情的创造来定性，哪怕自身的天生素质和社会舞台无法把控，但很多时候可通过自己的努力和积极的作为，重塑或建构更为广阔的舞台。"这一段话，我经常用来鼓励我的学生。

连仁都老师是我研究生毕业后在华师大教授的第一批本科学生。弹指一挥间，18年就这么飞逝了，真的感慨时间都去哪儿啦？去年暑假，接到连老师的电话，向我介绍他最新的研究成果，提到想将该成果出版成书从而令更多人受益，并希望我为他的新书作序。去年5月，在江苏无锡连老师手持《校园排舞》《学校体育密码》两本专著，作为见面礼送给我，收到这份特别的礼物——来自我教育生涯第一批学生的教育专著，作为老师的我倍感欣慰。十几年里，连老师的时间都在这里了。连老师以他的执着态度，并以体育人的敏锐，践行课程标准的新理念，以课程资源为载体，开拓出属于自己教育生涯的成果。其实，作为一名教师，每个人在日积月累的实践中，或多或少都会有自己深刻的体验、反思和感悟，而这些均是独一无二、无可替代的，如果能够日积月累加以整理、凝练和提升，将成为使人受益的珍宝。

连老师用他的行动，向我们诠释了这个过程。从2007年起，他开始在学校创设校园排舞课程，先后发表了8篇与排舞相关的论文，组织校园排舞大赛，成立排舞专业发展委员会……在连老师的努力下，排舞成为其所在学校的办学特色；体育学科也成为福建省首批优质学科课程建设基地；校园排舞被评为福建省精品校本课程。有为才有位，体育学科要取得如此的成绩，仅靠领导的支持是很难实现的，而只有我们一线体育教师发挥赛场上进取、拼搏和永不停步的精神，才能获得别样的人生。

暑期连老师回母校，参加我们团队开发的"KDL"体育与健康课程培训，其中不乏几次深度交流，让我感受到我们一线体育教师从一定的高度去界定体育教师的职业，实属难能可贵。连老师本着自己的兴趣、爱好和直感去做事，去做自己喜欢而认为有意义的事，也水到渠成地产生了较好的影响和效果，也实现了一名体育教师的有为和有位。非常希望读到这本书的读者，尤其是体育教师，也能坚持自己的梦想，站在自己的舞台上，从点滴做起，挥斥方遒，书写畅意人生。

萨特说"存在先于本质"。人的本质是什么，取决于你怎样活着或怎样规划人生，任何人都没有天定的内涵，你必须通过自我开放、自由选择以及自为创造来填充自己。这话我也想借机送给仁都同学，希望他能在自己的教育舞台上越拓越宽、越走越远，在自己的教育生涯越走越敞亮。华东师范大学是你的母校，"求实创造，为人师表"的校训勾勒出人民教师最美的初心，体育与健康学院历来以培养体育教育大师为己任，希望这能成为你砥砺前行的不竭动力，成为你百尺竿头更进一层的那份责任与使命。

汪晓赞
2020 年 1 月 20 日

排舞梦，书写诗意人生

十几年寒窗苦读，让自己领略了校园生活的酸甜苦辣。大学毕业那一刻，因为留恋校园的天空，自己依然选择了校园。从那时到现在，生命中大部分的时间都在校园里度过，而排舞作为我工作的一部分，也给我带来了阳光与快乐。

校园与排舞的种子一直在我的血脉里生根、发芽、开花。在我的生命里，我始终认为校园与排舞是血脉相连的，它们相生相惜，心心相通，充实着我的人生，驱散着我内心的迷惘与困惑。校园是我的第二故乡，而对于排舞，我不敢说"结果"，因为这颗种子在贫瘠的土地上倔强地生长着，逐渐长成一棵小树。它并不茂盛，花朵浅淡且细小，偶尔结出的果实也是涩涩的。校长助理林老师说过一句很经典的话：从那些参加排舞比赛的同学的表情来看，这就是青涩的青春表情。但我总对自己说："青涩的青春培育出青涩的果子，这就是希望！"校园是一片纯洁的芳草地，校园多姿多彩的生活由学生和老师来书写。我们以排舞作载体，和着青春舞曲，炫舞校园。这个时节校园里的梧桐树，开满了一树的繁华，在阳光下斑斓炫目，落叶在春风里摇曳，舞出那份潇洒。这很容易让人想起校园排舞，它在这片芳草地上也能舞出一种空灵、飘逸的感觉，让人看到那份久违的美。排舞是形体艺术，是一种美妙的肢体语言，能给人完美、和谐的视觉感受，就像品味校园生活一般唯美。

朋友，想走进校园排舞，先走进我的舞蹈历程。我的历程起始于校园，又终结于校园，一个浪漫的开端，引出一章章快乐的校本。

追寻舞者

舞蹈，在我的孩提时代就意味着是一种高贵的艺术，对我们这些大山里走出的孩子来说那时只可欣赏。抱着这种虔诚的态度，我开始人生一次又一次的邂逅，也从那个年代开始，我开始追寻舞者的脚步。

我们一起做排舞

最初对于舞蹈的认识源于小学时代一次校园的晚会,每当有节日就意味着有舞蹈可以欣赏。小学里的舞者穿着美丽的连衣裙,起舞时那漂亮的裙摆勾画出美丽的图案,从那时起我开始欣赏舞蹈。然而我因为是个生长在农村的男孩,那个年代没有条件去学习舞蹈,内心激起短暂的波澜随着时间的流逝渐渐又平复了。但追寻舞者的梦想依然清晰。

我们那个纯真的年代,谁会舞蹈就特别让人家羡慕。舞者可以在夏夜的星空底下一边仰头数着星星,一边舞动自己的少儿梦想。每次"六一"儿童节都是舞者的舞台,"小鸟在前面带路,风儿吹向我们,我们就像小鸟一样,来到花园里,来到草地上……"舞者灵动的身影在树下跳跃,真像一个可爱充满灵气的小天使。那个时候,她们还可以把舞蹈当作一种好玩的游戏,像演员一样四处表演,边跳边唱,一场接一场,乐此不疲。在我们看来她们的故事有如电视剧里面的生活,浪漫、精彩、充实、激情。从那时起,舞者就是我的梦想。

长大后,听了很多很多歌曲,才知道那个时代流行的那些儿歌,是那么精彩,给人那么多的回忆,当把这些儿歌与舞蹈融合在一起时,可以看出一个时代的缩影,可以看到我们过去的生活片段。那时候自己不会,但我非常喜欢欣赏。而这种喜欢居然在心里生了根,也坚定了自己追寻舞者的步伐!

太空舞者

太空,让人向往,神秘而多彩。初中那个年代,原本就充满着许多浪漫色彩。在轻快的摇滚乐中,美国流行音乐之王迈克尔·杰克逊踩着太空步出场了,他让我体会了漫步太空身轻如燕,飘飘若仙的感觉。他的动感节拍也给世界带来一种震撼,他的太空舞步加速了全世界的脉搏律动。

回忆总是美妙的,欣赏着杰克逊潇洒自如、动感十足的霹雳舞,我的思绪又回到了90年代初期,那个霹雳舞风靡的时代。他,成了那个时代的舞者英雄!随着节奏强烈的摇滚乐的响起,电视上出现一条美国贫民区简陋的街道,一个头上缠着红丝带的黑人青年在霓虹灯下扭动着腰肢。他脚步轻盈,飘若行走于太空,动作新颖,挥洒自如,变化无穷。随着节奏的加快,他突然倒立,以头支地飞快地旋转起来,越转越快。这时从旁边的垃圾桶里钻出一个穿着宽大衣服的黑人小孩,做着同样的动作……清晰的记忆让那个年代记住了这位舞者——迈克尔·杰克逊。

中学校园那是个偶像年代,很羡慕那些会跳霹雳舞的舞者,家里挂满杰克逊的海报。自己虽笨拙,舞不出那富有灵动的美,但我至今仍然热爱舞蹈:的士高、街舞、交际舞、民族舞、现代舞等。虽然没有正式学习过,但是我喜欢欣赏,喜欢尝试。只要音乐响起,我就有一种舞动的欲望。我觉得跳舞可以让我忘记一切,甚至人生中表面的繁华和忧愁。这一切都源于曾经风靡的霹雳舞。

舞者梦想

1997年,上了大学。象牙塔里,一般都是体育系掌管着大学校园舞厅,因此每个体育系学生学习舞蹈成了必修课,师兄师姐们总是那么热心帮着师弟师妹扫舞盲。当时正流行跳交际舞,我们也开始潇洒地从这个舞场飞到那个舞场,很快就学会了华尔兹、伦巴、恰恰舞等。那是一段快乐的记忆。

大学选修课,开始学习健美操,我也是从那时开始真正接触正规的训练,只可惜开设的时间太短暂了。老师跳得很棒,是我大学时代追寻的舞者。每次课前热身,随着热情奔放的舞曲响起,她带领我们做热身劲舞;课堂上我们踩着音乐节拍,扭动着不太灵活的胯部,手臂随肩灵舞,编织着我们自个的舞者梦想;随后的放松操风格陡变,柔美的伦巴乐曲奏响,动作由激烈转为舒缓……

这是我的大学舞蹈生涯,虽然只是接触,但它给了我自信和勇气,大学毕业前的实习阶段,到上海复旦大学实习,我的指导老师刚好又是健美操专业的,这让我喜出望外,多了一个空间学习,短短几个月,学会了课前如何进行热身。

跨出大学校园,再次走进了中学课堂,自身的角色也发生了变化,从当初接受知识的学生转变为传道授业解惑的教师。中学第一堂课就采用大学时期学到的舞蹈热身,遇到了很大挑战,学生当面质问我:"老师,体育课可以教舞蹈吗?我要告诉校长。"听了这话,我不禁笑了,告诉学生很多体育课方面的概念性知识,告诉他们这里面包含哪些范畴。后来学生在我熏陶之下,终于慢慢接受了校园舞蹈。

疯狂的滋味

工作第5年,突然有一天罗林辉组长找我谈话,说让我准备一节市级公开课。公开课,且是市级的,多么有诱惑力!我不假思索地答应了。这市里的公开课还未开过呢,今儿个要好好疯狂一回。

我们一起做排舞

怎么开呢？就我所学的篮球专业而言，想开一堂别开生面的课还真难。算了，就是选择舞蹈吧。但是由于毕业后好几年没进舞厅了，一些舞步早已模糊不清，只依稀还记得大学老师教的健美操，就跳这个吧。于是，我到处寻找各种健美操的碟子，好不容易在一家店里买了一盘，如获至宝。接下来，我就利用休息时间开始编排动作，从课前导入，到准备动作，再到结束部分，每一个环节的动作都精心设计，并详细地记在了本子上，以防忘记。练习了半个月，总觉得纯粹健美操太单调，就在教学设计中增加了一个教师展示的环节。跳什么呢？不是在大学舞厅里学过校园街舞吗？又扯回校园了，就展示一段街舞吧！第二天，我开始编排街舞动作。在紧张的几天时间里，从编到练，再到熟悉，实在是有些够呛。不过有了开市级公开课这个动力，在公开课之前，自己排练得还算满意。

开公开课那个上午，全市各中学体育负责人及教师，近200人到场。偌大的操场还真有点人山人海的感觉。虽有压力，还好公开课顺利完成，自己展示的那一段也完美谢幕，我心里的石头总算落了地。

你们若问我，这公开课是啥滋味？我会毫不犹豫地回答：疯狂的滋味。疯狂源于梦想，梦想系于追求。

排舞情缘

公开课后，追寻舞者的脚步沉寂了好几年。一次，不经意在电视上欣赏了舞蹈《雀之灵》，也从此认识、记住了杨丽萍。她也成为我舞者的灵魂导师。纯白色的吊带长裙，裙摆上点缀着许多孔雀翎图案，灵巧的手指把高傲的孔雀昂首漫步在林间小道演绎得淋漓尽致。手臂如蛇游走，柔和、灵巧，如浪涌动……纯净柔美的舞蹈给我留下了深刻的印象。

不经意间邂逅了这位舞者，却不知道她跳的是什么舞。后来才得知她是云南人，以跳孔雀舞出名，被人称为"舞神"。她，着实是一位真正的"舞蹈诗人"。她的舞能震撼人的心灵，给人以超然、空灵、淡泊而抒情的印象，似乎不食人间烟火却又那么贴近生活。校园排舞就借着这种舞蹈底蕴走进了校园。

时间一晃又过去了几年，我从未奢望自己能有接受正规的培训的机会。2007年，学校派我到大连参加全国体育工作者会议，幸运的是会议期间主办方安排了很多新兴项目的体验学习。

原本打算学习校园定向越野,想到自己这么多年来一直迷恋、追寻着舞蹈,于是就选择了排舞,也因为没接触过,所以心动。我们的排舞老师是亚洲金牌排舞教练,也是国家十一五课题"校园排舞推广及运用"的主角。她那令人向往的雕塑造型,把我带入诗一般的境界。于是我决定挑战自己,学习排舞。有了这段排舞情缘,坚定了自己也成为一名舞者的决心。开学后我下定决心利用学校这个舞台来推广排舞。

大连培训时间短暂,老师教得快,我接受得慢,只好勤做笔记。回来后,凭着记忆、笔记,再加上学习的热情,逐渐把会议期间学的排舞梳理清楚。开始先熟悉音乐,根据节奏编排动作,并将每个动作都取了名记在本子上,然后再按顺序训练。经过反复琢磨、练习,终于将整个排舞教学熟记于心。开学后,开设了高中排舞模块班,上课那天庆幸的是:我异常轻松,整个排舞教学的过程一气呵成。示范之后,引来学生阵阵掌声。那一刻,我体会到舞者的心情,激励着自己将排舞进行到底!

丘吉尔曾说:"你若想尝试一下勇者的滋味,一定要像个真正的勇者一样,豁出全部的力量去行动,这时你的恐惧心理将会为勇猛果敢所取代。"是的,在生活中,我们要勇于尝试,只有不断尝试,才能体味出新的滋味。

排舞,终于走进了校园。校园里的排舞就像行走的诗歌。它以细碎的舞步、动听的音乐、轻云般慢移或旋风般疾转,舞出校园的纯真色彩。排舞以其特有的魅力被提升为校园排舞,校园与排舞的结合,让展现在校园里的排舞绽放出青春本该有的绚丽色彩!

诗意人生

排舞与音乐,你中有我,我中有你。弹指十年间,歌声伴舞走过。也让自己从三十而立跨过四十不惑,从一个懵懂青年步入稍知业务的中年。送走无数学子,他们带着校园排舞走出中学校园走进大学。

柔性的坚持,让我牵手排舞走到了今天。十年的发展,无数次的公开课、大课间观摩、排舞方面的科研创作,帮助我实现了从二级教师到高级教师,从普通教师到市学科带头人的提升;让校园排舞从当年无人知晓,到2016年,八闽排舞精彩纷呈!

荣誉无限、风光无限……但这不是我的初心。

德莱顿说:"舞蹈是脚步的诗歌。"今日,我以排舞为载体,用脚步写诗,用心灵舞蹈,来怀念逝去的霹雳舞时代。让无数农民工的孩子,也学会跳排舞,学生们变得更美,作为教师的我此生足矣。

"幸福教育,活力校园"让我们的孩子在校园排舞特色办学中越走越远……年化有限,诗意无穷,应着我自己提出的口号,魅力排舞,炫舞校园;快乐校本,绽放青春。让我们一同感受排舞给我们带来的快乐与健康!

作者

2020年2月20日

目 录

第一部分　校园排舞教学实践

第一章　校园排舞发展概论 ⋯⋯⋯⋯⋯⋯⋯⋯⋯⋯⋯⋯⋯⋯⋯⋯⋯⋯ 3
第一节　校园排舞发展简史 ⋯⋯⋯⋯⋯⋯⋯⋯⋯⋯⋯⋯⋯⋯⋯ 4
理论导读 ⋯⋯⋯⋯⋯⋯⋯⋯⋯⋯⋯⋯⋯⋯⋯⋯⋯⋯⋯⋯⋯ 4
一、国际排舞基本特征 ⋯⋯⋯⋯⋯⋯⋯⋯⋯⋯⋯⋯⋯ 4
二、国内排舞发展现状 ⋯⋯⋯⋯⋯⋯⋯⋯⋯⋯⋯⋯⋯ 6
三、校园排舞基本特征 ⋯⋯⋯⋯⋯⋯⋯⋯⋯⋯⋯⋯⋯ 10
教学运用 ⋯⋯⋯⋯⋯⋯⋯⋯⋯⋯⋯⋯⋯⋯⋯⋯⋯⋯⋯⋯ 12
一、目标制定 ⋯⋯⋯⋯⋯⋯⋯⋯⋯⋯⋯⋯⋯⋯⋯⋯⋯ 12
二、内容分析 ⋯⋯⋯⋯⋯⋯⋯⋯⋯⋯⋯⋯⋯⋯⋯⋯⋯ 12
三、策略解读 ⋯⋯⋯⋯⋯⋯⋯⋯⋯⋯⋯⋯⋯⋯⋯⋯⋯ 14
第二节　校园排舞开发依据 ⋯⋯⋯⋯⋯⋯⋯⋯⋯⋯⋯⋯⋯⋯⋯ 19
理论导读 ⋯⋯⋯⋯⋯⋯⋯⋯⋯⋯⋯⋯⋯⋯⋯⋯⋯⋯⋯⋯⋯ 19
一、教育理论依据 ⋯⋯⋯⋯⋯⋯⋯⋯⋯⋯⋯⋯⋯⋯⋯ 19
二、实践依据 ⋯⋯⋯⋯⋯⋯⋯⋯⋯⋯⋯⋯⋯⋯⋯⋯⋯ 23
教学运用 ⋯⋯⋯⋯⋯⋯⋯⋯⋯⋯⋯⋯⋯⋯⋯⋯⋯⋯⋯⋯ 26
一、目标制定 ⋯⋯⋯⋯⋯⋯⋯⋯⋯⋯⋯⋯⋯⋯⋯⋯⋯ 27
二、内容分析 ⋯⋯⋯⋯⋯⋯⋯⋯⋯⋯⋯⋯⋯⋯⋯⋯⋯ 27
三、策略解读 ⋯⋯⋯⋯⋯⋯⋯⋯⋯⋯⋯⋯⋯⋯⋯⋯⋯ 28
第三节　校园排舞元素分析 ⋯⋯⋯⋯⋯⋯⋯⋯⋯⋯⋯⋯⋯⋯⋯ 33
理论导读 ⋯⋯⋯⋯⋯⋯⋯⋯⋯⋯⋯⋯⋯⋯⋯⋯⋯⋯⋯⋯⋯ 33

一、基本元素 …………………………………………… 34
　　二、核心元素 …………………………………………… 41
　　三、素质元素 …………………………………………… 43
　教学运用 …………………………………………………… 48
　　一、目标制定 …………………………………………… 48
　　二、内容分析 …………………………………………… 48
　　三、策略解读 …………………………………………… 49

第二章　校园排舞课程设置 ………………………………… 53
第一节　校园排舞初级班 ………………………………… 54
　理论导读 …………………………………………………… 54
　　一、情景分析 …………………………………………… 54
　　二、动作图解 …………………………………………… 56
　教学运用 …………………………………………………… 69
　　一、目标制定 …………………………………………… 69
　　二、内容分析 …………………………………………… 70
　　三、策略解读 …………………………………………… 71
第二节　校园排舞中级班 ………………………………… 73
　理论导读 …………………………………………………… 73
　　一、情景分析 …………………………………………… 73
　　二、动作图解 …………………………………………… 75
　教学运用 …………………………………………………… 94
　　一、目标制定 …………………………………………… 94
　　二、内容分析 …………………………………………… 95
　　三、策略解读 …………………………………………… 96
第三节　校园排舞高级班 ………………………………… 98
　理论导读 …………………………………………………… 98
　　一、情景分析 …………………………………………… 98
　　二、动作图解 …………………………………………… 100
　教学运用 …………………………………………………… 111
　　一、目标制定 …………………………………………… 111
　　二、内容分析 …………………………………………… 112

　　　　三、策略解读 ··· 113

第三章　校园排舞课程管理 ·· **119**
第一节　校园排舞课程决策 ······································ 120
理论导读 ··· 120
　　　　一、发展决策 ··· 120
　　　　二、课程设计 ··· 124
　　　　三、资源开发 ··· 128
教学运用 ··· 130
　　　　一、目标制定 ··· 130
　　　　二、内容分析 ··· 130
　　　　三、策略解读 ··· 131
第二节　校园排舞课程监控 ······································ 132
理论导读 ··· 132
　　　　一、目标监控 ··· 133
　　　　二、过程监控 ··· 135
　　　　三、效果监控 ··· 137
教学运用 ··· 138
　　　　一、目标制定 ··· 139
　　　　二、内容分析 ··· 139
　　　　三、策略解读 ··· 140
第三节　校园排舞课程评价 ······································ 141
理论导读 ··· 141
　　　　一、评价概述 ··· 142
　　　　二、评价形式 ··· 143
　　　　三、评价实施 ··· 147
教学运用 ··· 152
　　　　一、目标制定 ··· 152
　　　　二、内容分析 ··· 152
　　　　三、策略解读 ··· 155

第二部分 校园排舞诗意校园

第四章 校园排舞案例分享 …………………………… **159**
第一节 校园排舞社团建设 …………………………… 160
　　一、建设思路——发展学生 …………………………… 160
　　二、社团发展——全员参与 …………………………… 162
　　三、实施建议——落到实处 …………………………… 163
第二节 校园排舞竞赛规划 …………………………… 165
　　一、赛程拓展——把握机会 …………………………… 165
　　二、规则解读——做好准备 …………………………… 169
　　三、组织安排——分工合作 …………………………… 171
第三节 校园排舞区域互动 …………………………… 187
　　一、夏令营——校际交流 …………………………… 188
　　二、专委会——区域拓展 …………………………… 192
　　三、协会——品牌创办 …………………………… 196

第五章 校园排舞特色建设 …………………………… **201**
第一节 学校办学特色建设 …………………………… 201
　　一、学校特色——三性要求 …………………………… 201
　　二、体育特色——建设策略 …………………………… 203
　　三、排舞特色——辐射影响 …………………………… 205
第二节 校园排舞学科建设 …………………………… 210
　　一、做好自己——人无我有 …………………………… 211
　　二、坚持创新——人有我精 …………………………… 212
　　三、锲而不舍——人精我特 …………………………… 214
第三节 校园排舞文化建设 …………………………… 217
　　一、特色文化——理念引领 …………………………… 218
　　二、"舞风·舞韵"——品德为上 …………………………… 219
　　三、核心素养——聚焦校园 …………………………… 222

第六章　校园排舞科研提升······226
第一节　校本课程开发策略······226
一、校本概述——意识渗透······226
二、开发分析——抓住机遇······228
三、措施解读——策略分析······229
第二节　校本课程实施简介······232
一、课程背景——传承发扬······232
二、课程规划——学生为本······237
三、课程运用——实践推广······239
第三节　校园排舞行动研究······243
一、案例研究——心态追求······243
二、实施记录——挖掘细节······248
三、评价反思——科研提升······252

参考文献······255
后　记······256

第一部分 校园排舞教学实践

第一章 校园排舞发展概论

2006年9月启动高中课改,新一轮体育课改的启动,对体育学科是一种机遇又是一种挑战,体育学科走在课改前沿,以模块教学引领高中体育选修课的开展,教师有了相当的自主权利,教师可根据学校特点,自行选择教材,以满足新课程改革的需要。2009年3月,《国家基础教育课程改革纲要》提出大力发展符合学校地方特色的校本教程,让地方、学校课程丰富学校的课程结构,校园排舞校本课程的开设正好满足、适应了课程改革的发展需要。

《体育与健康课程标准》指出"体育与健康课程是一门以身体练习为主要手段、以增进中小学生健康为主要目的的必修课程,是学校课程体系的重要组成部分,是实施素质教育和培养德智体美全面发展人才所不可缺少的重要途径"。排舞是一项以身体练习为主的运动,能增进身体健康;排舞作为一种艺术舞蹈,能引领学生积极参与课堂学习,在排舞学习中学会管理、学会自主学习,培养班级集体意识;通过参与排舞比赛,学会组织与创新,学生的综合能力得到提升。因此学习排舞是实施素质教育,实现德智体全面发展的有效途径之一。

本章教科书的内容,包括"校园排舞发展简史""校园排舞开发依据""校园排舞元素分析"三部分。校园排舞发展简史主要介绍排舞的历史发展,帮助学生认识排舞。校园排舞开发依据,首先从教育学、心理学两大理论来阐述对排舞发展的影响;再介绍校园排舞的实践依据——发展理念、发展目标、发展定位,让学生明确"三好四美"是校园排舞发展的核心目标。排舞的元素分析,从基本元素、核心元素、素质元素三方面分别介绍校园排舞,希望通过介绍,让很多人喜欢上这个项目。

表 1-1　教科书中本章内容构成及教学时数建议

节	目	学时安排	教学建议
校园排舞发展简史	国际排舞基本特征	1 课时	教师可根据教学实际，结合学时安排或利用风雨课，选择专题讲授、实践课渗透、组织学生参观、讨论、观看录像等多种方式进行。
	国内排舞发展现状		
	校园排舞基本特征		
校园排舞开发依据	教育学理论	1 课时	
	心理学理论		
	实践依据		
校园排舞元素分析	基本元素	1 课时	
	核心元素		
	素质元素		

第一节　校园排舞发展简史

理论导读

排舞，是根据音乐特点进行动作舞码编排及起始方向变化的一种舞蹈，英文称之为 Line Dance。排舞起源于 20 世纪 70 年代美国西部的乡村舞蹈。国际排舞拥有统一的舞码和音乐，来自不同区域的群体，可以根据同一支舞曲跳出相同的排舞，正因为如此，排舞已经成为国际健身语言。

一、国际排舞基本特征

国际排舞发展势头很猛，北美洲有美国、加拿大，欧洲有英国、芬兰、挪威、丹麦、俄罗斯、波兰、匈牙利，大洋洲有澳大利亚、新西兰，亚洲有日本、韩国、马来西亚、新加坡等国家都在推广、普及排舞。目前英国及美国排舞发展对国际排舞推广促进比较大。

国际排舞发展很快，至今已有 6 000 多支舞曲，每一支排舞都有自己的独一无二的舞码。新排舞的编制，必须经过国际排舞协会的认证才能够在全球推广。所以，同一支舞曲，全世界的跳法都是统一的。在这个统一的标准下，舞者可以在世界各地享受以舞会友的乐趣。由于不断有新的舞曲出现,排舞不断在更新,跳排舞始终有一种新鲜感。各地排舞协会陆续涌现,推广排舞的人群越来越多,参加跳排舞的人数也在 2014 年打破吉尼斯世界纪录。2014 年 11 月 8 日上午,"万人同跳一支舞,共创排舞吉尼斯世界纪录"挑战活动在杭州冒雨举行。当日,数万名排舞爱好者在杭州的 19 个会场同跳《舞动中国》,经权威认证,本次活动创造了 17 200 人齐跳排舞的吉尼斯世界新纪录,此前的纪录是由美国亚特兰大创造的 17 000 人。

1. 国际排舞特点

排舞练习者随着音乐漫步、旋转、舞动肢体。优美的舞步融合了健美操、华尔兹、伦巴、恰恰恰、牛仔舞、踢踏舞、街舞等各种操舞的元素,并将多种元素重新组合成具有特定循环节奏的动作组合,形成动作起始方向交替转换的形式。排舞起先是用吉他和拍手的方式起舞,随着时代的发展,渐渐融入了欧洲宫廷和拉丁式的舞步,舞步多元,风格创新,简单易学,是一种既可个人独享,又可与团体共享的舞蹈。近年逐渐在我国各社区推广,掀起了一股全民排舞的热潮,受到各个年龄层次的欢迎,可以说是老少皆宜的舞蹈。

排舞的每一支舞曲,可由 32 拍、48 拍,或 64 拍等不同的循环节奏组成。所以每支曲子的舞步也随着特定的循环节奏而重复。另外,每支排舞的基本跳法规律还分为 2 个朝向或 4 个朝向交替旋转。排舞融合了很多社交舞的舞步,如曼波、牛仔和摇滚等舞步。在如此多重的操舞元素组合与变化之下,排舞有简单的,也有复杂的、高难度的,让学生能跳出自己的个人风格,完成自己的个性诠释,这更增添了排舞吸引人的魅力。

2. 国际排舞价值

排舞的练习是在优美动听的音乐旋律中,与心灵共舞,把细腻的情感注入舞姿中,并以高超的舞蹈技艺形神一致地表现出各种动与静的姿态,塑造出各种美妙的组合,体现出美的姿态、美的造型,创设出体育与艺术、健与力高度结合的意境,给人们艺术熏陶和美的享受。因此,排舞练习对人的体态、姿势、健康等方面都有较高的要求,经常参加排舞练习是一项很好的形体训练,能提高人体的协调能力,强健身体各个部位的肌肉群,以及增加骨骼的骨密度,具有十分积极的健美作用。

排舞运动,适合各个年龄层次,学练的门槛较低,"凡是会走路的人都会跳排舞"这句话就说明:即使是没有舞蹈基础的人,也能进行排舞练习。6 000 多支舞曲包含了多种舞蹈和音乐风格,每一支舞曲都配有精心设计的动作舞码。不同性别、年龄层次的人群都有较为适合的运动量和强度。青年人比较喜欢热情奔放、激情洋溢的舞曲和舞蹈类型,可以选择拉丁舞、爵士舞、街舞、维也纳华尔兹等舞蹈风格;中老年人则可以选择舒缓、柔情的华尔兹、民族舞等舞蹈风格。

总之,排舞是将健身性、娱乐性、观赏性、趣味性和群众性等特点融为一体的多元化运动,并与现代生活方式密切相关,目前这项运动在世界上已被视为几大最具健身性的项目之一。

二、国内排舞发展现状

2000年,排舞在亚洲逐渐兴起。

2004年,排舞正式传入我国。2005年上海高校开始进行排舞培训。2006年,北京市体操协会也开始从国外引进排舞,很快在中国一些城市展开排舞培训。2007年7月"第五期全国中学体育工作会议"在大连举行,来自全国各地200多所中学的教师进行了为期一周的排舞培训,标志着排舞走进中学学校体育。2008年,以"全民健身"为口号的"全健排舞"也被积极推广开来;2008年8月8日8时8分,一曲《永远的朋友》吹响全民排舞的运动号角。

2009年,国家体育总局体操运动管理中心首次将排舞列为全国万人健美操比赛的项目,成立了全国排舞推广中心;各地也成立了排舞协会,积极推广社区排舞、广场排舞,在全民健身浪潮的推动下,排舞得到积极发展;2012年,全国大部分省、市、自治区开始了排舞的推广普及活动,几年时间已有300多万人参加排舞健身活动;2017年1月在海南举行了2017—2020新周期排舞培训,来自全国各地的200多名排舞教练齐聚三亚进行学习、交流、研讨。国家排舞推广中心提出中国排舞六字方针:起航、远航、领航。2009至2015年已经完成起航向远航过渡,2020年开始,中国排舞要领航国际排舞发展。

中华全国总工会和国家体育总局体操运动管理中心已经把排舞列为未来几年重点推广的大众健身项目。国际排舞这几年来,在我国很多省市得到了快速发展。

(一)全国各地掀起学习排舞热潮

排舞作为新兴的舞种,迅速引起国家级社会团体的关注,其以实际行动从各个途径入手,掀起全民学习排舞的热潮。以下仅举几个有代表性的例子:

1.我国派队参加国际排舞大赛。2007年11月,中国组队参加马来西亚举办的排舞嘉年华活动,实现我国参加国际排舞赛事零的突破;2008年11月,全健排舞队出访马来西亚,参加国际排舞嘉年华并载誉归来。

2.与奥运同行,展时代风采。2008年,随着北京奥运会的日益临近,人们的健身热情不断升温。当年 7 月 15 日,长钢集团公司举行迎奥运全民健身排舞比赛,来自公司基层 15 个单位代表队的近 200 名职工参加了比赛。此次排舞比赛每队 10 人至 20 人,限时 10 分钟,服装和曲目自选。

3.浙江省嵊州市全民健身跳排舞。2009 年,在浙江省嵊州市,排舞已经形成了一股全民参与的热潮。大广场上、公园里,每到晚上 7 点以后,就会有成群的市民聚在一起跳排舞。城郊的农村地区不计在内,仅城区内的各大广场上,平均每天跳排舞的市民就超过 3 万人。

4.上海市第十三届运动会。2009 年,上海市第十三届运动会增设排舞比赛,本次比赛由徐汇区体委承办,共有 28 个队 514 人参加。

5.江西省首届职工全健排舞大赛。由江西省总工会、江西省体育局主办,全省职工体育协会承办的"舞动健康,共建和谐"职工首届全健排舞大赛,2009 年 12 月 22 日在江西艺术剧院隆重举行。本次排舞比赛倡导"时尚锻炼,科学健身,快乐生活"。据统计,江西省已开办排舞培训班 300 余期,举办比赛 120 多场次,会跳排舞的职工超过 100 万人。参加排舞锻炼的人当中年龄最大的 70 多岁,最小的只有 5 岁。据悉,江西省的排舞推广普及名列全国前 10 位,得到全国总工会、国家体育总局、全国排舞推广委员会的充分肯定。

6.2011 届臣氏全国亿万职工全健排舞大赛。由中华全国总工会中国职工文体协会主办,来自全国 20 个省市的 27 支代表队、观摩团队代表等 1 000 多人参与。

7.由国家体育总局体操运动管理中心、中国体操协会、全国排舞运动推广中心主办的"舞动中国"活动。

2014 年 11 月 8 日上午,数万名排舞爱好者在杭州的 19 个会场共同"舞动中国",经权威认证,杭州创造了 17 200 人齐跳排舞的吉尼斯世界新纪录,此前的纪录是由美国亚特兰大创造的 17 000 人。

2016 年 10 月 12—16 日,在杭州举行全国排舞总决赛。

2016 年起,全国总决赛队伍都是由各地分中心分站赛前三名或者分中心推荐的队伍组成的。

(二)各地排舞发展状况

国家体操管理中心作为排舞推广与开展的引领者,他们制定项目规则、行为纲领,一场以全民健身为目的的排舞推广如约而至。然而,地方专业团队及大专院校也成了排舞活动践行的生力军,他们以实际行动解读国家制定的行动纲领,掀起了中国排舞风。

1.2009 年全健排舞组委会成立。全健排舞组委会拥有上千首排舞曲目,并建立了全健排舞网站。2009年国家体育总局体操运动管理中心出台了全国排舞比赛评分规则。2010年出台了全国排舞比赛评分规则的修订版。

2.2011年全国排舞运动推广中心与四川省健美操协会、成都市健美操协会、成都市老年体育协会、四川省直属各机关工会、四川省总工会、四川省社会体育指导中心、四川省教育厅、成都市委组织部、成都体育学院等合作举办了11期排舞培训,共培训排舞骨干3 000余人,实现了政府、学校、社区、企业的全面覆盖。

3.2012年7月9日,厦门市排舞爱好者携手《厦门晚报》成立排舞艺术团,组织团员们深入基层、农村、海岛为群众服务。2014年厦门市排舞协会成立,开始进行社区排舞推广。

4.由国家体育总局体操运动管理中心、中国体操协会、全国排舞运动推广中心主办的"舞动中国·2012年'佑嘉杯'排舞挑战赛"于2012年11月24日—25日在杭州举行,来自9个省、17个地市的40余支队伍1 000多名运动员、教练员参加了比赛。

5.2012年12月13—14日,福建教育学院举办全省中小学体育教师排舞培训,参加培训的教师近200人。据悉,受训教师回去后相继开展校园排舞推广,八闽大地迎来校园排舞发展的春天。

6.厦门市第十届工人运动会排舞大赛。2016年4月,由厦门市总工会、厦门市体育局主办的厦门市第十一届工人运动会正式举行,全市职工排舞大赛作为本届运动会的揭幕赛,在4月28日工人体育馆的开幕式上,参加首个比赛项目排舞比赛的17支代表队,在《舞动中国》的动感旋律中一起翩翩起舞,充满活力的舞姿为运动会的开幕增添了别样风采。集体排舞结束后,各代表队共约三百多名职工随即展开比赛角逐,舞蹈风格或抒情浪漫,或活力四射,展示出排舞这种国际舞蹈的迷人之处。

7.2016年3月28日,福建省艺术教育协会排舞委员会暨海沧区教育学会排舞委员会成立,来自八闽大地100多位排舞爱好者,共商八闽排舞发展大计,"八闽排舞"将以燎原之势,书写诗意校园,炫舞多彩青春。

8.2017年1月7日、8日,由厦门市教育工会主办,福建省艺术教育协会排舞委员会承办,全省100多位教师在厦门市蔡塘学校进行为期两天的排舞学习。

(三)国内排舞著作、人物、推广团队简介

1.国内有关排舞专著介绍

目前国内比较系统地介绍排舞的专著有四本。四位作者从不同角度介绍了排舞。

（1）钱宏颖、葛丽华。她们俩一起编写了《体育舞蹈与排舞》，该书于2011年由浙江大学出版社出版。本书用通俗易懂的语言介绍了体育舞蹈与排舞项目的专业知识、运动技术运用、校园集体舞和多种风格的健身排舞等实用性舞蹈、体育舞蹈美的欣赏以及在运动中如何预防运动损伤与疾病发生的知识。

（2）包常春。在中国职工文体协会会长倪健民同志关心支持下，2013年5月，包常春编辑出版了《中国职工排舞》。该书向全国广大职工推广介绍排舞这一职工文化活动的品牌项目，推动职工科学文化素质建设，丰富广大职工群众的文化生活。

（3）连仁都。连仁都于2014年4月在厦门大学出版社出版了《校园排舞》专著。该书以"培养学生带得走的能力"为出发点，以"发展目标、发展理念、发展方向"构成校园排舞发展的"三维理论"。全书共分为上下篇。上篇是校园排舞开发理论篇，包括校园排舞简介、开发、规划、课程、教学、评价、竞赛等；下篇是校园排舞开发实践篇，主要介绍海沧中学近年来开展校园排舞的案例，包括校园排舞大赛、拍摄录像课、媒体记者的访问、国际交流、全国展示、区夏令营、排舞课题、参评全国优秀案例、全国特色学校申请、校本课程开发等内容。

（4）李遵。作者于2015年12月出版了专著《排舞运动》。该书内容涉及排舞运动的概述、排舞运动的分类与特点、排舞运动的曲目的风格、排舞运动的术语、排舞运动的舞谱与曲目的创编、教学、竞赛，以及曲目的介绍。作者围绕排舞运动的概念、特点、分类、风格、术语、舞谱、创编、教学、竞赛等问题展开撰写，相关介绍全面且系统。

2.国内推广排舞团队及组织介绍

排舞运动近年来逐渐兴起，从事排舞推广的人数也越来越多。在全国排舞推广中心引领下，排舞发展迎来一个全新的局面。在此重点介绍在国内推广排舞的团队及组织。

（1）校园排舞。校园排舞在朱海燕老师推广下，实现了从无到有的发展历程。朱老师是国际标准舞排舞运动联合会亚太区执行秘书长、上海排舞协会会长，从事多年的排舞推广。2006年高中课程改革拉开帷幕，高中实施模块教学。为了适应新课程发展需要，2007年7月，中国教育学会下属"中小学体育与健康课题组"邀请朱海燕老师进行首次校园排舞培训，与会教师200多人参与了培训。从此，开启了中小学校园排舞新篇章。随后，朱老师在海南、重庆、成都、上海、厦门、北京、大连、哈尔滨、昆明等城市进行校园排舞推广，开设了"海燕排舞"系列课程。笔者师从海燕老师，进行了全方位的校园排舞推广，也取得了丰硕的成果。2016年,在朱老师的支持下,福建省艺术教育协会排舞委员会成立,承担起新的推广使命。朱老师把国际最前沿、时尚的排舞引入我国,结合不同城市的特点,因材施教,为我国校园排舞的发展做出了杰出的贡献。

(2) 全健排舞。2006年全健排舞推广精英团队成立,计划将排舞作为独立项目系统引进到中国。全健排舞团队深入挖掘排舞的社会文化内涵,同时赋予其娱乐健身的功效,寓意"全面健康""全民娱乐健康舞蹈""全民参与"。2012年5月,亚太国际排舞联合会吸纳中国成为理事国,6月设立中国区委员会,7月底在马来西亚举办的第八届亚太国际排舞大赛暨会议上,全健排舞的杨子青先生用英文对推进排舞在中国的发展以及将对亚太地区做出的贡献进行了陈述,得到与会代表的高度肯定。杨子青先生当选亚太国际排舞联合会副主席,成为在国际排舞组织担任职务的中国人,为中国的排舞界赢得话语权,为祖国争光。排舞将朝着更加有利于在中国推广的方向发展。

(3) 国家排舞推广中心。2009年,国家体育总局体操运动管理中心首次将排舞列为全国万人健美操比赛的项目,成立了全国排舞推广中心;各地也成立了排舞协会,积极推广社区排舞、广场排舞,在全民健身浪潮的推动下,排舞得到积极发展;2012年,全国大部分省、市、自治区开始了排舞的推广普及活动,几年时间已有300多万人参加排舞健身活动;2017年1月在海南举行了2017—2020新周期排舞培训,来自全国各地的200多名排舞教练齐聚三亚进行学习、交流、研讨。国家排舞推广中心提出中国排舞六字方针:起航、远航、领航。2009至2015年已经完成由起航向远航的过渡,2020年开始,中国排舞要领航国际排舞发展。

中华全国总工会和国家体育总局体操运动管理中心已经把排舞列为未来几年重点推广的大众健身项目。国际排舞这几年来,在我国很多省市得到了快速发展。

三、校园排舞基本特征

校园排舞吸收了国际排舞的一些元素与舞码,并融入校园元素、音乐特点来编排。校园排舞有着严谨又充满青春气息的校园环境,这一点决定着校园排舞有其特定的参与对象,因此在舞码选择、队形编排上有别于一般的排舞,校园排舞更强调上肢动作的运动轨迹与协调配合;校园排舞体现了学习者的年龄特征与青春期的心理特点。学生很容易掌握校园排舞的跳法,并能在学习的过程中逐渐把握其规律。本节主要对校园排舞特点、发展作简要介绍,并就校园排舞定义、作用进行阐述,对校园排舞与国际排舞异同点展开分析,这样有助于提高学生对校园排舞的认知。

(一)校园排舞的作用

1.丰富学校阳光体育的选择。校园排舞是新课程资源,作为一项新引进我国的校园体育运动项目,学生不但可以从中学到优雅的姿势,舒缓紧张的情绪,而且能够轻松达到健身的效果,让学生的学习生活更加健康美好,因此,校园排舞拥有广阔的发展空间,它能丰富学校体育课程、大课间的选择。

2.促进学生参与,增强学生体质。校园排舞特点明显,因此很容易促使学生参与;学生跳校园排舞时,心率大约在135～170次/分,跳的过程能消耗大量热量,有助于减肥瘦身;校园排舞属于有氧运动,从事有氧运动对于保持人体的心血管、呼吸系统健康都有非常好的作用,持之以恒还能改善心肺功能;跳排舞能促进精神兴奋,加速新陈代谢,改善饮食、睡眠,达到强身健体的作用,增强学生体质。

3.消除烦恼,愉悦身心。校园排舞富有青春气息,学生总希望一次比一次跳得好,而从心理学的角度来分析,人的超越心理有助于其提高对自身行为的注意力,也就是说在进行校园排舞运动时学生会非常强调自己动作与音乐的和谐统一,并把握好音乐节奏,表达自己对排舞的理解,乐在其中。在跳排舞时,学生们会把身边一些琐事抛弃,全身心地投入,由于注意力往跳排舞这边集中,身体其他部位就能得到解放或放松,在运动中就能消除生活、学习带来的压力,学生们伴随着动听的舞曲,展示着美妙奇特的舞步,可以陶冶情操,收到愉悦身心的效果。

4.提升协调性,增强记忆力。校园排舞动作简单易学,变化组合有规律,有助于上下肢的协调。校园排舞最明显的特点就是方向多变,在快速的音乐节奏下要进行特定循环节奏变化,这就需要学生进行动作记忆,把学过的动作在自己的脑中反映出来,它包括体验、运用、分享、总结四个基本过程。随着年龄的不断增长,人的记忆力会出现衰退,这是自然规律,也是正常现象,而排舞练习者随着音乐不断变换动作,不同动作对大脑神经不断刺激,这样有助于大脑一直保持对动作的记忆,延缓记忆力衰退,从而达到增强记忆力的效果。

排舞练习者把自己对排舞的感觉通过肢体动作表现出来,让排舞的舞美与肢体的灵巧和谐统一,实现了肢体的协调性发展。校园排舞把艺术、体育二者融为一体,给人们以视觉艺术的享受和丰富的文化熏陶。

(二)校园排舞的特点

1.校园排舞有规律可循,容易掌握,因此学生都喜欢跳,学校也乐于推广。目前在学校跳校园排舞的人越来越多,校园排舞正逐步推广到各地区;越来越多的学校也将校园排舞作为一项新兴体育项目来推广,设专职的体育、舞蹈老师来负责这项工作,更多学生积极地加入学习校园排舞的行列,参与并喜爱校园排舞的队伍进一步壮大。

2.校园排舞拥有独一无二的舞码,只要学会这套动作舞码,配上音乐,大家随时随地都可以跳起来。校园排舞作为学校体育一项新兴的健身项目,舞步吸取了多种流行的舞蹈元素,每年校园排舞协会都选列一批符合校园特点的音乐作为排舞曲目,每首音乐都有其固定的舞码,因此,只要掌握这些舞码,当音乐响起,不同肤色、不同区域、不同国度的人群就可以跳出相同的舞姿。

3.校园排舞可进行独舞、双人舞、小集体、大集体等项目比赛;在学校开展,更适合团体齐跳;有年龄限制,分为幼儿园(4～6岁)、小学(7～12周岁)、中学(13～18周岁)、大学(19～22周岁)几个年龄段。

教学运用

教师在这一节应该将排舞的起源与发展阐述清楚,让学生明白排舞的特征与作用,校园排舞属于新课程资源,我们如何利用好新资源,这就是仁者见仁、智者见智的事情。教师应该心中有目标,了解教材内容,运用恰当的手段及策略结合教材中的重难点解决实际问题,最后以适当的评价方式,鼓励学生积极参与。

一、目标制定

1.使学生了解国际排舞基本特征及排舞的健身作用。

2.使学生了解国际排舞与校园排舞之间的特点及发展状况;了解校园排舞基本特征。

3.指导学生根据个人实际情况,参与校园排舞活动,全面提高自身的综合素质。

二、内容分析

(一)内容解读

理论体系这一节分为三个部分:何谓国际排舞、国内排舞发展现状和校园排舞概述。前者是让学生对国际排舞发展有个正确的认识,了解排舞的健身作用;后者引导学生正确了解校园排舞的基本特征,在实际课堂学习中遇到困惑时,力图在体育实践行为上给予一些指导。

笔者建议教师在进行本节理论授课时,应对高中课程改革作个概述,让学生了解课改是时代给予我们的机遇,让我们有机会接触校园排舞,并对校园排舞走进校园进行了解。学生进入中学以后,对体育项目锻炼的兴趣、爱好逐步趋于稳定,对课程目标和价值的认识也不断深化,这些构成了中学生喜欢校园排舞的重要基础。首先介绍国际排舞、国内排舞发展状况,其次介绍校园排舞概念及特征,帮助学生了解舞蹈的一些基本常识。可以制定评价表,以下列要素作为评价指标:

1.具有自觉参与校园排舞活动意识。

2.遵守课堂纪律、自觉、积极上好校园排舞课。

3.有意识地根据自己的健康状况制订锻炼计划。

4.坚持进行校园排舞锻炼,并与同学一起锻炼。

5.主动掌握科学的学习方法。

6.积极参加课外、大课间、课堂的排舞活动。

7.具有较强的责任感,积极与他人合作。

这七项要素涵盖了目的、假设、信念、态度、行为、实践、分享、交流等多个方面的内容,比较全面阐述参与校园排舞的重要表现。这七项放在这里,并不是要学生去记忆、背诵,而是要学生实践、参与、思考,从而找出存在的问题,寻找自己的不足,实践计划,分享交流,促使自己不断进步。

本节第一部分是介绍国际排舞。很多人对排舞的概念、起源、形式还不是很清楚,以为现在流行的广场舞就是排舞。对此,可以提出有关问题,引导学生去主动思考,去深入探究,而不是简单地将校园为何要引进排舞的思想强加给学生,这样就改变了以往灌输式的教学方法。

本节第二部分是国内排舞简介。应帮助学生认识到国内排舞发展的基本情况,了解我国各地排舞发展现状。2016年3月福建省艺术教育协会排舞委员会的成立,对于今后福建省校园排舞的发展与建设起到关键性作用,要让学生明白学校发展排舞具有特殊意义。

本节第三部分是介绍校园排舞的基本特征。要让学生认识到排舞能改变健康状况,结合健康三维观,让学生明白排舞能促进自身的健康发展和综合素质的发展。通过一些知识和问题问答,帮助学生进一步深化对校园排舞的认识,使其能够融入到校园排舞的健身运动中。

(二)知识点

1.国际排舞特征。

2.国内排舞发展状况。

3.校园排舞基本特征。

(三)教与学重点及难点

教与学重点:校园排舞与国际排舞异同点,国内排舞发展问题及校园排舞如何促进个人的健康发展。

教与学难点:学生如何自觉地融入校园排舞锻炼,利用校园排舞理论知识,指导自己在日常学习、生活中,去实践排舞带来的健康与快乐。

三、策略解读

(一)教学策略

初中阶段的学生在教师引导下能进行有效学习,而高中阶段模块教学要达到引导学生自觉、科学地参与锻炼。本节的内容是从排舞走入校园入手的,因为排舞的作用与特点,注定校园排舞有着广阔的发展空间,从提高学生理性认识的角度切入进行编写,可以让学生明白校园排舞促健康。书中设置了一些知识窗,让学生去了解。教师在教学过程中,一方面可以渗透到实践课中来进行本节内容的教学,而不设讲授课;另一方面还可以通过引导学生自学、布置课外作业等形式来促进学生全面参与校园排舞活动。

要激发学生自觉参与校园排舞活动的热情,就需要教师转变教学观念,在实践课的教学过程中,树立以学生为本的学生主体观,充分发挥学生的主体作用;克服那种以教师、教材为中心的倾向,为学生创造必要的自主学习的时间和空间,启发和指导学生进行创造性学习;在教学过程中树立民主平等的教学观,用排舞的魅力去吸引学生,激发学生的学习兴趣,让学生在排舞活动中感受到排舞所带来的快乐,体验排舞对个人成长的作用,养成自觉参与校园排舞活动的意识习惯。在实际教学中,可以从以下几个方面入手,提高学生参与校园排舞的能力:

1.引导学生根据自己的能力设定学练目标。

2.允许学生对所学练的锻炼方法有所质疑和选择。

3.鼓励学生利用课外时间,学习课堂上没有教授的排舞,自行锻炼。

4.引导学生自主规划和调控学习的进程,不断获得成功的体验。

5.组织学生对自己和同学的学练效果进行评价,包括设计评价方案和指标。

6.要求学生对自己学练的情况进行反思。

教师除了在实践课的教学中向学生渗透校园排舞及其健康作用的知识,还应指导学生进行自学,利用课外时间进行其他材料阅读,在课上结合实践课的内容引导学生进行讨论,或以课外作业的形式组织探究活动。

例如,在一个单元开始的时候,可以指导学生在课前自主阅读理论导读部分内容,了解校园排舞所带来的健康作用。在课上还可以组织学生对不同问题的不同看法进行讨论,讨论应该结合课堂教学中将要学练的具体项目来进行,通过简短的讨论帮助学生总结出校园排舞的特点,从而引导学生进一步了解校园排舞。本节的实践与思考比较贴近生活,可以在学生具备一定的高中体育学习经验以后组织学生在课外分组进行研究,利用3~4个星期的时间来完成。教师要做好充分的指导工作,从最初提出假设,到最后的交流与分析都要给予指导,特别是在实施和分析结论过程中要给予足够的指导。学生进行探究活动时,常常会把计划设计得比较庞大,导致最后难以完成,因此教师应指导学生根据自己的能力来设计,得出的结论要是学生有能力完成的校园排舞锻炼。

(二)学法策略

学习方式的转变是这次基础教育改革的重要目标。本节的内容主要由学生自学完成。教师在布置和指导课外自学时,可以通过提出多个问题来激发学生的兴趣,让学生带着问题去自学。例如,校园排舞为何要进入校园这一知识点,教师可以首先提出问题:哪个同学可以谈谈校园排舞的特点与作用?目前体育锻炼的目标是什么?如何实现校园排舞带来的综合能力发展?让学生将自己认识的知识点与教科书中的知识点进行比较并找出其中的差距,从而引发学生自主学习的积极性。

要想让学生积极参与校园排舞锻炼,除了让他们理解自觉参与健身的意义之外,重要的是让他们将健康意识摆在第一,然后通过自己的认识,深化对校园排舞作用的理解,将认识转化为行动。在转化过程中需要有一些具体的措施和行为,但是不同的人处在不同的环境中,需要采取的措施和行为并不一致,教科书中也难以提供完全统一、适用的方法和措施,在后文"实践与思考"案例中能够很好地引导学生去自觉参与,找到适合自己的方法。

由于每位学生所要解决的问题,既有共性也有个性;不同的学生,其体育的能力也各不相同,可以引导同学相互交流学习的经验和体会,相互帮助,提高认识,更好地参与体育学习。参与校园排舞锻炼不是一天、两天的事情,需要长期坚持,因此可以通过让学生自己组成学习小组或社团,以相互促进,共同提高的方式来达成运动参与的目标。

(三)评价与激励策略

由于本节的学习目标不仅是要学生掌握排舞的相关理论知识,更重要的是让学生形成一种对校园排舞的认识与了解,提高健康意识,因此对于认识校

我们一起做排舞

园排舞的作用进行评价应该是重中之重,可以从学生的态度、表现和学练的过程组合进行,促进学生的进步和成长。

1.评价学生的学习态度。主要看学生学习的主动性和积极性,可以从以下四个方面,根据本校教学的具体情况进行评价。

(1)能否主动参与校园排舞活动?

(2)能否运用所学知识和技能参与校园排舞活动?

(3)能否积极主动地思考,为达到目标而反复练习?

(4)能否积极投入健康教育活动?

2.意志表现。参与校园排舞活动还涉及学生的意志表现。如能否战胜困难,坚持参加锻炼等。排舞课程中的柔韧素质训练,需要较强的意志力,因此,参加排舞训练的学生能很好考验自身的意志品质。

3.评价的手段和形式。对于评价的手段,既可以采用定量的评价,也可以采用定性的评价。例如出勤次数就可以作为定量评价的内容,而本书中提供的参加校园排舞活动六要素就可以作为定性评价的内容。评价的方式可以采用自我评价、同学之间互评及教师评价相结合。特别是采用自我评价,有助于引导学生关注自己的行为,提高学习质量。同时还可以利用教科书中的有关评价表来激励学生进步。例如,教科书中提供的自我评价,在一个单元学习初始可以用来给学生提出自觉学习的要求,而到了单元学习中又可以用于进行过程评价,激励学生不断努力进步,如果是在学期末,还可以被用作终结性评价。而书中的实践与思考则可以作为每位同学参与体育与健康学习的一个资料,作为档案袋评价的一个材料。

4.鼓励有个性地学习。初中生主要培养兴趣,每天坚持锻炼;对于高中学生来说,参与校园排舞锻炼不能只停留在按照教师的要求去活动的层面上,更重要的是要能够主动地选择锻炼的手段和方法,找到适合自己的锻炼模式,制订适合自己健康情况的校园排舞计划,甚至可以将所学的锻炼方法进行适当变化或改造,增加趣味性和锻炼的实效。对于这样的学生,教师应该给予充分的肯定,鼓励同学们有所创新,坚持锻炼。

5.课程标准中对于学有余力的学生提出的更高的发展性目标为:在坚持参与校园排舞锻炼的基础上带动同伴进行排舞运动。虽然书中没有对这些方面提出具体的学习内容,但是教师在实际教学中可以通过培养体育骨干、学生互教互学等方法,引导学生带领同伴一起参与体育锻炼,并对这样的学生在进行评价时给予适当的鼓励。

实践与思考

你以怎样的方式参与校园排舞

【目的】

1. 运用问卷、交流、访谈等方式,归纳总结参与校园排舞的基本要点。
2. 结合个人实际情况,找出自觉参与校园排舞阳光体育运动的切入点。

【问题】

要做到自觉参与校园排舞运动,需要具备哪些理念,应该在哪些方面有所加强?

【假设】

在平时参与中,结合自己的实际情况,提出假设。你的假设是:_____。

【制订计划】

从下面的提示中,制订探究的思路:

1. 从分析校园排舞特点入手,结合自身周边同学进行排舞运动的实际案例进行对比,深入分析。
2. 让参与者明确:自觉参与校园排舞运动得先培养对排舞运动的兴趣与爱好,除培养兴趣与爱好之外,还应该提升到参与校园排舞对促进个人全面发展价值的认识上。

【讨论和完善计划】

制订初步的探究计划后,通过小组讨论来检查自己的计划,对考虑不周的地方进行修改。例如:自觉参与校园排舞应具有哪些理念?可以设计一个问卷,基本内容可以从以下几个方面进行考察:

序号	参加排舞运动的目的与意义	同意	不清楚	不同意
1	参与校园排舞运动对个人健康和全面发展具有重要意义。			
2	排舞运动只是为了娱乐和消遣,谈不上自觉参与。			
3	参与校园排舞运动不仅可以缓解学习压力,还可以促进健康。			
4	参与排舞运动,对促进其他学科学习也有利。			

续表

序号	参加排舞运动的目的与意义	同意	不清楚	不同意
5	参与排舞运动是一种身心的投入,只有通过参与体验才能逐渐形成终身排舞的意识。			
6	其他。			

【实施计划】

按制订的计划进行研究,认真做好过程性记录。

【结论】

分析结果,得出结论;个人或小组通过调查、访谈、个案对比等,分析影响自觉参与排舞运动的主要认识,在此基础上归纳出自觉参与校园排舞运动的基本要点,并验证你的假设。你的结论是:_____
_____。

【交流分享】

将个人或小组的结论与其他同学共同分享。在交流中对于各种不同的认识,应独立思考,并为进一步的探究积累更丰富的材料。

【自我评价】

序号	评价内容	具备	一般	不具备
1	具有自觉参与校园排舞活动意识。			
2	遵守课堂常规,自觉、积极上好校园排舞课。			
3	有意识地根据自己的健康状况制订锻炼计划。			
4	坚持进行校园排舞锻炼,并与同学一起锻炼。			
5	主动学习科学的学习方法。			
6	积极参加课外、大课间、课堂的排舞活动。			
7	具有较强的责任感,积极与他人合作。			

第二节 校园排舞开发依据

理论导读

校园排舞开发依据两大部分。其一是依据传统的教育理论,主要以过去的教育家们提出来的理论作为依据;其二是相对于教育理论而构建的实践依据,实践依据基于校园排舞开发过程中得出来的经验,构成校园排舞开发的另一理论依据。

一、教育理论依据

(一)教育学理论

1.约翰·杜威理论[①]

20世纪初,美国出现了实用主义教育学说,杜威作为创始人,他先后出版了《民本主义与教育》、《经验式艺术》、《经验教育》等书。杜威从经验对学习的作用的角度进行了阐述,书里所指的"经验"和体验学习中的"体验"有许多共通之处。杜威从实用主义出发,反对传统教育以学科教材为中心,脱离实际的做法,主张学生在课堂中学习,提出"教育即生活""教育即生长"和"从做中学"。这种学说是以经验为基础,他的"从做中学"的思想对后来的教育一直有着较大的影响。

在我国,校园排舞理论研究这一块还相当薄弱。笔者这些年进行校园排舞的推广与运用,都是在"做中学",边做边总结。比如,通过课堂教学、大课间分享、课外提高、举办夏令营、开公开课、举办全国展示会等形式,摸索出各种校园排舞开发的渠道,从不同渠道的实践中得出经验,构建校园排舞开发的理论依据;反过来,又进一步拓展了校园排舞开发的渠道。这些都是"从做中学"最具体的案例。笔者以"体验中学习"的思想来推广校园排舞,让学生践行"从做中学"的理念,在学习排舞的过程中不断提高自己,从外形、气质、健康、内涵等方面改变自己。校园排舞从而得到快速的推广,受到越来越多人的认可。

---

① 钱永健.拓展训练[M].企业管理出版社,2012:45.

2.卡尔·朗基理论[1]

卡尔·朗基被称为美国体验教育之父,他对PA(Project Adventure)教育模式进行了大量的理论研究,这使他成为体验式学习发展中不可或缺的人物。他不断进行实践与理论研究,为现今的体验式学习提供了大量的理论依据。

校园排舞课堂教学"以生为本",即以"体验式"作为学生课堂学习的理论指导,鼓励学生通过体验式学习,促进自主、探究、合作等学习习惯的养成,在体验中感受校园排舞魅力。校园排舞"体验学习"的教学是建立在"知行统一"的学习观上的,实行教师和学生的双边体验的教学过程,教师的教是开放性的引导,学生的学是探索性的体验,教学过程是互动性的发展。在教师的引导下,让学生在实践中培养创造能力、发展综合素质的方式是行之有效的。在实施校园排舞"体验学习"的研究中,教师的观念和行为发生了显著的变化,教学能力得到锻炼,理论素养得到提高。教师深深认识到常常由于自身的理论素养不高而难以构建有效的课堂教学,定期的理论学习、研究活动以及随机的讨论成了教师的内在需求。学习、实践、反思成了教师生活的重要组成部分,调查、观察、访问成了了解学生的常用手段。

3.阿尔伯特·爱因斯坦理论[2]

阿尔伯特·爱因斯坦提出情景学习理论,对校园排舞理论体系也有一定的影响。情景理论则认为,学习的实质是个体参与实践,与他人、环境等相互作用的过程,是形成参与实践活动的能力、提高社会化水平的过程。让学生根据一定的音乐素材创编校园排舞,这就是情景学习理论的具体实践。阿尔伯特·爱因斯坦说过:"我从未教过我的学生,我只是创造了一个让他们学习的环境。"这一句话对笔者影响很深,笔者一直强调校园排舞的培养宗旨是"培养学生带得走的能力"。教师让学生根据音乐情景创编动作或者利用舞景来构思动作,这些都是情景学习理论的具体运用。

4.陶行知理论

在批判杜威"教育即生活"的基础上,陶行知提出"生活即教育""社会即学校""教学做合一"的主张,形成了"生活即教育"的教育思想体系。他的教育理论对校园排舞开发也有着深刻的影响。

(1)生活即教育

"生活即教育"是陶行知生活教育理论的核心。在陶行知看来,教育和生

---

[1] 钱永健.拓展训练[M].企业管理出版社,2012:60.
[2] 钱永健.拓展训练[M].企业管理出版社,2012:110.

活是同一过程,教育含于生活之中,教育必须和生活结合才能发生作用,他主张把教育与生活完全熔于一炉。校园排舞开发除了课堂教学之外,还可以结合大课间、课外,甚至可以走出校园,携手家长、社区居民一起开展排舞运动。校园排舞与社区排舞、广场舞联合起来,利用不同的场合、不同的时间进行排舞健身,最终培养学生终身体育意识。

(2)社会即学校

"社会即学校"的根本思想是反对脱离学校生活、脱离社会的"小众教育",主张用社会各方面的力量,打通学校和社会的联系,创办人民所需要的学校,培养社会所需要的人才。要真正把校园排舞开发放到社会里去办,使学校与社会息息相关,实现家校联合。利用"社会即学校"的理论开展校园排舞推广,从教育内容来说,学生喜欢不同风格的校园排舞,我们就教授形式多样、内容迥异的校园排舞来满足不同群体的需求;要走进社区、广场汲取社区排舞、广场舞的精华为校园排舞所用;从教育作用来说,校园排舞加强了家校联系,丰富了学校体育,提升了师生体艺内涵,学校就应该用心打造校园排舞特色教育,结合社区排舞、广场舞参与者的积极心态,开展终身体育意识的引导。

(3)教学做合一

陶行知提出"教学做合一",要求"教""学"同"做"结合起来,同实际的生活活动结合起来,这对教师提出了新的要求。要求教师尊重学生,注意教学之外的生活,指导学生在实际的活动中学好本领,培养他们的综合能力。学生喜欢校园排舞,校园排舞适合学校体育发展,因此教师就应该认真去实施推广,寻找适合学生学习的方法,让"教学做"三者合一。

(二)心理学理论

校园排舞作为新课程资源,近些年在我国开展得有声有色。一门课程要做到科学、系统地发展,人们更多地会把它与其他诸多学科联系在一起,例如心理学、生理学、教育学、组织行为学等就与校园排舞有密切的联系。正是相关学科成熟的理论体系在校园排舞开发中的大胆运用,使校园排舞本身显得更加充实与科学,这也对校园排舞理论体系的构建起到极其重要的作用。其中,心理学理论是非常值得关注的。

1.认知发展理论

从认知心理学的角度来分析,外界对人的心理会产生影响。在校园排舞的推广过程中,起初学生们认为校园排舞离自己很遥远,又怕家长会反对,学习的劲头并不大,后来通过教师的积极宣传,学生消除了疑虑,从而喜欢上校园排舞。校园排舞开发会遇到很多实际问题,在各个问题的解决过程中,学生们会得到各自的认知,这样一来,学生们就认为校园排舞能提高他们的综合能力,对自身的文化学科的学习又不会产生负面影响,反而会提高自身的气质。这其实是一个人经历着一个不断同化,适应环境并将外部活动内化为心理活动的过程,这就是从认知发展的理论去看问题的角度。

校园排舞初级课程能较快地培养学生的兴趣,促进学生主动学习。因此,认知发展理论在初级课程构建时起到指导作用。

2.行为主义理论

行为主义认为学习就是学生行为改变的过程,这种行为的改变是学生在不断的实践过程中总结经验,从而在意识层面发生变化并表现在行为上的。正如生活中很多技能与知识的获得并非先从书本上得到,而是在现实学习中体验总结出来的一样,人的经历带来的体验可以促使人的行为改变。校园排舞中级课程主要是教师教、学生模仿体验。学生观察教师的示范,听教师的讲解,通过自己的体验学习、与同学之间的合作探究,最后掌握了中级课程的目标与内容。动听的舞曲、优美的舞码足以让学生获得较强的体验,并在自己认知能力提升的情况下使自己的行为得到改变。行为主义心理学的创始人华生认为:将孩子放在所设计的特殊环境里培养,可以培养成任何人们想要的类型,无论他的才能、爱好、倾向、能力等如何。

尽管华生的理论有许多不完善的地方,但对于通过课堂学习进行行为体验的校园排舞来说,还是有许多可以借鉴之处的,尤其是在进行中级课程目标与内容设置时更是如此。

3.建构主义理论

建构主义学习理论是行为主义发展到认知主义以后的进一步发展。建构主义学习关注如何用原有的认知结构来建构新知识,强调学习的主动性、合作性与情感性。建构主义学习理论在学习过程的建构方面对学生有着最直接的帮助,它认为学习过程包括两方面的建构:一是对新知识的建构,外部知识本身没有意义,它所存在的意义是学生通过新旧知识之间反复的、双向的相互作用过程而建构的。二是对经验结构的改造与重组,每个学生都在以自己原有的经验系统为基础对新的信息进行编码,建构自己的理解,而且原有的知识又因为新知识的进入而发生调整和改变,所以学习并不是简单的信息积累,它同时包含新、旧知识的冲突而引发的观念转变和知识结构重组。

校园排舞高级课程主要是学习动作难度较大、节奏较快的舞曲以及利用已有认知进行创编的课程。因此,建构主义理论在高级课程目标与内容的设置上也起到引导的作用。不同的学生基于原有的不同基础,以不同的方式建构对校园排舞的理解,产生不同的建构结果。在学生的共同体中,这种差异本身便构成了一种宝贵的学习资源。教师要促进学生之间的合作,使他们看到不同人身上的优点,从而促进自身学习的进行,通过合作学习,可以使同学之间的理解更深刻、全面。

二、实践依据

(一)"三维发展"

长久的学习能改变学生行为,从校园排舞开发过程来看,首先,跳排舞能给练习者带来健康与快乐的体验与改变,这种实践行为对于校园排舞发展理念的构建起到引导作用;其次,外界对人的心理会产生影响,校园排舞能促进练习者在健康、气质、形体、心理等方面发生变化,因此,强化练习者对排舞实践的认知对项目发展目标的构建起到引导作用;再次,外界认为可以利用原有的认知结构来构建新知识,校园排舞开发要推陈出新,这在校园排舞发展定位的构建上也起到引导作用。可以说,正是上节阐述的教育理论引领着校园排舞"三维发展"实践理论体系的构建。

1.发展理念

"健康第一"是中小学学校体育的指导思想,校园排舞开发除了强调"健康第一"之外,还衍生出"快乐第一"的理念,即校园排舞开发要贯彻"健康快乐同在"的发展理念。健康是目标,快乐是过程体验,健康与快乐相互补充,共同发展,有了健康,就有快乐,不能单为健康放弃快乐,也不能只为快乐不考虑健康因素。健康快乐共存的发展理念是从校园排舞开发过程中延伸出来的,只有同时关注学生的身体与心理感受,校园排舞才能和谐发展。

校园排舞运动总是在一种轻松、自由的氛围下进行的,学生在优美的音乐声中体验校园排舞的快乐,陶冶情操。快乐促使学生更自觉、习惯地进行排舞运动。校园排舞运动是一种有氧运动,长年累月进行排舞运动有助于改善心肺功能、心血管系统,有助于增强记忆力,提高四肢协调能力,最终达到强身健体的作用。

很多研究表明,经常参加排舞练习除了能增强体质、提高节奏感之外,人的性格也因此会变得开朗、大方。校园排舞是一项动作循环练习,学生经过反复练习,使自己越跳越好,在这一过程中体验到成功的快乐;校园排舞以舞为媒介,这样有助于那些不善于交流的同学融入集体之中,跳排舞时学生之间眼神相互交流,肢体语言跟随音乐得到表达,认识新同学、新朋友,交际中产生的友情能促使人的心情愉悦。因此,校园排舞除了能够健康、愉悦身心之外,还

有助于学生提高社会适应能力,达到身心全面发展。

校园排舞以"健康快乐同在"为发展理念,这样有助于目标的达成。健康是一种结果,快乐是一种过程,健康是学习产生的必然结果,快乐是学习过程的具体体验。当学生完全体会这种健身与学习理念时,就能够积极运动,快乐学习,而这就是我们倡导的积极的学习观与运动观。

2.发展目标

校园排舞弘扬"舞风·舞韵"文化。"舞风·舞韵"具体的内涵即"三好四美",校园排舞设定"三好四美"作为其推广运用的发展目标,要围绕这个目标进行一系列的工作。所谓"三好"包含着身体良好,这是对健康的直接追求;心理完好,即实现身心平衡,这是对健康提出的更高要求;气质姣好,这是对内外美和谐统一的要求。所谓"四美"是指通过校园排舞的推广运用,让学生"感受舞美、促进形美、提升神美、塑造心美"。

校园排舞是一种将体育与舞蹈融合在一起,通过肢体语言进行展示的舞蹈,学习排舞的同学在外在形态、内在修养两方面均能得到提高。任何工艺品都需要通过加工才能达到精品这个高度,排舞学习具有同样的道理,必须通过刻苦训练,融会贯通,才能达到内外兼修的境界。希望所有排舞爱好者能从学习中体验舞美,感受排舞给人们带来的健康与快乐,通过排舞学习,在外形、气质上能够达到自己的预期效果。

3.发展定位

"人无我有,人有我精,人精我特"十二字方针是校园排舞的发展定位。发展定位体现校园排舞推广与运用的递进关系,本地区若还没发展校园排舞的,可以做"吃螃蟹"的第一人;本区域若已经推广实施的,要快马加鞭,推出符合自己学校特色的发展思路,迎头赶上,以发展定位作为指引,打造属于自己的校园排舞品牌。校园排舞理论体系的构建,应在课堂实践中进行,并致力于学生能力、兴趣、体质的提高,更应该强调在统一的理论背景指导下进行排舞开发,只有这样才能培养出一批既擅长理论,又精于实践的校园排舞名师。

(二)培养宗旨

校园排舞始终秉持一条宗旨:以培养学生带得走的能力为出发点,构建校园排舞推广与运用的价值体系。关于教育,爱因斯坦有一句名言:"教育就是忘记了在学校中所学的一切之后剩下的东西。"只有那些"剩下的东西"才是"带得走的能力",才能使学生走出学校后一辈子得到可持续性发展。

1.综合素质的培养

我们要从课堂开始关注学生的行为,从细微处入手,引导学生实现良好的课堂行为。教师的教学设计要有意识地构建相关情景,让课堂教学润物细无声地促进学生综合素质的发展。学生的综合素质包含个人胸怀、学习习惯、毅力品格、问学能力。

(1)个人胸怀。竞技体育强调的是竞争,学校体育则更加侧重友谊。我们要从小培养学生的竞争意识,更要灌输学生的团队意识。同学之间不仅是竞争对手,更是学习伙伴,班级团队要强调合作、宽容、友爱。课堂学习中,同学遇到困难或者对动作不理解时,要主动去帮助他们;在进行课堂评价时,同学的点评"误伤"你的自尊时,要以一颗包容的、共同进步的心去看待它,教师要关注这些课堂细微处,耐心引导。学生在这样的课堂氛围下,个人的胸怀会变得更加无私、宽广。

(2)学习习惯。终身学习、终身体育,这些都是良好习惯,课堂行为主要是学生自己的学习习惯的呈现,只有做好课堂学习习惯的培养,才能养成良好的终身学习习惯。不会主动去学习,是无法培养终身学习这个习惯的。课堂学习不应一味地灌输,而是应该强调学生自主学习习惯的养成。教师在课堂情景设计时,应考虑以生为本,根据学生能力的不同,设置不同的难度让学生去尝试、挑战自己,从而培养学生自主学习、合作学习习惯,促进学生探究、创新意识的形成,养成终身学习、终身体育的习惯。

(3)毅力品格。学校体育是一门开展学生身体锻炼的课程,近些年来,学生的体质呈下降趋势,学生吃苦耐劳的精神不如从前。大部分学生是独生子女,这样的群体比较缺乏互让、互助的精神,个性突出,容易以自我为中心,其中大部分学生的家庭条件又比较优越,他们没有遇到过挫折、失败,承受挫折、失败的能力不强。苏轼说过,"古之立大事者,不惟有超世之才,亦必有坚忍不拔之志"。因此,对学生毅力的培养、良好道德品格的熏陶,是决定学生综合素质全面发展的一个重要指标。

(4)问学能力。课堂学习除了自主、合作学习之外,更要强调学生的探究精神。教师不应只把学生当成"容器",而是应该把学生培养成课堂的质疑者。教师除了允许学生发出不同的声音,还应该鼓励学生从不同的视角去看待问题,从不同的立场去寻找问题,让学生在课堂上提出问题,对有困惑的问题提出疑问。课堂教学应该用启发的思维来引导学生进行课堂参与。问学能力是对学生自主学习能力的一种提升,教师要用博大的胸怀与智慧去鼓励学生培养课堂问学能力。

2.实践课堂的构建

(1)组织能力。体育课可以构建学生的实践平台。比如,准备活动操可以锻炼学生组织能力,每节课让三四个学生自己编操,然后进行带操。学生自编的动作要求简单易学,教师主要关注带操人的组织和队伍调动能力。课堂分组学习时,小组长的作用尤其明显,学生在小组长组织下可以进行学练、纠错、展示、竞赛等,每个人都可以轮流担任小组长。

(2)表达能力。课程改革后,我们的课堂要体现"以生为本",排舞课程的解读应该是这样的:排舞课堂要让学生长本事,一切活动由学生来参与。有了参与主体,教师就应该设置情景,因地制宜地让学生进行课堂的组织管理。带操部分由学生自己完成动作的讲解及教学;分组练习时,教师注重巡视指导,把机会、任务留给小组长,让小组长去组织、安排;课堂评价时,教师要发动学生参与,把自己对课堂的看法讲出来,各抒己见,提高学生在公共场合的表达能力。

(3)创新能力。创新是课堂活力的源泉。可以从课堂结构、动作元素、队形组合、音乐编排等方面来引导学生进行创新。应当以课堂为载体,构建学生综合实践舞台,把学生的智慧融入课堂。课堂结构可以分为开始部分、基本部分、结束部分三大块。教师根据每部分设计学生的任务与角色,引导学生积极参与,发挥学生主体作用。要结合校园排舞不同舞种,鼓励学生去收集相应的舞码元素,把各个元素的精华融入课堂,开拓自己的思维。教师应该结合动作特点引导学生进行队形创编,包括利用不同的人数进行队形组合创编。音乐编排主要是让学生根据不同的舞码元素去寻找适合的音乐,强调一支排舞要尽量融入第二风格的动作元素,有了这些要求之后,教师就可以引导学生进行简单的音乐剪辑与编排。

教学运用

开展校园排舞一定要充分认识到理论研究的必要性,要很好地掌握专业领域的知识和原理,把理论与实践结合起来,在教学中不断地发现问题和解决问题。许多教育家提出的教育思想影响了几代人。美国实用主义教育家杜威的"从做中学"的思想对后来的教育始终有着较大的影响,"从做中学"这个教育理念促使笔者潜心研究校园排舞的开发与运用。传统的教育思想还包括卡尔·朗基提出的"体验式学习"理论,这一理论鼓励学生积极去探究,教师积极去尝试。校园排舞好不好,好在哪里,不能道听途说,要靠自己的体验去验证。课堂教学方法好不好,要教师身体力行去体验。只有这样,才能找到适合本班学生的方法。阿尔伯特·爱因斯坦提出的"情景学习"理论,对校园排舞理论体系也有一定的影响。心理学理论中的认知发展理论、行为主义、建构主义对校园排舞的开发起到了促进作用。这些经典教育理论为校园排舞课堂教学、大课间分享、课外提高指明了发展方向。教师可以利用这些理论指导,进一步开发校园排舞。

校园排舞在开发过程中得出来的"三维发展"与"培养宗旨",是校园排舞实践过程的宝贵经验。校园排舞理论体系的构建源自对经典教育理论的深层次解读,应当把经典的教育理论运用于校园排舞开发研究上;反过来,也应当用实际经验来指导校园排舞开发,最终让校园排舞的实践经验进一步充实校园排舞的理论体系。新一轮的基础教育课程改革,从国情出发,妥善处理了课程的统一性与多样性关系的问题,建立国家、地方和学校的三级课程管理体系,实现了教材多样化,满足了地方学校发展的需要。因此,学校要鼓励一线教师充分开发与推广新课程资源。校园排舞的出现不仅有利于学校体育课程呈现出多种模式共存的良好局面,还有利于学校更有特色,学生体育发展更有特长。

学校教育要"以人为本",人是富于个性的存在,人的素质、能力都不均衡。体育是培养学生综合素质的窗口,体育课程是以探究体验为主要形式的实践活动,把智力活动和操作活动更紧密地结合起来,强调"做中学",重视课程体验。

校园排舞开发理论依据来源于传统的教育理论与实践过程中总结出来的经验。理论联系实际奠定了校园排舞开发的理论基础,揭开了校园排舞开发的序幕,为学校开展校园排舞提供了重要的思路。

一、目标制定

1.使学生初步了解校园排舞开发的理论依据。
2.使学生了解教育学理论、心理学理论对项目发展的影响。
3.指导学生根据"实践依据"实施校园排舞锻炼计划。

二、内容分析

(一)内容解读

该部分共分为两个部分。第一部分:教育理论。分两块来阐述。其一:教育学理论。从杜威实用主义出发,校园排舞能给学生带来"健康与快乐"的好处,引导学生加强锻炼,提高兴趣;郎基的"体验式教育"让学生自己学习、自己取舍;爱因斯坦提出"情景学习"更让学生在学习策略上有了多重选择;陶行知的"教育即生活"让学生把学习生活融为一体。其二:心理学理论。包括心理学的认知理论、从学生学习过程的行为变化延伸出来的行为主义、后来的建构学说,这些理论支撑着校园排舞的发展与开发。第二部分:实践依据,提出校园排舞"三维发展"与"培养宗旨"。该部分的重点是向学生介绍校园排舞的"三维发展","三维发展"是校园排舞的实践依据,也是校本课程的理论支撑,让学生了解校园排舞对于健康、形体、气质、学习生活等方面的重要意义,帮助学生认识到了校园排舞"三维发展"的重要性。把发展学生的"三好四美"与发展学生健康、保持良好的形体结合起来。

(二)知识点

1.教育学理论、心理学理论如何促进校园排舞发展?

2.校园排舞发展实践依据是什么?与传统的教育学、心理学理论的关联是什么?

3.校园排舞的"三维发展"是什么?"三好四美"七要素对学生核心素养的发展有什么影响?

4.校园排舞培养宗旨是什么?

(三)教与学重点及难点

1.教与学重点:教学重点即了解学生的心理状态,如何促进个人积极、主动学习;利用教育学、心理学原理更好地促进校园排舞开展。

2.教与学难点:如何让实践依据在教育学、心理学理论指导下更加成熟,如何让更多人从心里面自发进行校园排舞的学习与创编。

三、策略解读

(一)教学策略

教师在教学过程中除了采用课堂讲授的方法以外,特别应注意将本课程的内容渗透到实践课的教学中,通过实际的体育活动来提高学生的排舞水平。在进行本节内容的教学时,要注意提高学生进行课堂排舞学习的实效性,与上一节相比,本节内容的重点是提高学生对校园排舞"三维发展"的理解。因此,在教学过程中一方面要教给学生进行校园排舞锻炼的方法和手段,另一方面要教会学生进行排舞锻炼的道理,即理解"三维发展"的实际内涵。

1.在实践课的教学过程中可以引导学生进行排舞活动的课堂体验,获得感性的认识;同时在理论课中进行深入讲解,让学生能够科学地进行校园排舞学习。通过提出问题,引发兴趣,让学生去思考、讨论、总结。例如讲授"三维发展"的三维关系这个内容时,由于初高中生所能接受或者认知的程度不一样,因此可以让学生根据自己的生活实际来举出不同的例子说明参与排舞的重要性,并进行总结,而教师主要起点拨、引导的作用,学生获得的知识是由他们自己归纳总结出来的,通过这样的方法可以让学生真正认识到校园排舞"三维发展"对学好排舞的作用。

2."通过对学生的小测验来了解自己的自信心"这个知识点,应与学生的实际情况密切结合来进行,特别是结合"三好四美"的要求来进行教学和讲授。教材提供了一个"实践与探索"模块,教师可以先引导学生一起来对于这个问题进行分析处理,学会举一反三;然后让学生分别分析自己的体能情况,得出结论。本节文中还有一个"实践舞台"环节,可以与以上内容一并讲授,因为给自己制订一份参与社团的发展计划,也是了解校园排舞"三好四美"一个渠道。在讲授这一内容时要引导学生关注自己的参与情况,一方面是要教会学生科学地制订和实施参与计划的程序和步骤;另一方面要让学生将所学的知识应用于体育实践。

3.在向学生介绍校园排舞"三维发展"时,可以结合实践课进行,具体可以采取以下几种形式:

(1)学生通过理论课的学习,制订出自己的排舞社团发展计划。每次体育课时,教师利用少量的时间进行专门的指导,可以设置课堂情境,让学生形象地参与。组织锻炼兴趣小组,针对专门的"三好四美"进行锻炼指导。在课上安排一定的时间进行练习,学生可以提问,教师进行指导。由教师组织,在一个单元中的某几节课专门针对"三好四美"七要素进行学习与实践,如:利用热身操,进行形体方面的提高。在选项学习中,为提高校园排舞的理论水平进行相应的理论方面指导。

(2)教师在实践课中进行有关排舞的学练时也要注意采用引导、启发等方式,对于不同的学习要素可结合体育实践进行介绍,从而激发学生学练的兴趣。在针对"三好四美"的追求形美时,可以引导学生明白体重适当是保持健康的必要条件,太肥或者太瘦都属于不健康,在追求美的同时,要注意健康的发展,从而激发学生的学习兴趣。

(3)教师可以通过图片对比来说明校园排舞具有不可阻挡的魅力。用队员平常自行组织的排舞活动的图片,展现同学之间合作学习;用比赛图片来说明在提高学生个人综合素质及竞技状态的情况下排舞如何展示;用课堂上学习排舞的图片寓教于乐;用运动队训练的图片,展示校园排舞"三好四美"真实写照;用教师指导学生练习的图片来说明校园排舞师生的融洽关系。

(二)学法策略

本节的学习内容理论性与实践性都非常强,书中的内容为学生进行排舞实践提供了一些方法和手段,学生可以根据这些内容在教师指导下自主进行学练或者组成锻炼小组共同提高。文中设置了思考、讨论的问题。引导他们通过自己的探究掌握知识。

1.探究学习。对于"三维发展""核心素养""发展理念"等内容,都可以由教师引导学生进行探究学习。三维社会心理学家舒茨(Alfred Schutz)1958年提出人际需要的三维理论,三维理论构成人际互动过程。本节主要对校园排舞课程发展理念、发展目标、发展定位三个方面进行阐述,以此三点作为校园排舞课程系统的"三维发展"。然后依据"三维发展"确定课程规划,使得课程总体设想紧扣"三维发展",实现校园排舞的理论提升。

(1)教师可以引导学生将这些理论进行归纳总结,从感性提升到理性,从而促进学生对"三维发展"的认识。教师在引导时可以让学生概括地进行叙述,也可以针对某种发展目标进行比较深入的探讨,特别是后者可以结合自身在课堂的学练进行。

(2)探究内容的来源既可以是学生自己的亲身体验,也可以是他人的感受,还可以是通过报刊、书本或网络得来的资料,有了初步的材料后,教师还要引导学生对其进行总结,并从身体、心理和社会适应等方面归纳。此外,还可以引导学生思考提高对这些理论的认识和理解,为下一步的学习奠定基础。评测自己自信心这一学习内容也是与学生生活密切相关的内容,每个学生都需要参加了解三维发展,都要知道"三好四美"这些与校园排舞相关的概念,每一项测试或者实践舞台,都可以让学生在已有的基础上进行探究活动。

(3)了解"三维发展"是一项理论性很强的内容,不仅要求学生能够掌握知识,更重要的是要能够根据一般性的原理,从多种多样的理解中解读"三维发展",而这个解读过程就是探究的过程。学生在掌握了有关理论知识并有了多种初步的排舞体验以后,就可以根据自己的实际情况来研究如何进行"三好四美"提高的锻炼,在实施过程中还可以根据具体情况进行调整。教师在安排教学时应给每位学生留有探究的空间,并进行适当的引导和点拨,让学生在探究学习中巩固知识,提高能力,理解三维关系。

2.自主学习。每个人对"三维发展"的解读并不一样,都是根据自己的具体情况进行的。开展自主学习时,若能坚持利用课余时间自发性地练习排舞,将更有利于自身对"三维发展"的了解。教师在引导学生进行自主学习时要注意以下几个问题:

(1)应让学生提出各自的"三维发展"的理解思路,制订学练的计划。教师从旁帮助学生分析自己的具体情况与思维能力,引导学生将自己的目标定位准确,所制订的发展计划符合实际条件。

（2）教师应引导学生树立坚持锻炼、发展体能、促进健康的意识和决心，加强自主学习的内驱力；引导学生在自主学习过程中对排舞活动效果进行评估，并作出相应的调整。

（3）学练过程中，学生在教师的引导下不断完善理论的认识策略，采用适当的方法提高学习排舞效果。教师可引导学生通过自己设置短期目标、调整锻炼的方式、采用适当的负荷强度等手段不断获得成功感，强化学生自主学习的兴趣。

3.合作学习。组成锻炼小组进行合作学习是完成校园排舞课程重要的学习方式，也是促进学生掌握校园排舞"三维发展"的重要手段。在进行校园排舞"三维发展"学习中也可以组成合作小组，采用合作学习的方法进行学练，同伴间的帮助和相互鼓励将更有利于学生理解"三维发展"目标的实现。此外，"三好四美"七要素的实现途径都离不开同伴的配合。

（三）评价与激励策略

本节的学习目标是让学生能够理解教育学、心理学是校园排舞的理论基础，并且有计划地参与校园排舞活动。学生不仅应掌握锻炼的知识和方法，学会制订锻炼计划；更重要的是要学以致用，根据自己的实际情况采用相应的手段和方法进行锻炼，提高校园排舞的理论知识，并用于指导实践。

1.实践依据的认知评价。"三维发展"是校园排舞的实践理论，对学生的相关认知进行评价不仅应是对本节学习情况的一个评价，更是校本课程中学生评价的重要方面。建议教师对学生进行认知评价时，在学期（单元）初和学期（单元）末根据本学期（单元）的实践课教学来安排有关认知评价的渗透，可以根据学生认知来进行评分，同时参考学生的进步情况给予适当奖惩。

此外，学生制订的锻炼计划、实施情况也可以作为档案袋评价的素材。当然也可以根据实际情况来进行三维发展认知的测试，例如可以在一个学期评定一次，或者将十个单元的终结测试成绩作为下个单元的初始成绩等等。特别需要强调的是，对学生进行三维认知测试时应针对本单元（学期）学生三维认知的内容来进行。

2.其他方面的评价。在本节内容的学习中，教师还应充分利用评价手段激励学生进行学习，并采用适当的手段考查学生对本节知识掌握的情况。例如，在进行三维认知测评后，有的学生会相互比较，看谁理解得更有新意，如果有的同学见解较浅，就会有自卑心理，认为自己无论怎么努力都不会取得好成绩。对于这样的学生，教师应教育他们正确看待自己的成绩，重要的是与自己相比，而不是脱离实际和别人去相比，要看到自己的进步和发展，对于这部分

我们一起做排舞

同学,应鼓励他们相信通过全面而有重点的排舞锻炼,一定能逐步改善自己的认知水平,从而激励他们不断努力,进而提高自己的认知。

考查学生掌握本节知识点的方式可以多种多样,重点应该是评价对本节知识的理解和运用。学生根据所学的理论知识,自己制订排舞锻炼计划并予以实施,将锻炼计划和实施情况作为档案袋评价的重要内容。此外,教师也可以在课堂上针对有关重点知识进行提问,帮助学生理解并运用,以及测验这些知识掌握的情况。

实践与探索

小结近期自己参与排舞锻炼的心情,进行小组讨论,调查其他同学在排舞运动中曾有哪些快乐,又是如何创造快乐的。

自我小结		组内讨论	
调查研究		拓展思考	

实践舞台

给自己制订一份在学校社团的发展计划

1.根据自身的性格特点来分析自己的排舞交际对象,根据自己的运动习惯与爱好,了解自己的运动特点,根据自己的能力,制订自己在社团里的位置与角色。

2.角色定位与发展目标

远期目标:_____

近期目标:_____

3.可以采用什么方法培养自己的目标:1._____ 2._____ 3._____

4.融入社团活动,需要注意事项(如学习、交往方式等)

5.进入社团一学期的自我评价:_____

> **小测验**
> 一个自信的人一般会表现出以下方面的行为举止,请你根据自己最近一个月的行为表现进行评价。你表现出自信的有_____项,未表现出自信的有_____项。
> 1.开朗,言谈举止得体;坦诚,能直吐心声、不掩饰自己的缺点;
> 2.虚心,能够接受批评,坦然承认错误;大度,能赞赏和接受别人,不嫉妒;
> 3.轻松,生活表现自如,不沉重抑郁;言行一致,言谈举止表现和谐;
> 4.开放,对新事物采取积极开放的态度;幽默,乐观面对生活中的失意和挫折;
> 5.勇敢,敢于面对生活中的困难和挫折;果断,勇于承担责任,不优柔寡断。
> 通过自我测验,找出自己的优点和不足,在看到自己优点的基础上,克服缺点,使自己成为一个自信的人。

第三节 校园排舞元素分析

理论导读

随着社会的进步,广大民众追求健身的意识也越来越明确。排舞2000年左右引入我国,2008年北京奥运会后,人们开始对排舞有了概念性的认识。这几年借助新闻媒体,广场舞忽如一夜春风来,在大江南北千树万树梨花开。在不影响他人的前提下,只要有利于健身的,笔者都倡导大家参与。为了大家有个全面的认识,笔者在这一节,结合基本元素分析来阐述排舞与广场舞的异同点。

由于本书主要阐述校园排舞的教学与编排等方法,本节小篇幅介绍了广场舞基本元素;在"核心元素""素质元素"两块中,较少阐述广场舞。核心元素是结合高中核心素养阐述校园排舞的教育功能及发展青少年身体素质的方法。

一、基本元素

校园排舞是根据16、32、48或64拍等节拍,进行不同舞蹈组合,根据舞曲进行方向变化的一种舞蹈。校园排舞包含对象、音乐、舞码、队形这四大元素。校园排舞具有很多有价值的载体:充满活泼、年轻生命的个体,创新、智慧的教学者,美妙动听的音乐,复杂多变的队形设计、编排,这些丰富的元素将决定着校园排舞推广的广度与深度。

(一)对象元素

1.校园排舞对象分析

校园排舞是大家排在一起跳或利用固定舞码进行队形编排的一种舞蹈,英文叫 Campus Line Dance,校园与排舞和谐融合在一起,就能使校园排舞有更强的生命力,有更好的发展前景。它的对象包含教师与学生,师生两大主体一起构成校园排舞教与学的对象,成了校园排舞最重要的两大元素。

(1)教师是进行校园排舞推广与实施的主体,良好的师资队伍,能确保校园排舞得到持续的发展,教师的课程理念能决定校园排舞的发展高度;教师的创新思维能够促进校园排舞的开发与推广。从2012年开始,国家排舞推广中心专门成立了研发团队,对教师队伍中的教练、裁判进行了系统的培训。

(2)学生除了学习校园排舞之外,也是校园排舞推广的另一主群体。我们要把握住学生这个群体充满着时尚、动感、朝气、智慧等特点,结合学校发展的要求,设计一些能吸引学生的校园排舞,让学生喜欢上这项运动,在学习中受益,让学生教学生,实现其自主、合作学习能力的提升。

2.广场舞对象分析

(1)广场舞在公共场所由群众自发组织,参与者多为中老年人,其中又以大妈居多。广场舞是人民群众创造的舞蹈,是专属于人民群众的舞蹈,因为民族不同、地域不同、群体不同,所以广场舞的舞蹈形式也不同。

(2)广场舞不仅仅融跳、跃、扭、闹等为一体,而且更具诸多舞蹈的特色,在广场舞中可以看到秧歌、民族舞、健身操等中国元素,特别适合社区群众健身。它可由任何人来编排,音乐也不受限制,可以采用任何音乐,只要节奏合拍就可以,一套广场舞编排出来可以不通过任何组织认可,只要人们能接受,喜欢跳就可以随意跳。

(3)2017年1月,在国家排舞推广中心组织下,有关方面也组织了广场舞研发团队,出台了广场舞教练、裁判等级培训及考核制度,为今后进一步规范广场舞奠定了基础。广场舞的编排结构和形式与排舞差不多,今后也会有专门的组织来认可,这可以说是广大广场舞爱好者的"福音"。

(二)音乐元素

体育舞蹈通过音乐节奏的快慢、强弱来编排舞景,从而达到乐中有舞、乐舞交融。音乐与舞蹈一起构成了校园排舞,因为校园有其独特的教育目标与责任,因此音乐与舞蹈的选择成了国际排舞融入校园最重要的两大因素,好音乐是造就一支好排舞的前提,好的舞码也能成就一支金曲。

每年国际排舞协会推出的新排舞,都是结合当年最流行的金曲进行创作的,排舞的音乐来源比较国际化,自然决定了舞码风格有别于广场舞。广场舞的音乐主要取材于我国的流行音乐或者民歌,具有浓厚的民族文化色彩。曾经主要流行于北方的一种广场舞蹈,用锣鼓、唢呐等伴奏,现已在全国非常流行,群众都是用自己喜爱的音乐伴奏起舞。

1. 根据地域文化来选择

校园排舞音乐的选择,应该更多地结合当地传统特色、校园文化来进行。如厦门地区可以选择《爱拼才会赢》、《鼓浪屿之波》来编排;北京地区可以选择《北京欢迎你》、《北京的桥》等富有当地文化特色元素的音乐来编排;上海地区是一个多元化的城市,与国际接轨比较多,因此排舞在音乐选择上可以更多考虑国际元素,体现该城市的国际化特征。

2. 结合学习者的特点来选择

校园排舞除了考虑舞码之外,还要结合舞者的年龄特征、心理特点、音乐文化背景等进行编辑。小学生可以选择一些欢快的、节奏较强的音乐,中学生可以选择一些激昂、洒脱的音乐,大学生则可以选择柔情、敏捷的音乐。

3. 根据特定舞码或舞景来选择

校园排舞的音乐可以利用一定规律进行循环或不断变化等来编排组合。每支舞曲,有2拍或4拍的前奏,根据这些前奏,可以进行跳舞前的准备与调整。从节拍上来分,有快节奏的舞曲,也有轻柔漫步的舞曲,不同音乐元素,决定不同的排舞风格。

4. 根据不同舞码元素特点来选择

校园排舞包含桑巴、恰恰、伦巴等西方舞蹈元素,它们的音乐节拍为4/4。其中伦巴是在第2拍起跳,每分钟约30至40小节。斗牛舞是一种十分奔放自由的舞蹈,音乐节拍为4/4,每分钟约40小节。不同的舞码风格,与不同的音乐元素密切相关,学习者可以借此来熟悉音乐的特点。

(三)舞码元素

根据体育舞蹈对社会的作用与功能,体育舞蹈可以分为两大类:大众舞蹈与竞技舞蹈。大众舞蹈即交谊舞或当下比较流行或时尚的舞蹈，如街舞；竞技舞蹈可分为三项：拉丁舞、标准舞、集体舞。拉丁舞包含：桑巴、伦巴、恰恰恰、牛仔舞、斗牛士舞；标准舞包含：快步舞、狐步舞、探戈、华尔兹、维也纳华尔兹；集体舞则集标准舞与拉丁舞于一体。①

广场舞的舞码元素来源比较单一，从音乐的选择来看，其舞码的选择更多是取材民族舞蹈，当然，由于广场舞推广者的努力，排舞的很多舞码元素也被吸收借鉴进来。

校园排舞由众多的操舞元素构成，每一支校园排舞都拥有其固定的舞码。校园排舞的舞码风格兼容校园色彩、学生特点，因此其舞码主要来自健美操、拉丁舞、华尔兹、街舞四大项，从其比较时尚的操舞元素中汲取。音乐与舞步的融合对校园排舞非常关键，教师应指导学生掌握各舞码的节奏变化与要求。

1.健美操简介

健美操是一项深受广大群众喜爱、普及性极强，集舞蹈、体操、音乐、健身、娱乐于一体的体育项目。健美操竞赛项目包括男子单人、女子单人、混合双人、三人（男三、女三、混合三人）、混合六人（男三、女三）、啦啦操等。比赛按性质分为锦标赛和冠军赛两大类。

(1)健美操类别

目前国内外流行的健美操大致分为6类：①按不同年龄编制的系列健美操；②按不同性别编制的男女健美操；③按人数多少编制的单人、双人和集体健美操；④按塑造形体和改善体姿与体态编制的健美操；⑤按锻炼身体各个部位编制的健美操；⑥按徒手或执轻器械运动编制的健美操。

(2)健美操特点

健美操是融体操、音乐、舞蹈于一体的追求人体健康与美的运动项目，因此，健美操具有体育、舞蹈、音乐、美育等多种社会文化功能。通过健美操的锻炼可以达到改善体质、增进健康、塑造形体、控制体重、愉悦精神、陶冶情操等目的。健美操的叫法还有很多，如：健美舞、健身操、健身舞、有氧操、有氧舞蹈、有氧运动等。

(3)健美操基本步伐

①交替类：踏步(March)、走步(Walk)、一字步(Easy Walk)、V字步(V Step)、漫步(Mambo)、跑步(Jog)。

---

① 钱宏颖,葛丽华.体育舞蹈与排舞[M].浙江大学出版社,2011:115.

②迈步类：并步(Step Touch)、迈步点地[Step Tap(Heel)]、迈步吸腿(Step Knee)、迈步后屈腿(Step Curl)、侧交叉步(Grapevine)、并步跳(Step Jump)、小马跳(Pony)。

③点地类：点地(Touch Step)、脚尖点地(Touch Tap)、脚跟点地(Heel)。

④抬起类：抬腿(Lift Step)、吸腿[Knee Lift(Up)]、摆腿(Leg Lift)、踢腿(Kick)、吸腿跳(Knee Lift)、摆腿跳(Leg Lift)、踢腿跳(Kick)、弹踢腿跳(Flick)、后屈腿跳(Leg Curl)。

⑤双腿类：并步跳(Jump)、分腿跳(Squat Jump)、开合跳(Jumping Jack)、半蹲(Squat)、弓步(Lunge)、提踵(Calf Raise)。

2. 拉丁舞简介

拉丁国标舞是规范、严格、标准的，它是在拉丁舞的基础上发展形成的竞技专业舞蹈，内容包括伦巴、恰恰恰、牛仔舞、桑巴舞、斗牛士舞。拉丁舞又称拉丁风情舞或自由社交舞，它是拉丁国标舞的起源。拉丁舞是大众民间舞蹈，随意、休闲、放松是它的特点，有较大的自由发挥空间，它是拉美人民在漫长的历史长河中形成的具有鲜明特点的，又富有活力、火热的艺术表现形式，深受拉美人民的喜爱，成为他们生活中必不可少的娱乐组成部分。

(1) 桑巴(Samba)

桑巴起源于巴西的里约热内卢，1929年传入美国，而后又传至各地。它是非洲和南美洲舞蹈艺术的综合产物，最早用吉他演奏，节拍较缓慢，带有小夜曲式的情调，兼具热情活泼的气氛。后来英国舞蹈家专程赴里约热内卢观摩搜集当地桑巴舞，回国后将桑巴舞做了一番整理，制定了步法名称并统一了跳法，从而使其成为目前的桑巴舞。它属于移动性舞，像探戈、华尔兹一样，须绕着舞池转。其舞蹈特点是舞姿活泼可爱，舞步摇曳轻快。

(2) 恰恰恰(Cha-cha-chá)

恰恰恰起源于中美洲的墨西哥、古巴等地，它是曼波舞(Mambo)的变形，但今日的恰恰恰比曼波更流行，更受欢迎，主要是因为这种舞给人一种明朗轻快的感受。南美洲的土著人将曼波的音乐演奏得更快，并加进打击乐器使之成为今日的恰恰恰。曼波的舞姿较柔和，腰部扭动较大；恰恰恰的舞姿较为活泼，步法干脆利落，不拖泥带水。恰恰恰的舞步源自爵士，第1拍动胯，第2拍动脚，与伦巴有相似之处。在整体的舞蹈行为中要注意腰胯的扭动，恰恰恰是胯的节奏练习，由斜前到旁边。基本舞步始终保持着爵士步的重心特点，即重心在直的那条腿上，这样才能跳出紧凑利索的步伐。其舞蹈特点是舞姿多样干净，舞步欢快明朗。

(3)伦巴(Rumba)

伦巴舞起源于古巴,故又称为古巴伦巴。四五百年前,非洲黑人被殖民者送至美洲充当奴隶。非洲黑人远离家园,在古巴受到压迫,生活困苦,加之思乡情切,因而产生出哀伤的民歌。在古巴的非洲人随着这种音乐起舞,借以抒发心中郁闷的情绪,从而形成伦巴舞。舞步从第4拍起跳,由1个慢步和2个快步组成。4拍走3步,慢步占2拍(第4拍和下一小节的第1拍),快步各占1拍(第2拍和第3拍),胯部摆动3次。胯部动作是由控制重心的一脚向另一脚移动而形成向两侧作"∞"型摆动。其舞蹈特点是舞姿舒展优美,婀娜多姿,柔媚抒情。(链接:http://baike.baidu.com/view/87069.htm.)

(4)斗牛舞(Pasodoble)

斗牛舞源自西班牙,是受斗牛影响而演变出的舞蹈。在斗牛表演中,斗牛竞技场入口上方的铜管乐队,总是不断地演奏着进行曲,即所谓的斗牛士舞音乐,形成斗牛士舞的灵感即来自这种音乐。这种音乐能激发出斗牛士本身的脚步。简言之,斗牛舞就是斗牛活动的一种艺术表现;男舞者的角色可比拟为斗牛士,女舞者则代表用以吸引公牛注意的红斗篷。其舞蹈特点威猛激昂,刚劲有力。

(5)牛仔舞(Jive)

牛仔舞是典型的美国舞蹈,由吉特巴舞(Jitterbug)发展而来,在1940年最先流行于美国南部,不到几年时间便风靡全世界。它因有明确的步法、糅合爵士舞(Jazz)和却尔斯登舞(Charleston)的精华而独具一格。跳法分两种:一般社交场合中是六步吉特巴,而标准舞是八步吉特巴,称作Jive。两者基本上以6拍来完成一个基本步,只是相比较而言,六步吉特巴较为悠闲懒散,而八步吉特巴较有精气神、变化较多。总的来说,其舞蹈特点是舞姿奔放大方,舞步自由多变,节奏迅敏。

3.华尔兹简介

华尔兹(Waltz),发源于德国,其舞姿雍容华贵、高雅大方,舞步委婉流畅、周旋轻飘、起伏跌宕。节拍:3/4;节奏:每小节有1、2、3拍,第1拍为重音,第2、3拍为弱音;速度:每分8~30小节。

(1)华尔兹的风格:动作如流水般顺畅,像云霞般光辉;潇洒自如、典雅大方;犹如波浪起伏般接连不断地潇洒旋转。因此,享有"舞中皇后"的美称。

(2)华尔兹的作用:华尔兹具有一切舞蹈所具备的作用。人们都一致认同华尔兹是交际舞之王。

(3)华尔兹用"W"表示,也称"慢三步"。它本来是欧洲的一种土风舞。后来其中一部分传到英国,经整理规范成了英国华尔兹,即人们通常所说的华尔兹,也就是我们惯称的慢三;另一部分传到欧洲中部,仍然保持土风舞热烈、纯朴的风格,经整理规范成了我们常说的维也纳华尔兹。

(4)华尔兹摆荡的技巧。华尔兹摆荡的动作与转身动作是不能分开的,两者之间是一种引擎与轮胎的关系,没有转身动作,摆荡的动作将显得僵硬而不平衡。摆荡是由身体中心以及腿部、臀部的运动,还有肩膀与手臂的摆转来共同完成的,体现了轻盈优雅而又具有动力形态的舞姿。

4.街舞简介

Hip-Hop 是各种街舞的总称,包含了机械舞、霹雳舞等,它起源于美国街头舞者的即兴舞蹈动作。街舞因其轻松随意、个性自由和反叛精神而理所当然地受到年轻人的喜欢,这些街头舞者以黑人或是墨西哥人为主。那些流行的街舞多半发源于美国纽约的布鲁克林区,一些黑人或是墨西哥人的孩子们成天在街上以跳舞为乐,形成各种派系,很自然地在他们所跳的舞蹈上发展出不一样的风格。

1992年,出现了一种"原地性"的 Hip-Hop,它没有那些大幅度的动作和脚步移动,更没有霹雳舞中那些在地上类似体操的动作。它的独有风格在于注重身体的协调性,重视身体上半身的律动以及增加了许多头部、手部的动作。在日常生活中,这种 Hip-Hop 常被用来训练运动员的协调性、表现力等综合素质,有时也会做表演之用。街舞的外在表现时尚,运动强度适中,这就使它进入健身房成为可能。不过健身房的街舞在动作的选择上更注重其安全性、锻炼价值、健康向上及个性行为,所以练习者在消耗脂肪的同时,也缓解了精神压力。由于健身房里的 Hip-Hop 对于调节练习者的心理所起的作用更为突出,因此,有人称之为"唯一让人带着笑容进行训练的运动"。

(四)队形元素

校园排舞的队形元素是从"排"字衍生出来的,"排"字最富有生命力,最具有动感与内容。排舞又可细分"排"与"舞"两个元素,排即队形的编排与变换,舞即舞码元素。校园排舞的"排"字,包含动词与量词两种词性。作为动词理解的"排"字,它赋予排舞进行队形变化与编排,是校园排舞高级课程学习的重点;作为量词理解的"排"字,动作容易完成,是校园排舞初级课程学习的重点。校园排舞队形元素,是从排字的词性来解读校园排舞创新的真实内涵。

广场舞主要是练习者在广场练习的一种舞蹈,在未涉及比赛时,练习者主要以先来后到的顺序自然前后站位;涉及比赛时,广场舞及排舞的队形元素有共性之处。

1."排"字词性解读

动词的含义包括排队与编排,包含两层意思,第一层是排成整齐的行或列,第二层是进行队形的变化与编排。量词的含义为一排排或者不同的行列,同样也有两层意思。第一层意思指班级按一定的要求站成整齐的队列跳舞;第二层意思指跳舞的同时伴随着复杂多变的队形。

(1)目前很多学校团体操都采用排舞的形式,校园排舞根据演出或展示的不同需要以及演出人数的多少来决定"排"字的词性功能。人数超过500人时,只需要着重考虑动词的第一层意思即让整个队伍排成整齐的行列即可,因为人数众多,基数大,要进行队形创编或动作编排,显得很复杂,任务繁重。在小型团体表演、展示时,要着重考虑排字动词与量词词性的第二层意思,要进行编排、创编,要有队形变化,这样才能提高观赏性。所以在对排字词性含义进行定位考量时,要结合学校排舞开发与运用的具体实际与要求。

(2)校园排舞根据人数来策划队形变换。队列和队形是我国中小学体育教学的内容之一,校园排舞着重考虑"排"字,因此在教学中对动作的整齐性要求比较高。要根据人数多少、场地大小,选择相应的队形。队形变化时应着重考虑点、线、面三者相结合,以及队形变化的流动性,流动性即要求队形变化根据动作特点来确定,不是为了变队形而变队形。

2.队形变换

根据校园排舞比赛,以下列举出几种不同人数组合进行队形变换的情况,希望大家能够举一反三。队形变换包含朝向的变化,有对称的、不对称的、依次的、相互交错的,可结合不同的道具进行。队形可分为:散点、直线、带角、弧线、圆形、不规则的。下面为不同人数的队形变换的例子:

(1)6人次的队形变换。可变为三角形:1-2-3;平行四边形:3-3;梯形:2-4;"一"字形:1-1-1-1-1-1;圆形:1-1-1-1-1-1;长方形:3-3;两个错位三角形:1-2,1-2;三行形:2-2-2;品字形:2-2-2。这里的平行四边形、梯形、圆形、长方形都是队形"面"的一面,两个错位三角形、三行形是队形"点"的一面,一字型是队形"线"的一面。队形变化要充分考虑"点、线、面"三方面的有效结合,这样才能体现队形变换的多样性。

(2)8人次的队形变换。可变为正方形:2-2-2-2;长方形:4-4;平行四边形:4-4;"回"字形:4-4;三行形:3-2-3;此外还有圆形、同心圆、"T"字形、"十"字形、"一"字形、两个错位"口"字形等等。

(3)9人次的队形变换。可变"品"字形:3-3-3;梯形:2-3-4;三行形:3-3-3;四行形:2-3-3-2;"V"字形:4-1-4;此外还有"一"字形、"H"形、"T"形、圆形、

"W"形等等。

(4) 20 人以上的队形变换。可变成一排、两排、四排、八排、八个圆、四个圆、两个圆、一个圆、同心圆等等。

以上四种人数的队形变换，书中所述方法只提供一个借鉴，读者可以根据自己的思路进行不同的变换。队形变换要清晰连贯，在流动中实现队形的改变，队形变换时要考虑每个队员的角色，要让全场的队员都动起来，有效、有序、快速、整齐地变换到位。

3. 编排要求

校园排舞的编排，首先要有一个明确的主题。要明确自己想表现什么，要表达一种怎样的思想。教师要经过反复钻研、分析，然后再选择合适的音乐，将校园文化渗透进去。

(1) 所选用的音乐，经过剪辑、合成与制作，必须突出主题，体现学生特点。好的音乐会使学生们一听到音乐就有舞动起来的冲动。整个排舞的动作设置、队形的变换以及道具的运用，都要体现校园排舞的特点。

(2) 校园排舞由于参与的人数众多，就会出现同学水平不一样的情况。因此，教师在编舞时要顾及所有参与者的音乐素养、基本功、节奏感、接受能力、表现能力等方面的差异，在队形编排、动作设计上要适当降低一些难度，动作尽量简单，节奏感强些，队形变换不要太复杂，以面向全体、动作整齐为原则。

对象、音乐、舞码、队形这四大元素之间相互关联，每一元素都对校园排舞有作用。校园排舞要做强、做大，应结合校园与学生的特点做好每一元素的提升工作，确实搞好校园排舞的开发，让校园排舞成为中小学生比较喜欢的一项运动。

二、核心元素

校园排舞开发立足于发展学生核心素养，要在"运动能力、健康行为、体育品德"三方面有促进作用。核心素养下的核心元素包含学生的健康及健康行为、体育品德。现代健康的含义是广泛、多元的，包含身体健康、心理健康、环境健康、社会健康、道德健康等等，综合来看，发展校园排舞要立足于发展学生的核心素养。广场舞的受众主要是退休人员，他们跳广场舞，主要是为了愉悦身心，没有类似校园排舞的教育功能。因此，核心元素这一块就不展开对广场舞的阐述。

(一) 校园排舞促进学生健康

世界卫生组织也指出：健康不是仅指一个人身体没有出现疾病或虚弱现

象,而是指一个人生理上、心理上、社会上的完好状态。而校园排舞运动旨在对参与者的身、心及外在气质(社会交往)等方面产生好的影响。

1.身体良好,这是对学生最基本的要求。校园排舞学习有助于发展柔韧性、协调性、灵巧性等身体素质。通过长期有氧运动,使人全身关节灵活、肌肉发达匀称,促进人体正常发育,提升身体健康水平,锻炼健美的体形。

2.心理完好,这是对健康提出的更高要求,实现身心的有机结合。校园排舞崇尚自然,追求和谐,在欢乐、轻松的环境下进行教学,在这样的情境下能使学生自我身心获得满足。轻松的课堂氛围还能使人际关系更加融洽,使学生在课堂学习中主动参与,结合动听音乐,自觉地把烦恼抛开,融入排舞学习,从而缓解精神压力,得到内心的安宁,实现心理健康。

3.气质姣好,此"好"为学生的形神的外在表现。古人云:"形须神以主,神须形以存。"这就说明了一个人的神、形是相互依存的,个人气质源于对自身的自信,因此,长期学习校园排舞,能提升个人的气质。学生通过日积月累的训练、比赛、交流、展示等活动,能形成健康的身体、充沛的体力、良好的心理,这些都有助于提升个人的外在气质。

(二)校园排舞有益于健康行为的形成

行为主义观点认为,心理学不应该研究意识,而应该研究行为。所谓行为就是有机体用以适应环境变化的各种身体反应的组合。每个人都有自己的个性,个性从外在来看是指独特而稳定的行为模式,从内在来看是指独特而稳定的态度、思想、认知等。个性在很大程度上决定着一个人的行为,留心观察自己与别人的行为,就会发现,我们的哪些行为是健康的,哪些行为是不健康的。

校园排舞风格多样,能塑造不同的舞者个性特征;实践证明,排舞能提升学生的健康,"三好"是对健康的进一步解读与提升,健康行为指身体、心理各方面都处于良好状态时的行为表现。

1.开展校园排舞运动,笔者认为参与者的健康行为会得到一个质的提升,促进心情愉悦,情绪会更加稳定,从而促进参与者去感受舞美。校园排舞融合了健美操、华尔兹、伦巴、恰恰恰、牛仔舞、踢踏舞、街舞等各种操舞元素。不同的排舞风格通过个人的演绎所展示出来不同的舞美,将给别人带来不同的视觉感受。比如,拉丁舞的煽情、快速、有力,健美操的力与美的统一,街舞的嘻哈文化及其洒脱的舞步等等。

2.校园排舞能促进参与者的形体美,良好的形体反过来也是展示优美排舞的保证。一个健康的行为人,会更加主动去追求形体美。自古以来,爱美之心人皆有之。参与者通过把杆、体位、站位等练习刺激臀大肌、髂腰肌及其他肌肉，从而使练习者腿部、臀部肌肉上收，下肢拉长，重心升高，腿部及臀部线条更加优美。校园排舞属于有氧运动，锻炼时能燃烧大量的脂肪，参与者坚持跳排舞，持之以恒，就会促进形体美。

3. 养成良好的运动与保健习惯，促进日常健康行为的形成。养成良好的运动习惯，做好运动前的热身活动；锻炼过程根据个人条件，安排合理的运动负荷；运动结束，及时放松，补充水分；等等。养成良好的保健行为：定期去体检、预防接种等合理应用医疗保健服务，维护自身健康的行为。

(三) 校园排舞有助于体育品德的形成

我国当代著名的教育家、社会活动家叶圣陶先生就指出，体育能促进良好品德的形成，能促进体育审美教育，提升艺术美。社会实践证明，一个人长期遵守道德，便会具有良好的美德。体育项目包含各种各样的规则，因此，开展校园排舞能促进学生遵守项目规则，同时也能积极引导学生形成良好的品德。

1. 提升规则。学习排舞应关注排舞的相关规则，特别要注重比赛规程的学习，让学习者在一定规则下进行排舞编排与作品展示，提高自己的责任担当。提升规则，这是一种制度的体验，也是强调通过排舞学习，提高学生的规则意识，提升学生在舞台上对规则的把握，展现舞者独有的魅力，提升自身的气质与修为。

2. 塑造心美。神美是在感受舞美与追求形美基础上的升华。神美主要是培养一种对舞者神态的审美追求与认同，舞者不仅要有优雅的舞姿，而且还应有良好的神态。心美即舞者对排舞的心灵感触，包括自身的心灵美与发现别人的欣赏美。音乐是排舞的灵魂，能增添校园排舞斑斓的色彩，和谐悦耳的曲调令人愉悦。校园排舞富有表现力的动作给人视觉和听觉的美的享受，陶冶情操，促进心灵美。法国雕塑大师罗丹说过："生活不是缺少美，而是缺少发现美的眼睛。"校园排舞强调在学习中要不断提高、肯定自己，同时也要积极给予别人正确的评价，肯定别人。因此，学生学习排舞，对内可以发现自己的进步，对外可以发现别人的长处，这就是塑造心美的内涵。

三、素质元素

素质就是一个人在社会生活中思想与行为的具体表现，也是一个人文化水平高低、身体健康程度、对事物的洞察能力、管理能力、智商高低、情商层次以及职业技能所达级别的综合体现。素质体现于沟通的层次和传达的印象品位，分专业素质和社会素质。本节主要阐述专业素质，校园排舞、广场舞的专业素养笔者认为包含音乐、舞蹈、身体三大领域。三大领域更多是针对青少年进行阐述的,广场舞领域就不展开叙述了。

(一)音乐素质

排舞是根据音乐特点而进行舞码创编及起始方向循环的一种舞蹈。从笔者的定义来看,每一支排舞所展示出来的风格都是音乐风格的"附属品"。因此,要从事排舞的开发、研究、推广必须立足于对原有音乐的理解。

1.音乐的功能。学好排舞,我们要充分了解音乐的功能,理解每支舞曲要表达的意思。《中国教育报》2001年11月13日第8版刊文指出:音乐具有"育德、开智、冶情、促健"四种功能。

(1)排舞都是选择当年最流行的金曲来编排的,所以学生会喜欢这项运动。当学生对音乐产生了强烈的情绪时,就可以潜移默化地提高他们的道德情操和思想境界,心灵就可以得到美化。

(2)音乐作为最具情感的艺术,在培养人的高尚情操及审美趣味上,有着不可替代的作用。蔡元培说过:"当着重要关头,有'富贵不能淫、贫贱不能移'的勇气,这完全不是由于知识的较量,而是由于情感的陶冶。"开发校园排舞要感受到作曲家的灵魂,体验作曲家的情感。

(3)很多科学家都对"优美的音乐可以促进人的身心健康"做过实验。研究结果表明:愉快的情绪能使血液中有利于健康的化学物质增加。之所以人们总喜欢把音乐与舞蹈联系起来,正是因为人们发现它是一种延伸生命的动势,一种由身体来执行的运动形式,在这种内外互动的方式下,来达到强身健体的目的。

2.音乐素养。一个从事排舞开发的人,不具备音乐素养就等于是一个机械地弹奏和歌唱的机器人,他无法理解、表现音乐。音乐素养包括读谱、视唱、听音、节奏、和声、写作、音乐欣赏和音乐史等多方面的综合。我们从事校园排舞开发,必须对听音、欣赏、节奏三方面素养进行提升。

(1)听音。就是对整首音乐内容、风格,作曲家意图的把握。提升听音能力,就是为了更好地读懂作曲家的"心灵感触",爱因斯坦说:"想象力比知识更重要"。因此,要养成听不同风格音乐的习惯,并有意识地去了解作曲家创作此曲的背景。

(2)欣赏。是指对音乐内涵、表现力的理解。近代心理学家经过对世界知名科学家、诺贝尔奖获得者的大量研究,得出天才的重大特征不是智商,而是形象思维和创造能力的结论。因此,开发校园排舞,对于音乐素养的培养,显得尤其重要。欣赏音乐,能够让人常处于愉悦的情境之中,去感受音乐给我们带来的"冲击力",从而激发编舞者大胆、跳跃式的设想,让肢体与音乐完全融合。

（3）节奏。如果说前面两项是排舞编舞者所应具备的素质的话，那么节奏的把握则是排舞演绎者应该掌握的一种素质。不同音乐风格所演绎出来的节奏并不相同，再经过编舞者的"加工"，配上演绎者完美的表现，一曲灵动的排舞节奏就应景而生。

3.音乐种类。音乐给排舞参与者带来艺术欣赏的同时，也提升了参与者的精神享受。当代校园里的中小学生热衷于流行音乐，他们认为流行音乐是艺术殿堂的"宝库"。从事排舞开发的人要对音乐的分类有所了解，而音乐大体上分为古典音乐与流行音乐两大类。

（1）古典音乐。古典音乐起源很早，从巴赫到约翰·斯特劳斯，古典音乐的魅力让很多人记忆犹新。风格也很多种，我们主要列举古典主义与浪漫主义这两种。

①古典主义音乐。古典音乐不同于流行音乐的地方是它内涵深刻，能发人深思，更能使人高尚，免于低俗。古典音乐是历经岁月考验，久为传诵，为众人喜爱的音乐。

②浪漫主义音乐。浪漫主义音乐是古典主义音乐的延续和发展，是欧洲音乐史上的一种音乐风格或者一个时代。浪漫主义风格音乐注重情感和内容的表达，打破古典主义音乐时期的种种形式上的束缚。贝多芬是古典主义音乐的终结者，也是浪漫主义音乐的先行人。

（2）流行音乐。流行音乐是国际排舞主要的音乐选择，它能有效调动听众的积极性，在一段时间内能达到瞬时的享受。学校应该抓住中小学生追求新事物的心理，借机推出校园排舞。流行音乐题材广泛，排舞开发者应该从不同角度去了解，为创编出不同风格的排舞做准备。

①乡村音乐。在唱法上，起先多用民间本嗓演唱，形式多为独唱或小合唱，用吉他、班卓琴、口琴、小提琴伴奏。乡村音乐的曲调，一般都很流畅、动听，曲式结构也比较简单，多为歌谣体、二部曲式或三部曲式。

②爵士。爵士乐由民歌发展而来，19世纪期间这一音乐是美国南部种植园黑人奴隶表达自我生活和情感的重要手段；从19世纪末开始，爵士乐以英美传统音乐为基础，混合了布鲁斯、拉格泰姆及其他音乐类型，是一种多元的结合体。

③摇滚。所谓摇滚就是三和弦加强硬持续的鼓点再加上上口的旋律。王宏春认为：摇滚不仅是一种音乐形态，实际上它是一种"人生的态度和哲学"。也正因为如此，摇滚乐才有别于一般流行音乐(Pop Music)。真正的摇滚文化至少可以提炼出这样一个缩微的全貌：嬉皮文化、艺术摇滚、朋克乐、先锋音

乐、重金属等。

④舞曲。根据舞蹈节奏写成的器乐曲或声乐曲,由于时代、民族特点和功能、用途的不一而有多种类型,分为古典舞曲、民族舞曲和社交舞曲。一般舞曲都具有个性鲜明的节奏,不少舞曲(特别是民间舞曲)还要求由某些特殊的乐器或唱法演奏或演唱;在舞曲里,某种典型的节奏贯穿始终,这种节奏就是各种舞曲相互区别的重要标志。(链接:http://baike.sogou.com/v1972721.htm?fromTitle=％E9％9F％B3％E4％B9％90％E9％A3％8E％E6％A0％BC)

(二)舞蹈素质

舞蹈是演绎者经过自身的理解、内化、组织,用完美的肢体动表现出人们的情感和对音乐或作品的一种认识,反映舞台生活的一种艺术。舞蹈素质不仅是指完成各种舞蹈技巧的身体素质,还指全面的专业技能。只有具备了这一切,舞蹈演绎者才能通过肢体对原舞曲的"风格、节奏、内容、艺术形式、美的特质"进行完美解读。

1.音乐细胞。音乐是舞蹈的灵魂,音乐风格有上百种之多。一个杰出的舞者应该具备良好的音乐细胞。在音乐范畴里,音乐细胞指的是各种音乐要素——旋律、节奏、音色、力度、和声、织体和曲式等富有个性的结合方式。

2.舞蹈感觉。舞蹈感觉是舞蹈素质隐性的一种能力,需要经过多年的专业训练才能养成,不同悟性的舞者形成了不同的舞蹈感觉。良好的舞蹈感觉就是对音乐素养的理解与肢体语言的掌握,能够使肢体、表情、力度与作曲家、编舞者的意图达成默契。

3.舞台经验。舞台就是一切参与者的生活中心,舞台经验是舞蹈素质显性的一种能力。丰富的舞台经验能应对舞台很多无法预设的突发情况,能做到个性与共性有机结合,既体现创作者艺术的审美眼光,又符合观众共性的审美需求。

(三)身体素质

身体素质一般是指人体在活动中所表现出来的力量、速度、耐力、灵敏、柔韧等机能。身体素质如何是一个人体质强弱的外在表现。学习校园排舞应该在柔韧、耐力、力量三方面素质进行提升。

1.柔韧素质元素。柔韧素质是人体各肌肉、关节、韧带等组织的伸展活动能力和弹性的总称。柔韧素质的好坏主要取决于关节组织结构和关节的肌肉、肌腱、韧带等组织的伸展性,也受到天气、年龄、训练水平的一定影响。排舞包含很多种风格:操化的排舞需要力度与速度;舞蹈性的排舞要展现柔性美,需要较好的柔韧性。良好的柔韧性是提高运动幅度、动作速度、动作力量以及完成一些难度动作和高质量动作的基础,同时还能减少运动性损伤。因此发展柔韧素质,对提高运动技术水平具有重要的意义。对柔韧的训练可分为:主动柔韧性练习和被动柔韧性练习两种。

(1)主动柔韧性是指舞者依靠相应关节周围肌群的积极工作,完成大幅度动作的能力。主动柔韧性训练培养舞者的柔韧能力,也起到发展力量素质的作用。例如训练正、侧、后踢腿时,要求舞者的腿能踢得高、幅度大、速度快而有力,达到既有柔性又有韧性的效果。反过来力量素质的发展又能促进主动柔韧性水平的拉高。

(2)被动柔韧性是指舞者被动用力(或借助外力)时,关节所能达到的最大活动幅度,如:压腿、扳腿等练习。被动柔韧性练习是发展主动柔韧性的基础。

2.耐力素质元素。耐力是指有机体长期工作时抗疲劳的能力。疲劳是影响和限制运动训练和运动成绩的主要因素之一,运动员在训练和比赛中克服疲劳的能力,反映了其具有的耐力水平。肌肉耐力是指运动员肌肉系统在一定的内部与外部负荷的情况下,能坚持较长时间或重复较多次数工作的能力。它与力量水平的发展关系密切,所以有效促进肌肉耐力水平提高能发展出肌肉的最大力量。耐力分一般耐力和专项耐力。

(1)一般耐力。发展一般耐力主要是增强心血管系统和呼吸系统的机能,提高肌肉的耐力,为机体持续承受大负荷的训练做好准备。发展一般耐力主要采用长时间中小强度的各种运动方式。

(2)专项耐力。根据竞赛规则,排舞完成成套动作的时间在3分钟以上,并且是在高速度高强度的状态下连续完成动作组合的,所以排舞运动员的专项耐力以无氧耐力和肌肉耐力为主。无氧耐力是指有机体在氧气供应不足的情况下,能坚持较长时间工作的能力。由于有氧耐力是无氧耐力的基础,在发展无氧耐力之前和同时,必须适当发展有氧耐力。

3.力量素质元素。校园排舞除了对动作的艺术性具有一定的要求外,在比赛过程中还会掺杂一些难度动作,因而力量素质是校园排舞运动的基本素质之一。为了提高动作的质量,高速度和大幅度完成的动作不断发展。因此,力量素质的训练在排舞中占有十分重要的位置,发展绝对力量有两个途径,一是改善和提高肌肉协调能力,二是增大肌肉体积。而力量素质的发展主要体现在相对力量、速度力量、静力性力量这3种力量的发展上。

(1)相对力量训练。由于校园排舞是抵抗重力的运动,要求学生具有较大的绝对力量,体重又不能过大,因此,学生的力量是以相对力量来衡量的。相对力量是指运动员单位体重所具有的最大力量。相对力量训练应安排强度大、重复次数少和组数相对多的练习,一般采用自身绝对力量的85%以上大负荷强度,每组1~4次。练习时不能低于60%的中强度,如果负荷强度小,参加工作的肌群少,不利于刺激更多的肌群同时工作,力量增长的效果就低。

(2)速度力量训练。在校园排舞中速度力量常表现为爆发力,如弹跳力、手臂推起力、操化动作的爆发力、腰腹收缩力等。爆发力训练是在保证动作技术规格的情况下,尽量快速完成动作,培养肌肉快速收缩能力,以适应校园排舞高速度和大幅度完成动作的特点。进行爆发力训练时的负荷强度应根据项目需要和个人力量能力来确定,范围为30%~100%,可采用克服自身体重练习。

(3)静力性力量训练。在校园排舞中各种平衡、支撑以及躯干直而稳固的控制等都是以静力性力量完成的。所以应选择校园排舞中静力性的难度动作、和同伴配合性的静力动作,以及动静结合的复合型力量训练组合来练习。静力性力量训练内容应结合专项动作,达到专项要求的阻力和肌肉高强度的紧张程度。运动强度范围为60~100%,可采用负重和克服自身体量练习。

教学运用

校园排舞元素分析,不像具体的排舞套路,让人感觉"虚无缥缈",而笔者从多年的研究实践中得出的经验是,要推广好校园排舞,解读校园排舞基本元素、核心元素、素质元素这些内容,就能使排舞运动从事者事半功倍。希望通过这几项素质训练,能够让学生举一反三,在今后的学习中从不同方面提高自己。

一、目标制定

1.了解校园排舞基本元素,以及每项元素之间的关联。
2.引导学生了解校园排舞几项基本素质训练。
3.从这几项基本素质训练中学会其他方面的训练。

二、内容分析

"三好四美"既是校本课程发展的核心目标,又被当作一种课程目标来管理,为了提高课程教学效果,我们先来了解"三好四美"七大要素,即:身体良好、心理完好、气质姣好、感受舞美、促进形美、提升神美、塑造心美;要实现"三好四美",学生需要从了解音乐开始,增强音乐素养,再到提升舞蹈意识,掌握各种风格的舞蹈,结合身体素质的训练,最终达到音乐、舞蹈、肢体的有机融合。

(一)知识点

1.何谓校园排舞元素分析?校园排舞基本元素有哪些?它们之间的关联是什么?

2.核心元素与素质元素都有哪些具体要素?核心素养下的核心元素有哪些范畴?

3.身体素质中的柔韧、耐力、力量素质的训练方法与手段。

(二)教与学的重点及难点

本节内容以基本元素训练作为切入点,说明基本元素训练对提高排舞水平的必要性和重要性;进而阐述核心元素在校园排舞中的位置,明确素质元素在学习排舞过程中的重要性。对这些理念的理解是本节教学的重点,明确这几项基本元素训练与校园排舞的关系是本节教学的难点。在一般情况下,学生对排舞活动要进行那么多基本元素训练不甚了解,甚至有人认为那些训练和提高校园排舞没有任何关系,至于提高"三好四美",就更显得没有具体目标。所以在讲授中让学生深入领会内在气质与外在形象的塑造,对于提升校园排舞水平的意义是十分必要的,但因问题较复杂,所以不经过较深入的讲解和讨论是不易将问题弄清楚的。

(三)内容解读

本节共三部分,分别从排舞的基本元素、核心元素、素质元素来阐述。第一部分阐述了排舞推广的对象、取材的音乐、形成风格的舞码,以及排舞的方向特点。并在基本元素的对象、音乐、舞码三个点中介绍了广场舞,也希望广大读者能进一步明白广场舞与排舞的区别。第二部分介绍的是核心元素。相关论述紧扣当下提倡的"发展学生核心素养",从核心素养入手,聚焦校园排舞的核心元素,提出发展学生的健康及健康行为、体育品德。把核心元素与健康、人格、品德发展联系在一起,并提出可操作的方法。第三部分介绍了素质元素。大家所认同的素质一般指身体素质,笔者从另外一个角度入手,加入对音乐素质、舞蹈素质的阐述,把音乐、舞蹈、身体三种素质融为一体,来介绍排舞的各大素质元素,希望大家在概念上能够达成共识。

三、策略解读

(一)教法策略

1.教师通过系统地向学生讲述校园排舞各大元素,讲清它们彼此的关联与区别,特别借机把排舞与广场舞的区别告诉学生,让大家对广场舞有个新的认识。

  2.在基本元素训练的方法和手段上,内容必须具有思想性、科学性。思想性是结合中学生实际进行健康理论教育,培养学生正确的排舞健康观念。讲授要层次分明,重点突出,并且具有启发性,适时向学生提出具有启发性的问题,引导学生积极思维。

  3.讲授要具有系统性、现实性和生动性,并且注意针对当今社会实际情况,增强内容的可接受性和实际性。机会是留给有准备的人的,因此在学习校园排舞之前,要先把基本元素训练进行到底。

(二)学法策略

  本节内容与每位学生的学习、生活、锻炼等实际问题紧密联系,所以学生更适合采用体验式学习,然后再进行讨论式、探究式学习。要充分调动学生学习的主动性、积极性,让学生亲自搜索资料,提出问题并进行合理的课堂情景教学设计,最后解决问题。

  1.学生根据小组讨论建立自己的运动处方并实施,建立档案袋进行记录。同时由学生自由组成评价小组(或在全班级范围内)进行互评。具体实施采用匿名的方式,将小组同学的名字写在纸条上,进行抽签;由抽到者对纸条上的同学进行评价,并提出改进建议;被评价同学保留评价及改进建议,也同样存入档案袋中,并予以实施。

  2.到了学期末,再进行对照检查,看看有哪些建议被贯彻实施,有哪些薄弱环节被改善。进行这种评价的目的主要是引导学生将所学的"三好四美"七要素都应用于自身的学习,并坚持下去。

  3.在学习过程中,教师要尽可能运用现代教育技术进行教学,主要可采用幻灯、投影仪、录像、VCD和计算机等设备开展教学,结合网络让学生接触最前沿的排舞,保持学习新排舞的动力。

(三)评价与激励策略

  1.基本元素训练是一个知识性比较强的环节,可以采取课堂提问或者测验的方式进行考查,了解学生掌握的情况和有待深入讲解的部分,进一步进行教学。

  2.给自己开一个运动处方,也是一个重要知识点,教师应该考查学生掌握知识的情况,更重要的是让学生关注自己的参与方式及认识问题的深度,可以采用自评、同学互评的方式进行。例如,可以要求学生自我界定"三好四美"七要素中哪一要素最薄弱?

运动与保健

如何科学地参加排舞锻炼

一、运动前我们要了解什么

运动前我们要先了解运动损伤。运动损伤即在运动过程中及之后发生的各种伤害及并发症。了解其特点可以提早做出预防和准备,正确地了解急救方法和诊断、治疗的手段,对减轻症状和损伤有很大的帮助。

1.了解锻炼的目的。锻炼的目的是为健身,但由于不正确的锻炼方法造成运动损伤这就不值得了。

所以我们必须了解一些运动损伤的产生原因和预防措施。

2.参加有氧运动,首先要了解自己是否有不适合参加有氧运动的家族病(比如:心脏疾病、哮喘等),并了解自己的身体检查情况;有心脏或其他病因,参加运动会使病情加重的人,应该先治病或参加康复训练之后才能参加锻炼。

二、预防损伤的主要方法

1.运动前不要空腹。运动的前、中、后要饮足够的水,防止脱水,饮水的原则为"多次少量";运动前做好暖身运动,如:走、踏步、分并跳、伸展等,特别是在寒冷的季节,要更加注重运动前的热身;使用适当和慢速递进的方法,按 10% 增加的原则,一周内不要增加频率、强度、持续时间超过 10% ,循序渐进。

2.购买运动鞋、护腕、护膝等,保证不因运动设备不当而造成损伤;保持有氧运动和无有氧运动的锻炼均衡,同时参加一些力量和柔韧练习防止受伤;参加不同的训练,如交叉训练,锻炼不同的肌肉群。

3.锻炼但不使身体受伤。根据自己的身体状况及时调整运动,如果在运动时某部位产生了酸痛,可以考虑减轻运动强度或停止;应学习防止运动损伤的技术和理论,注重运动后的保健,预防湿气入侵体内。

三、排舞运动常见的伤害

一般的排舞运动常见的伤病有:肌肉韧带拉伤、关节扭伤、运动疲劳、运动腹痛、脚底筋膜炎、小腿肌痛、关节炎、腰肌劳损、颈椎疾病、胫骨膜炎等。如何预防这些常见的伤害,常见的方法为:

1.了解运动递进原则。在有经验的健身教练指导下健身,初级者先做低强度的练习,循序渐进。一般锻炼,比较安全的训练次数是一周2次左右,慢慢增加到一周5次;在家里运动要确保场地适宜,明确是否有准备活动、有无快速和激烈的运动等;运动时,使心率保持在有氧心率$=(220-$年龄$)\times 80\%$

左右。

　　2.放松与伤痛。放松能除去乳酸、肾上腺素,促进血液循环,当然,很多伤痛有可能是放松不当造成的。根据自己身体的情况,如果出现疼痛就应停止运动,不要继续运动以试图穿越疼痛阶段,这样会使你的疼痛发展为永久的伤病;如果24小时疼痛不减,请马上找医生。

　　3.运动完的保健。运动完之后,有条件的,最好把湿的运动服装换掉再进行放松;运动时毛孔张大,只要停止运动,湿气就会趁机入侵体内;特别是夏天,不要马上吹空调,最好过一个小时洗个热水澡。应一两个月做一次保健,要随时检查自己的身体状况。

　　4.轻微的受伤。通常的处理方法依次为:(1)停止运动;(2)冷敷;(3)24小时后热敷;(4)结合药物或医疗设备治疗。

　　5.严重的受伤。立即停止运动,去医院就医。慢性的伤痛或者运动后出现身体不适的,也应该去医院看医生,确定病因。

第二章　校园排舞课程设置

排舞发展至今已经有 6 000 多首曲目,而且每年都在递增,有学不完的排舞套路。笔者更多的是提供一些案例,主要是分享如何把排舞这项运动做强、做大的一些具体方法和操作思路。具体的排舞套路,可以结合国家排舞推广中心每年推出的排舞套路进行学习。

学校的校园排舞课程设置可以分为三级:初级、中级、高级。本章主要针对各层次的内容、各层次之间的关联、各层次内容的教学课时安排、各层次内容排舞基本动作舞步及各层次动作分析,着重对各排舞的舞情进行分析。广大排舞爱好者可以根据笔者提供的思路,针对任何一支排舞,先进行舞景分析,明白原创音乐的风格及编舞者的意图,再来学习、推广,一定能取得更好的效果。

表 2-1　教科书中本章内容构成及教学时数建议

章	节	目	学时安排	教学建议
校园排舞课程标准	校园排舞初级班教学	初级班内容表、特点分析、动作解析、课程目标、情景分析	18	教师可根据教学实际,结合学时安排或利用风雨课,选择专题讲授、实践课渗透、组织学时参观、讨论、观看录像等多种方式进行。
	校园排舞中级班教学	中级班内容表、特点分析、动作解析、课程目标、情景分析	18	
	校园排舞高级班教学	高级班内容表、特点分析、动作解析、课程目标、情景分析	18	

表 2-2　校园排舞各层次教学设计示例(供参考)

层次安排	教学目标	学时安排	教学内容	主要方法
初级班	树立"我排舞我参与"的积极的课程目标意识	18	《查尔斯顿牛仔》《5678》《小精灵》《一起共舞》	看录像及教师示范 示范、讲解、练习相结合 反复练习、相互观察纠正

续表

层次安排	教学目标	学时安排	教学内容	主要方法
中级班	树立"我排舞我快乐"的健康的课程目标意识	18	《功夫熊猫》《林间漫步》《昆力奔驰》《拍拍手》	看录像及教师示范 示范、讲解、练习相结合 反复练习、相互观察纠正
高级班	树立"我排舞我行"的实践的课程目标意识	18	《读你》《请你恰恰》《柔声细语》《快乐列车》	看录像及教师示范 示范、讲解、练习相结合 反复练习、相互观察纠正

第一节 校园排舞初级班

理论导读

　　初一、初二学生比较好动，好奇感比较强，接受能力还可以，该层次的班级整体动作的设计比较简单、易学，动作充满舞美、活泼可爱，让刚接触的学生能马上喜欢上它。本课程设置的四支排舞，其风格特点明显，各支排舞动作衔接由易到难，适合低年级学生学习；学生能在简单的学习后掌握其跳法，这样就能在学习中建立自信，培养对排舞学习的兴趣，能充满着期待地进入下一支排舞的学习。

一、情景分析

《查尔斯顿牛仔》

　　查尔斯顿是美国乃至世界各地富豪的聚居地，是个海滨小镇，也是风光旖旎的度假胜地。查尔斯顿春夏时节特别美，杜鹃、山茶、玫瑰、茉莉盛开，芬芳四溢，与挺拔青翠的棕榈树争相辉映，构成了一幅摇曳多姿的亚热带风情图。

　　牛仔舞起源于美国，跳起来的感觉是激动人心的，舞者动作敏捷而自如，不时出现的强烈的扭摆和迅急连续的旋转，令人眼花缭乱，整个表演风格亢奋热烈。

　　《查尔斯顿牛仔》幽默诙谐，令人兴奋，充满着自由浪漫色彩，体现了舞者的自由奔放,能让学习者感受到音乐之美、排舞之美。学习者通过这支排舞学习,能感受到牛仔舞动作的奔放、音乐节奏的欢快跳跃、舞步的丰富多变。

《5678》

《5678》是典型的校园舞蹈,适合初中生跳。舞步简单、富有动感,能让人在跳跃中感受校园学习生活的欢快与自由。校园生活总是多姿多彩,富有浪漫的青春记忆。练习者扭着羞涩的舞步,踏着强有力的节奏,也总能跳出那种感觉,在这种感觉中寻找校园的节奏。

5678是一种节奏口号,体现中学校园的一种生活节奏:课堂—课间,教室—操场。5678主要体现学生在课间、操场的一种奔放态度,一种追求轻松自由的态度。校园的课堂是学习的天地,课间操场是玩耍的天堂。课堂上学习达到忘我状态,课间愉快地和着音乐节拍,一起大声呼喊:5678!

《5678》共4个8拍,4个方向,音乐里唱着five-six-seven-eight,能从每段转换中感受到5678的律动,第8拍欢快跳动转身更能显示出初中生的朝气与活泼。

《小精灵》

精灵指人聪明、调皮、惹人喜爱。舞者就是精灵,诠释着校园排舞练习者在校园这片天空,无拘无束地跳跃着。仿佛一个小女孩非常聪明但很任性,总有让人想不到的主意,就像《射雕英雄传》中的黄蓉一样,而舞者就需要这份任性,任性的同时跳出纯真的自然!

《小精灵》排舞定位为适合低年级跳的舞。一群初一、初二的女生,在可爱又灵动的音乐指引下,进行校园排舞的演绎。她们犹如上天派来到凡间的小精灵,用生命唱响爱的舞曲。

《小精灵》以6个8拍为一循环组合,打破过去4、8拍的循环组合,这是对舞者惯性思维的一个挑战。她们踏着欢快的舞曲,舞动出青春少女特有的朝气,上下旋转、左右摇摆间,展现出小精灵应有的美,在最后2个8拍,重复开始2拍,有点峰回路转的感觉,那种感觉很美,可以让周围的人一同体会。

《一起共舞》

《一起共舞》字面上就显示出学习场景的热闹氛围和在胜利后欢庆的场景。它讲述一位拳击者参加比赛的整个过程:从赛前热身到比赛过程中的进攻与防守,到最后比赛胜利进行庆祝,所表现出来的是兴奋与激情,最后以手舞足蹈来宣泄自己的情感。

《一起共舞》分两部分:第一部分搏击操4个8拍,主要讲述拳击手的比赛情况,从开始比赛,经历激烈的比赛过程,再到比赛结束;第二部分16步2个

8拍,主要是一种简单的舞步,通过动作肢体的旋转,表达拳击手胜利后的愉悦心情,及所有参与者亢奋的心情与激昂的状态。

拳击手在做准备活动时动作应显得缓慢,由慢到快进行热身;比赛过程需要反应敏捷,进攻防守到位,动作力量展示是最关键的;获胜后的心情通过舞步来诠释,使人能感受到拳击者欢快、亢奋的心情;最后的舞步凌而不乱,潇洒而飘逸。

二、动作图解

《查尔斯顿牛仔》

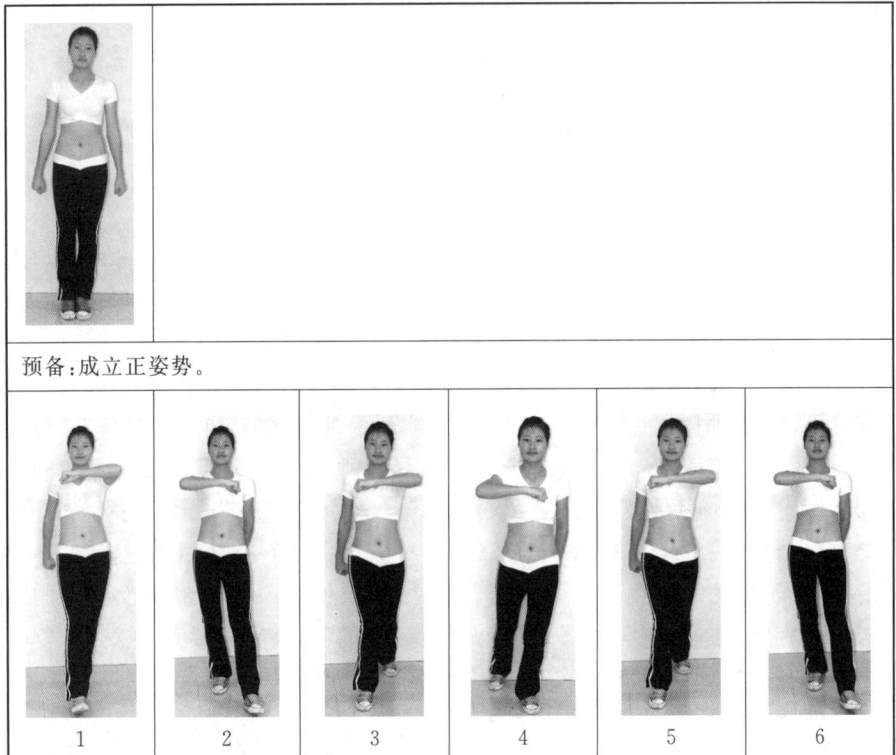

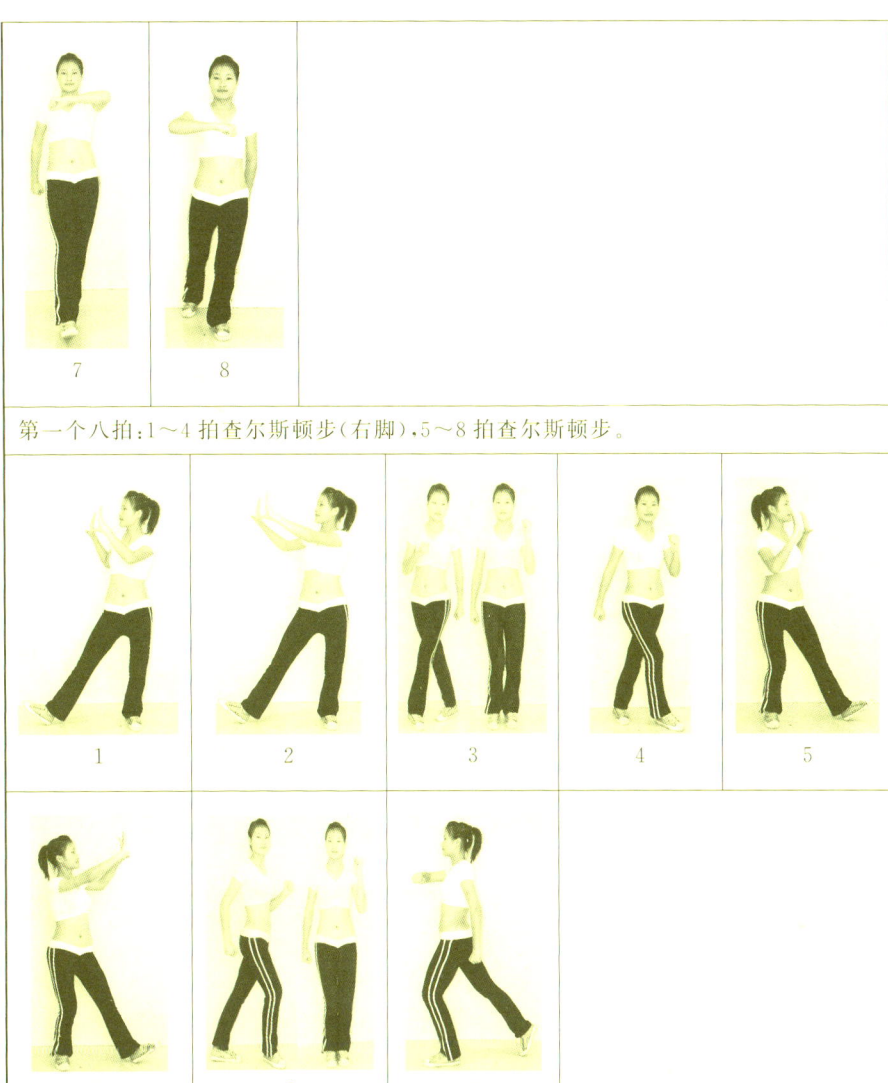

第一个八拍:1~4拍查尔斯顿步(右脚),5~8拍查尔斯顿步。

第二个八拍:1~4拍右跟掌交叉步,5~8拍左跟掌交叉步。

《5678》

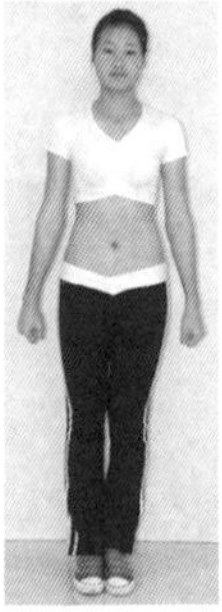

预备:成立正姿势。

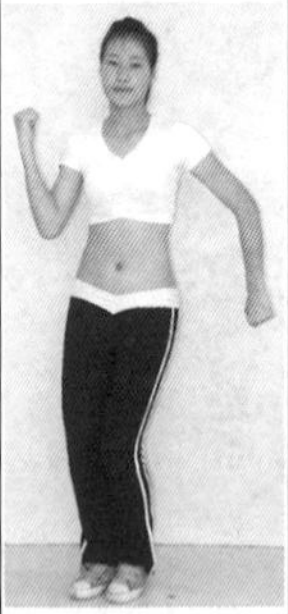

1	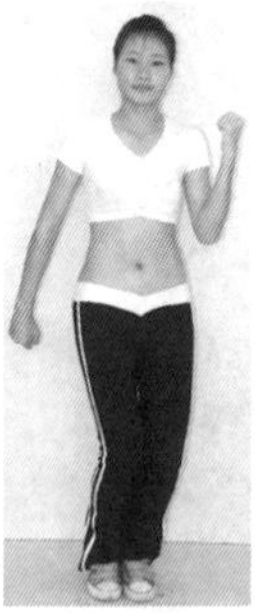 2	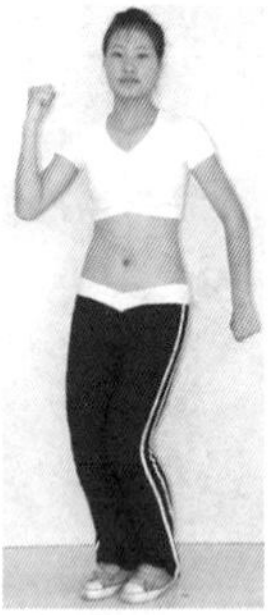 3	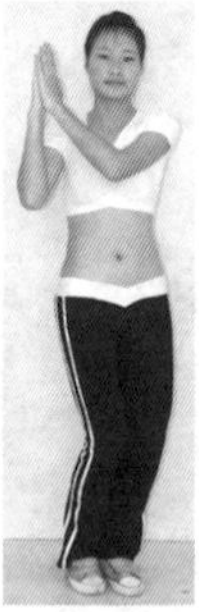 4	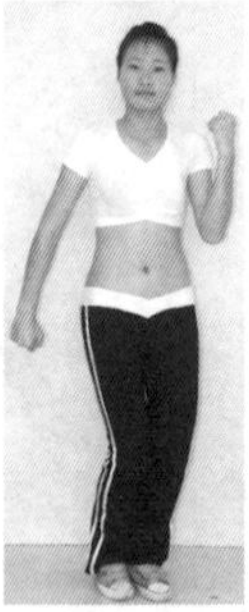 5	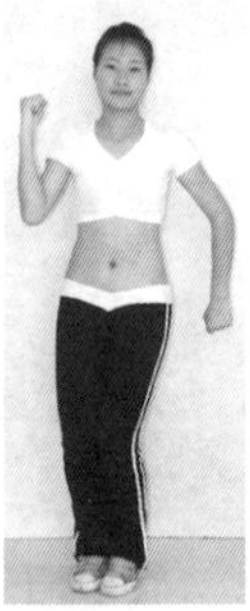 6

7	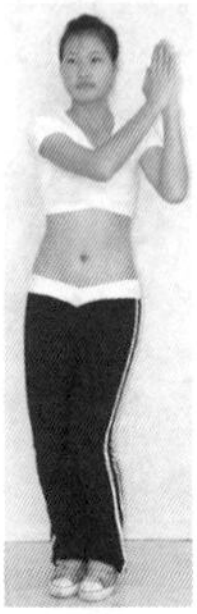 8

第一个八拍:1～4拍扇形步,5～8拍扇形步。

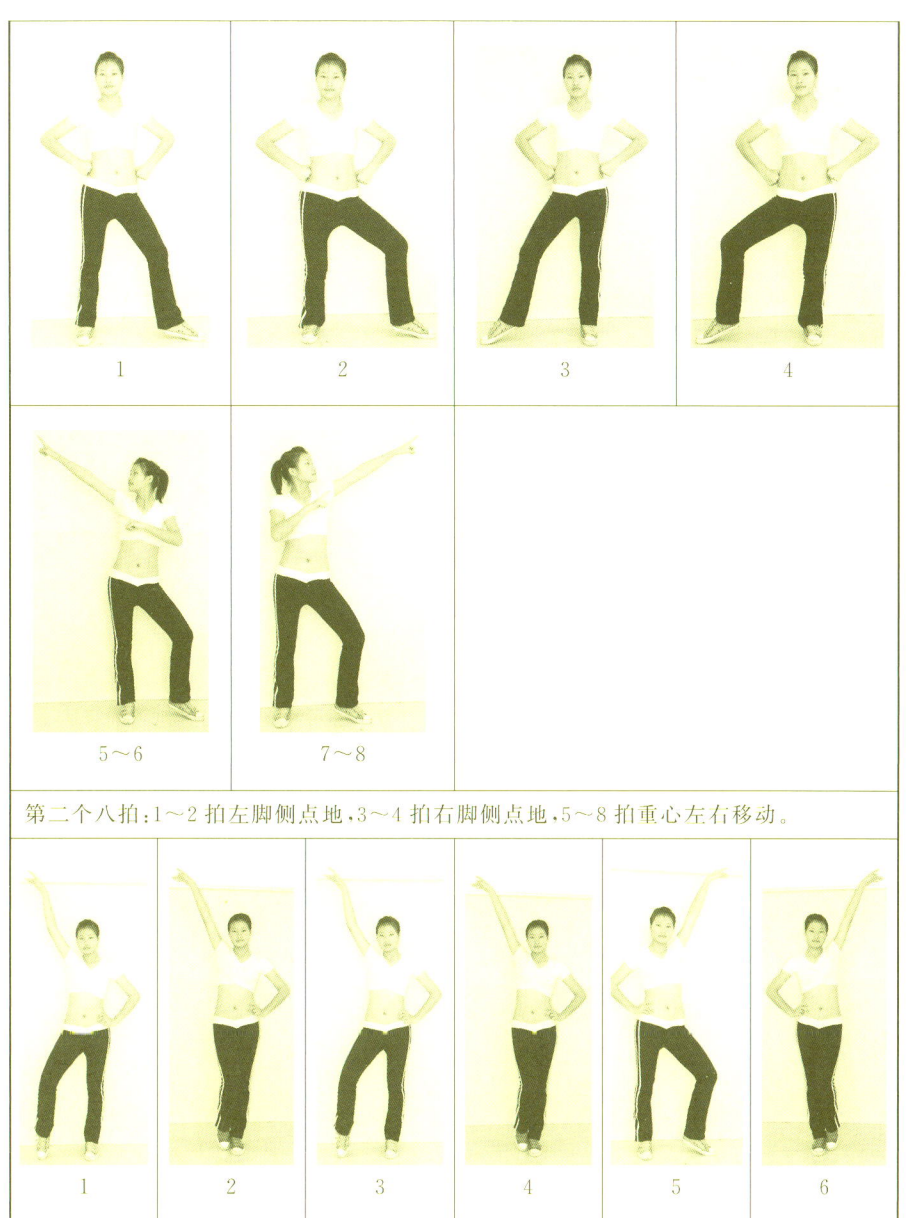

第二个八拍:1~2拍左脚侧点地,3~4拍右脚侧点地,5~8拍重心左右移动。

第三个八拍：1～4拍右并步，5～8拍左并步。

第四个八拍：1～2拍左脚前交叉右脚弹踢，3～4拍右脚前交叉左脚弹踢，5～8拍左转90°。

《小精灵》

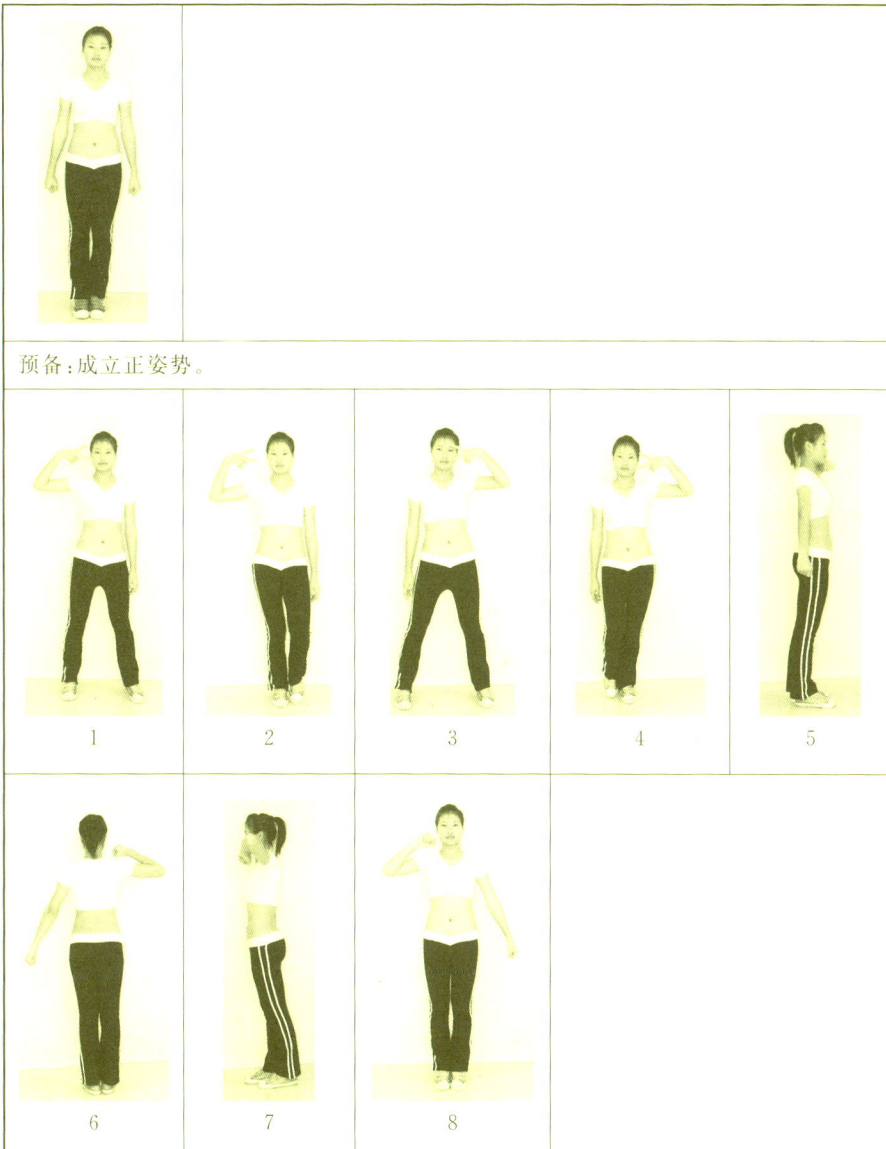

预备:成立正姿势。

第一个八拍:1~2拍右并步跳,3~4拍左并步跳,5~8拍三连步转。

我们一起做 排舞

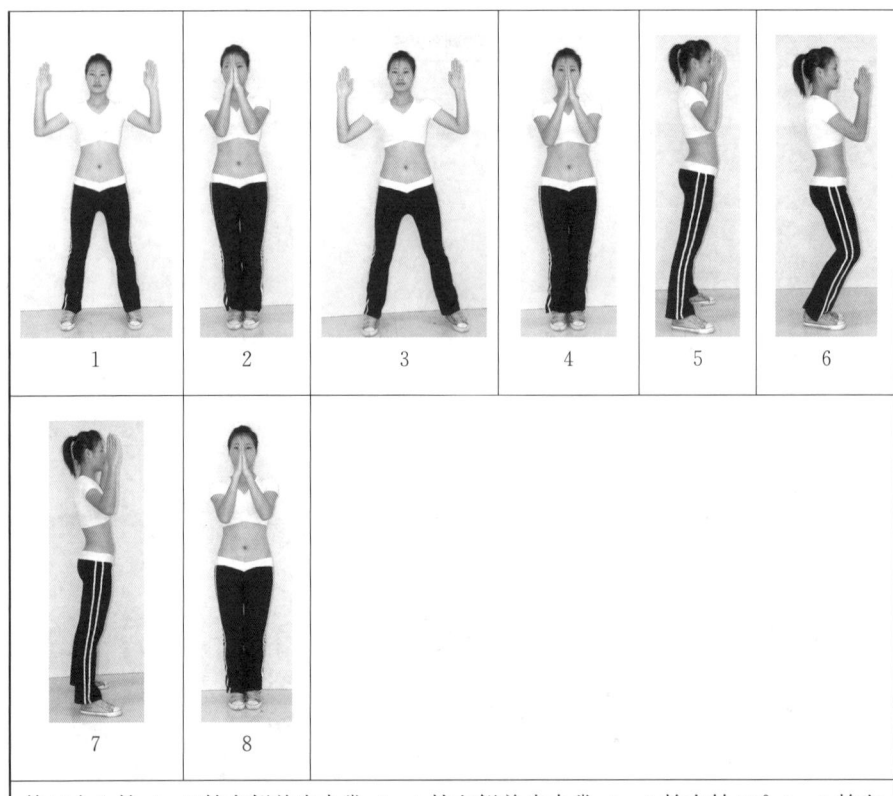

第二个八拍:1~2拍右侧并步击掌,3~4拍左侧并步击掌,5~6拍右转90°,7~8拍左转90°。

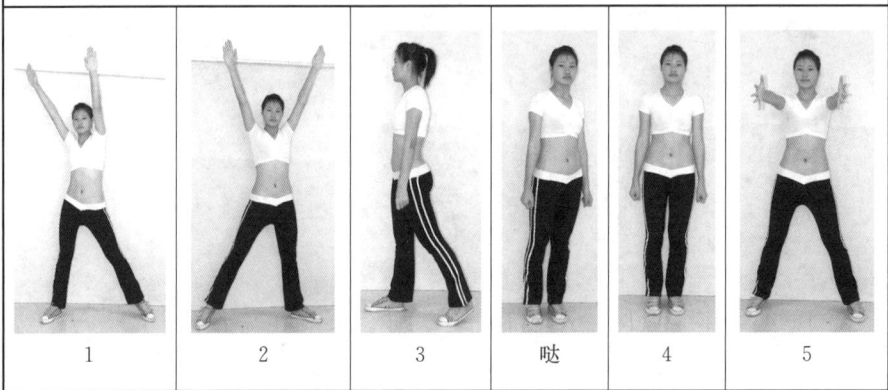

第三个八拍:1~2拍左右垫步,3~4拍右转360°,5~6拍右并步,7~8拍左并步。

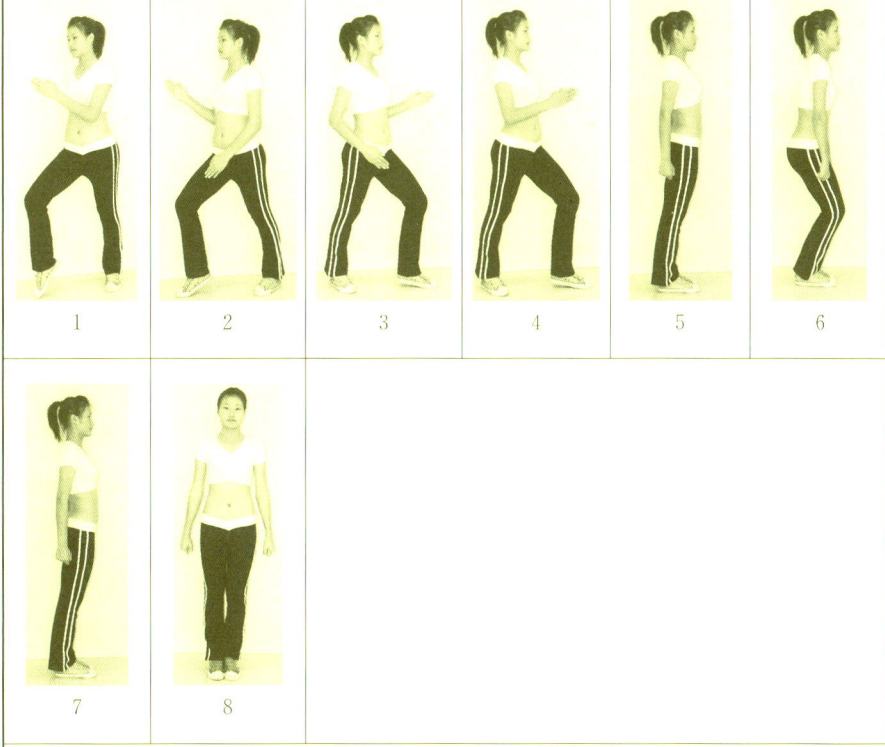

第四个八拍:1~2拍右顶胯,3~4拍左顶胯,5~6拍左转90°,7~8拍右转90°。

我们一起做 排舞

第五个八拍：1～2拍右并步跳，3～4拍左并步跳，5～8拍三连步转。

| 6 | 7～8 | |

第六个八拍:1～2拍右侧并步击掌,3～4拍左侧并步击掌,5～6拍右转90°,7～8拍左仆步。

《一起共舞》

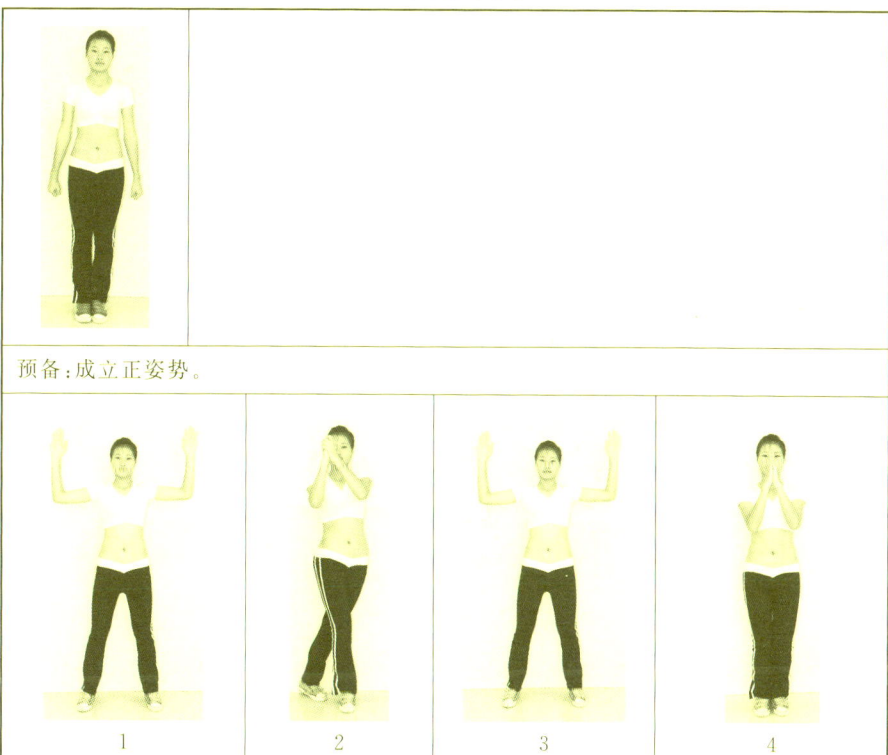

预备:成立正姿势。

| 1 | 2 | 3 | 4 |

第一个八拍:1～4拍右藤步,5～6拍侧点地,7～8拍并步向右侧跳。

第二个八拍:1～4拍左藤步,5～6拍侧点地两次,7～8拍并步向左侧跳。

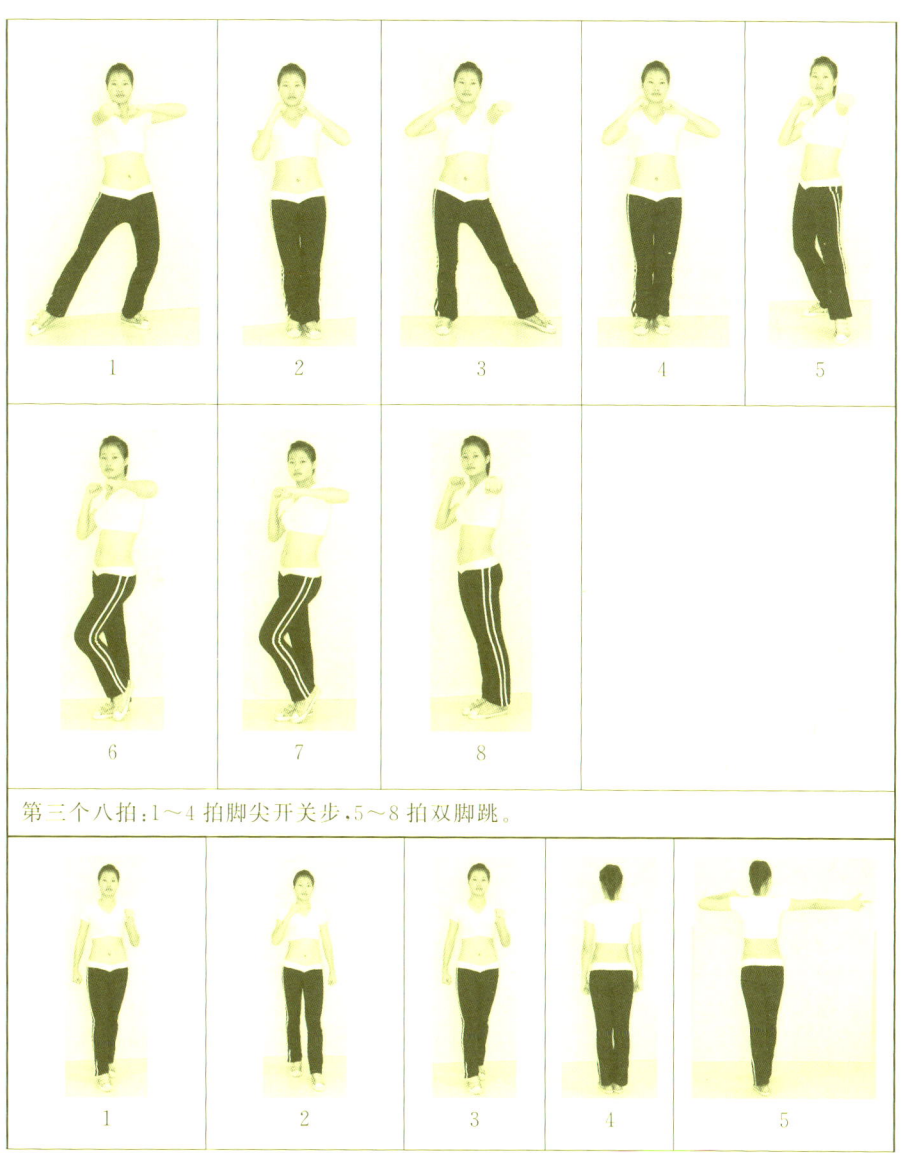

第三个八拍:1~4拍脚尖开关步,5~8拍双脚跳。

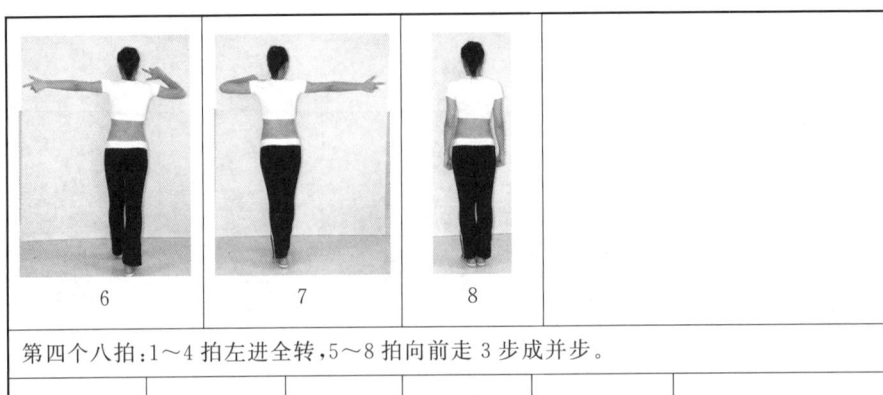

第四个八拍:1~4拍左进全转,5~8拍向前走3步成并步。

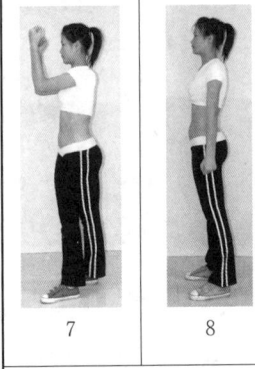

第五个八拍:1~2拍右脚前后点地,3~4拍右脚前交叉左脚右转90°,5~6拍左脚前交叉右脚并,7~8拍右脚前交叉左脚并。

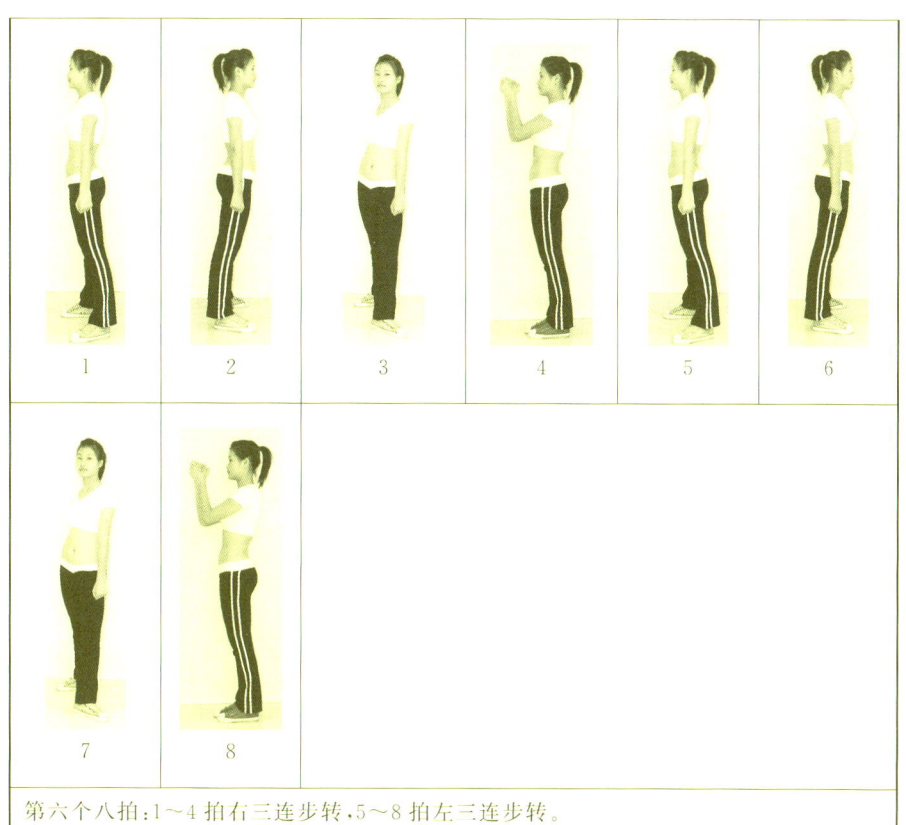

第六个八拍:1~4拍右三连步转,5~8拍左三连步转。

教学运用

校园排舞初级班是根据中学生的特点,利用青少年模仿力强、接受能力快的优势编排的,因而充分体现了整个初级班排舞教学的独特性和趣味性。其动作简单、新颖、果断有力、富有时代感。动作节奏鲜明,有2个8拍、4个8拍、6个8拍,将变化多端的不同节奏的动作有规律地组合在一起,能有效地培养初级班同学的协调性、灵活性和韵律感。

一、目标制定

1.使学生了解校园排舞初级班特点及教学内容,培养兴趣,引导学生积极参与各支排舞的学习,并掌握其基本知识技能。

2.使学生明确校园排舞初级班课程目标,有效地促进学生自主学习,并在学习中完成互帮互助,共同进步。

3.使学生学会初级班四支排舞,并理解四支排舞的舞景,指导学生较好地掌握各支排舞动作练习的方法。

二、内容分析

教师讲授这一部分内容时,首先要让学生明白初级班要完成的学习内容,每支排舞包含哪些教学元素,重难点在哪里,用什么样的方式可以把它学好,需要花几节课把它学完。如果不能知道这些内容,就会给学生在初级班的学习造成较大的压力,影响学生学习的自主性与积极性。

(一)内容解读

本节第一部分是初级班内容情景分析,了解每支排舞的舞景,就能在接下来的学习中,体会把握整支排舞的特点及动作风格。了解舞景也是为了增进认识,教师与学生共同对要学习的排舞内容进行舞景分析,先在理念上达到一致,再进行动作教学,效果会好一些。舞景分析也是师生互动的最好时机,教师可以先提出几个问题,如让学生用自己的观点来阐述一下该支排舞的舞景,看看学生的理解与教科书的理解有什么不同,取百家之长,丰富舞景,促进互相理解和尊重。在排舞教学中,师生要相互沟通,同学之间也要相互沟通,这样学生就能够从全局的角度出发向同伴或教师发送准确、可靠的信息,以达到互相之间的及时沟通、配合默契。了解某支排舞舞景,教师需要做足功课,尽量讲详细,学生才能充分理解,才能按教师的意图,通过肢体语言表达出来。

本节的第二部分是对初级各动作进行分解。进行动作分解就是为了让学生更好地记住每一拍的动作,提高整个班级运动技能水平,提高团队整齐意识。排舞展示要求动作整齐划一,其实首先就是要实现大家对动作起始与结束的一致认同,只有做到了这一点才能谈动作的整齐,整齐的动作才能显示出团队的合作意识。排舞一般都是集体参与完成的,教学排舞其实是教育学生作为集体中的一员必须树立集体意识,和谐地与人相处,并认真提高自己的排舞运动水平。教师在讲授时,要把个人与集体在排舞中的关系讲清楚,让学生让学生展开讨论,去探讨排舞活动中怎样处理好个人与集体的关系;引出排舞三维理论中强调的"三好四美"概念,即校园排舞在完成动作技能教学时,要塑造学生的"三好四美",激励着学生拿出自己的智慧、勇气去拓展排舞课堂,积极进取、大胆创新,为个人实现综合素质全面提升做准备。

(二)知识点

1.排舞活动中人际关系交往的方式分为语言和非语言类两种方式。语言类就是指教师进行动作教学时或者同学彼此沟通时的语言表达;非语言类就是指教师的动作示范或者学习者通过肢体言语传达排舞信息与动作风格。

2.初级班的课堂教学,师生互动应该会比较频繁;大家共同完成对排舞初级班的了解,包括这个层次班级排舞的特点、动作要求、舞景分析;实现个人和集体的共同进步。

(三)教与学重点及难点

1.教与学重点:全面理解初级班的教授内容及课程目标;

2.教与学难点:实现上下肢体的协调配合。

三、策略解读

无论哪一层次的排舞教学,都必须体现健身、健心的价值,使健康与快乐有机结合起来。为此,在校园排舞教学中,应考虑以下策略:

(一)培养学习习惯,明确学习目标

1.学校必须坚持两操活动,而课间操的主要活动内容则可以用排舞替代,以促进学生学习兴趣的产生。每节体育课、课外体育活动,都可以通过排舞活动(准备活动)使学生身体尽快地进入运动状态,防止不应有的伤害事故发生,也有利于学生更好地掌握各项运动技能,提高锻炼效果。

2.跳排舞不仅可以培养或矫正身体姿势,提升身体素质,而且可以消除疲劳,调节情绪,提高学习效率。在音乐伴奏下进行排舞活动,可以培养学生节奏感、韵律感、协调性,提高学生表现美、欣赏美等"三好四美"意识和能力。

3.集体进行排舞活动,有利于培养学生服从命令、听从指挥、遵守纪律的良好作风。还有利于班级集体意识的培养。在教学实践中,教师应运用多种教学方法及练习形式,提高学生跳排舞的效果。坚持正面教育为主,采取鼓励、表扬的方法,调动学生跳排舞的积极性,使学生认真体验跳排舞的实效。学生在充分认识、理解跳排舞的重要性和必要性的基础上,养成重视跳排舞、自觉积极进行排舞活动、坚持排舞运动、天天跳排舞的良好习惯。

(二)对动作姿势及时指导和纠正

校园排舞的动作姿势一般包括开始姿势、动作过程姿势和结束姿势。不论哪种动作姿势都必须正确、规范,否则,将直接影响动作质量和锻炼效果。

排舞融合了多种舞蹈的动作元素,有些是操化动作。因为健美操动作中的直臂与屈臂、低头与抬头、含胸与展胸、直腿与屈腿、绷脚面与勾脚尖等任何一个微小的动作变化或不到位,身体各部位肌肉的紧张、放松、用力程度均不同,不仅健身效果不同,而且表现出来的外在美的程度也不一样,所以,必须重视校园排舞动作姿势的正确性。

培养正确姿势。在跳排舞时教师要及时发现学生的错误动作并予以指导和纠正。可采取集体纠正的方法,还可以用提示口令、动作暗示或休息时个别纠正的方法。学生之间可采用一对一互相纠正的方法等。

(三)合理组织上课队形

队列和队形是排舞教学中不可缺少的教学内容,是中小学体育教学的特色之一,也是我们排舞比赛中的要求之一。因为体育课常规教学中都会进行队形队列练习,中学生入学军训中也会专门进行队列训练,所以队列队形虽然在中学体育教材中未被列入学习内容,但在排舞教学中,应该作为一个知识点或者基本要求来强化。合理的上课队形,是保证跳排舞顺利进行的必要条件。

1.根据人数多少、场地大小,选择相适应的队形。选择的队形既要利于教师的指挥与教学,又要使每个学生都能看清楚教师的示范动作。

2.上课队形的方向要注意让学生背风、背强光和减少外界影响。做定位动作时,学生之间应保持一定间隔,以互不妨碍动作为基本准则。

3.进行动作统一练习时,可采用一路纵队或一排横队来练习。教师的站位,要确保能够观测到全班学生。以40人的班级为例,每列横队10人,站4列,教师距离第一列3.5米~4米。

(四)准确运用口令

学习排舞,离不开口令及语言提示,口令运用是否得当,会直接影响动作的练习效果。

1.在教学过程中,教师的口令不仅应规范、提神,而且要教会学生喊口令。不同的音乐风格决定了不同的口令组合。一拍一动的排舞动作教学的口令比较容易掌握;一拍两动或者其他没规律的动作组合,如1哒2、1哒2哒、哒1、哒2等等,也一定要让学生记住,否则无法把握整支排舞的节奏。

2.学生学习口令时,先集体跟随口令,逐步过渡到自己喊口令自己跳,再到一对一互相喊口令跳,进而到分小组每个人轮流喊口令跳,直到能在班上或全校喊口令一起跳排舞。要让学生能清晰、大声地把口令喊出来,提高学生自我表现和组织、指挥跳排舞的能力。

(五)校园排舞的教学评价

根据《课程标准》精神,中学生排舞教学评价应根据学习目标达成、行为表现和进步幅度,结合学生自我评价和相互评价的情况进行。主要包括学生在掌握有关排舞的知识与技能、柔韧素质等方面所展示的学习效果以及整个过程的学习态度、情意表现与合作精神等内容。要求师生均从下列三方面，进行自评、互评、教师综合评价。

表 2-3　校园排舞初级班教学评价

学习效果	学习态度	合作表现
1. 掌握该项目技能情况？（原基础——→提高程度） 2. 姿势是否正确，动作是否协调，进步程度如何？ 3. 运用编舞知识能力如何？编出来的动作效果如何？	1. 上课、做操出勤表现如何？ 2. 上课跳排舞是否自觉、积极、认真？ 3. 完成编操作业情况如何？	1. 学习、锻炼过程中的合作表现如何？ 2. 合作创编表现效果如何？ 3. 能否相互观察与指导纠正。

第二节　校园排舞中级班

理论导读

让学生了解每支排舞的动作特点，有助于学生在接下来的学习中胸有成竹，更好地把握自己时间分配。中级班排舞音乐节奏感鲜明，能吸引排舞爱好者，学习者能根据清晰的音乐进行动作简单学习，动作与音乐和谐组合，能使学习者通过自己的理解较轻松地表达出每支排舞所包含的意境。

一、情景分析

《功夫熊猫》

功夫，这个词语让人想起中国特有的文化，而加上熊猫，更能彰显独特的中国元素。功夫已然能够吸引眼球，加上胖墩、憨厚的熊猫形象，展现在大众眼前的将是另一番风景。

《功夫熊猫》是一部电影，可爱的熊猫展示着中国功夫，如今演绎成排舞，主题曲不变，旋律中依旧能让人感受到那只可爱、灵敏的熊猫夏练三伏、冬练三九的情景，希望舞者也能有这份恒心，把熊猫那份憨厚勤奋的精神，铭刻心中。

此"功夫"分三段，前奏的行拳礼，加上第一段含有明显的中国功夫元素，让多少功夫迷为之振奋，为之倾倒；第二段开始才把功夫与排舞巧妙融合，像

我们一起做排舞

一个优雅的绅士戴着领带打着太极般引人注目,一招一式,都让人心动、让人向往;第三段急促而迷人眼的舞步,似那只熊猫打着醉拳,交错但不繁乱,清晰而有节奏,引人入胜,招招扣人心弦。

《林间漫步》

校园的林间小径,让人感到校园生活的宁静。迎着清晨第一缕阳光,漫步林间小道,那份静谧只可意会,不可言传,小径中有漫步的老者,也有晨读的学生,花香鸟语,一派生机活泼的样子,让人看到校园美好的生活。

《林间漫步》给人感觉是一种悠闲的生活态度,以舞者的姿态漫步林间,动作轻盈,走出生命那种悠然自得的自然状态,在这种状态下,感受生命的纯真,感受校园的内涵。

《林间漫步》共4个8拍,讲述舞者在林间轻盈漫步,不经意间扭动身体,旁若无人,时而欢跳,时而舞动婀娜多姿的身段,突然发现有人注视,舞者立刻收回刚扭出去的胯,转为漫步,脸挂微笑。

《昆力奔驰》

《昆力奔驰》给人感觉充满了动力,正如一辆急速的奔驰车,给人无限动感与力量。在校园里,尽力奔跑,欢快跳跃,让生命永不停息,在这跳跃中感受校园生活的美好,感受排舞的魅力与诱惑,就像一部充满动力的快车,从校园呼啸而过,带着梦想,驶向远方,寻找未来。

《昆力奔驰》作为排舞来演绎,能看出这支排舞鲜明的节奏,动感的音乐下让人想跳跃起来,正如标题的注释一样,想奔驰,想昆力奔驰,把浑身的力量通过这支排舞来展示。

《昆力奔驰》共4个8拍。犹如一部奔驰车飞奔在人间大道上,前方突然路径曲折,舞者随即随心所欲地变换着方向,临危不乱,时而哼着欢快的曲调,时而加速前进,曲折道路之后,眼前一亮,又迎来康庄大道,车子又向前飞奔,勇往直前。

《拍拍手》

拍拍手,容易让人想起欢庆的场面,这不是庆祝胜利的场面,是一次普通的校园舞会,在舞会上,通过彼此的拍拍手,通过彼此眼神的交流,消除陌生感,达到彼此相互融合。

来吧,来吧,一起跳舞;来吧,来吧,一起拍拍手;来吧,来吧,一起打破陌生的空气。一起跳舞,一起拍手,一起打破陌生的空气。校园是一个大家庭,让我们手拉手,手拍手,走到一起来。

《拍拍手》这支排舞共五大段,每一段由10~14个8拍组成。由一群陌生的朋友演绎,初次在校园舞会见面,陌生的面孔,带着些许尴尬,但随着排舞音乐想起,扭着不太灵活的胯,一拍连着一拍,渐渐地,肢体灵动了起来,陌生的眼神也随着肢体四处流动,曲终人不散,最后大家一起拍拍手,你中有我,我中有你。

二、动作图解

《功夫熊猫》

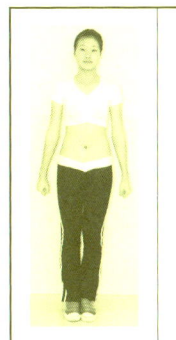

预备:成立正姿势。

第1段

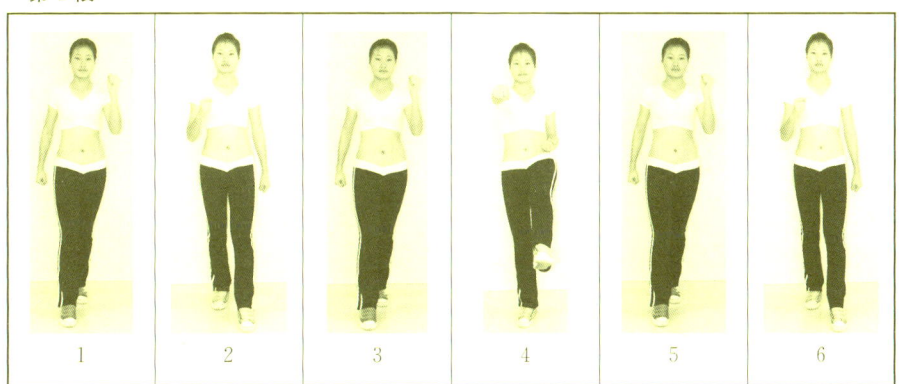

1　　　2　　　3　　　4　　　5　　　6

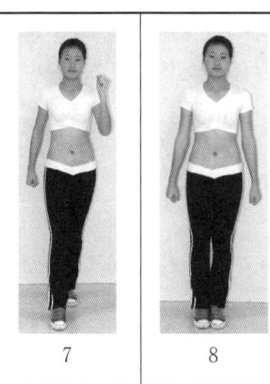

| 7 | 8 |

第一个八拍:1~4拍(右)前进三步左踢腿,5~8拍后退三步并步跳。

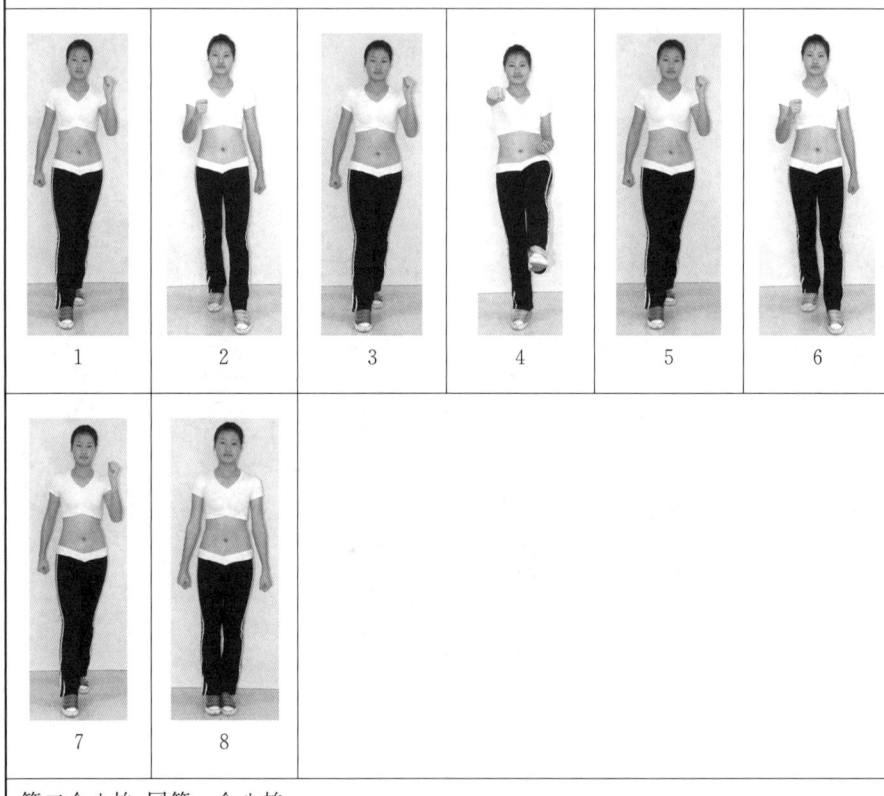

第二个八拍:同第一个八拍。

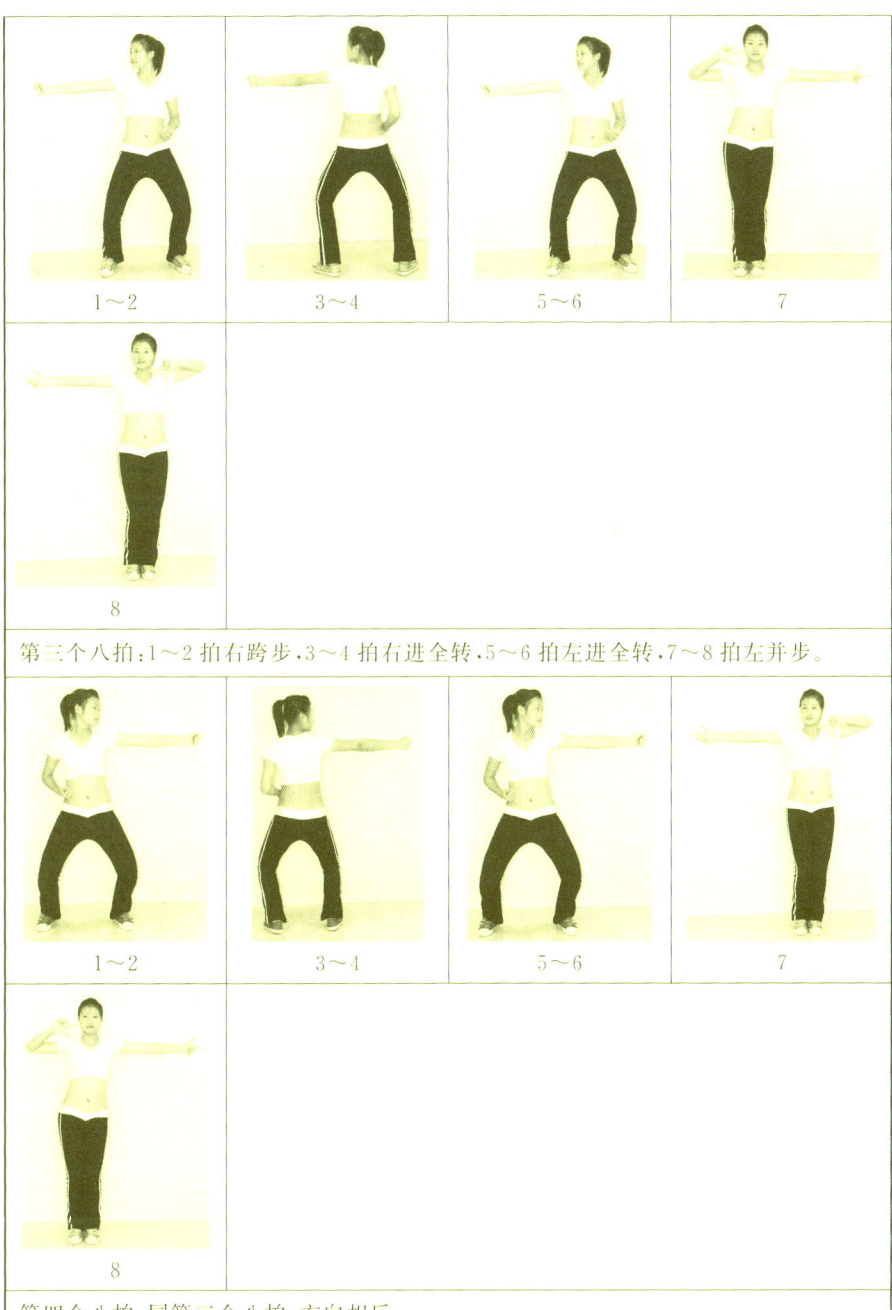

第三个八拍:1~2拍右跨步,3~4拍右进全转,5~6拍左进全转,7~8拍左并步。

第四个八拍:同第三个八拍,方向相反。

第 2 段

第一个八拍:1～2拍右侧点前交叉,3～4拍左侧点前交叉,5～6拍踢腿后交叉,7～8拍左侧步前交叉。

第二个八拍:1~2拍左侧点前交叉,3~4拍右侧点前交叉,5~6拍踢腿后交叉,7~8拍右侧步前交叉。

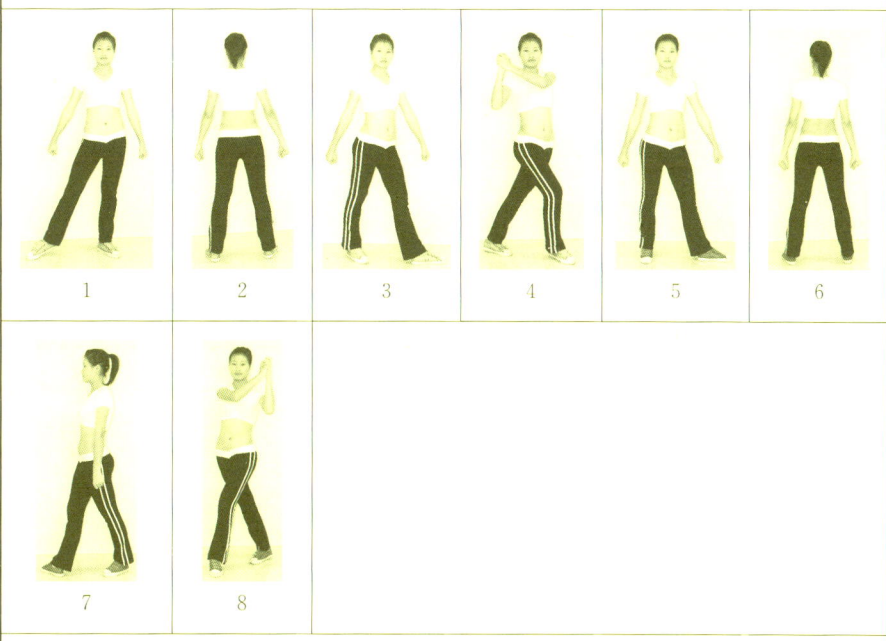

第三个八拍:1~4拍右叉转,5~8拍左叉转。

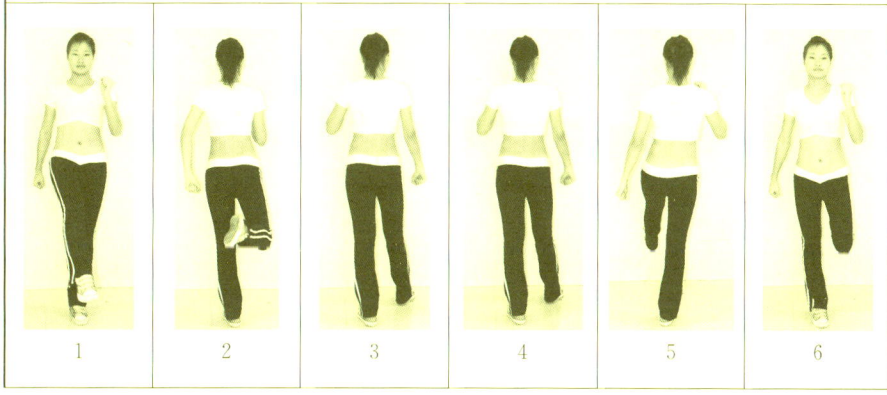

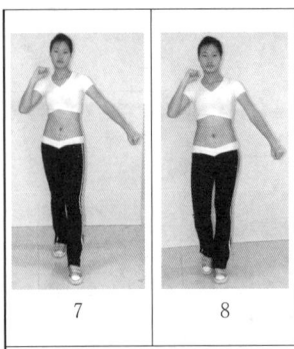

第四个八拍:1～2拍右脚前踢左转180°,3～4拍右脚往前并步跳,5～6拍左脚前踢右转180°,7～8拍左脚往前并步跳。

第 3 段

第一个八拍:1～4拍右脚前后依次侧点地成并步跳,5～8拍左脚前后依次侧点地成并步跳。

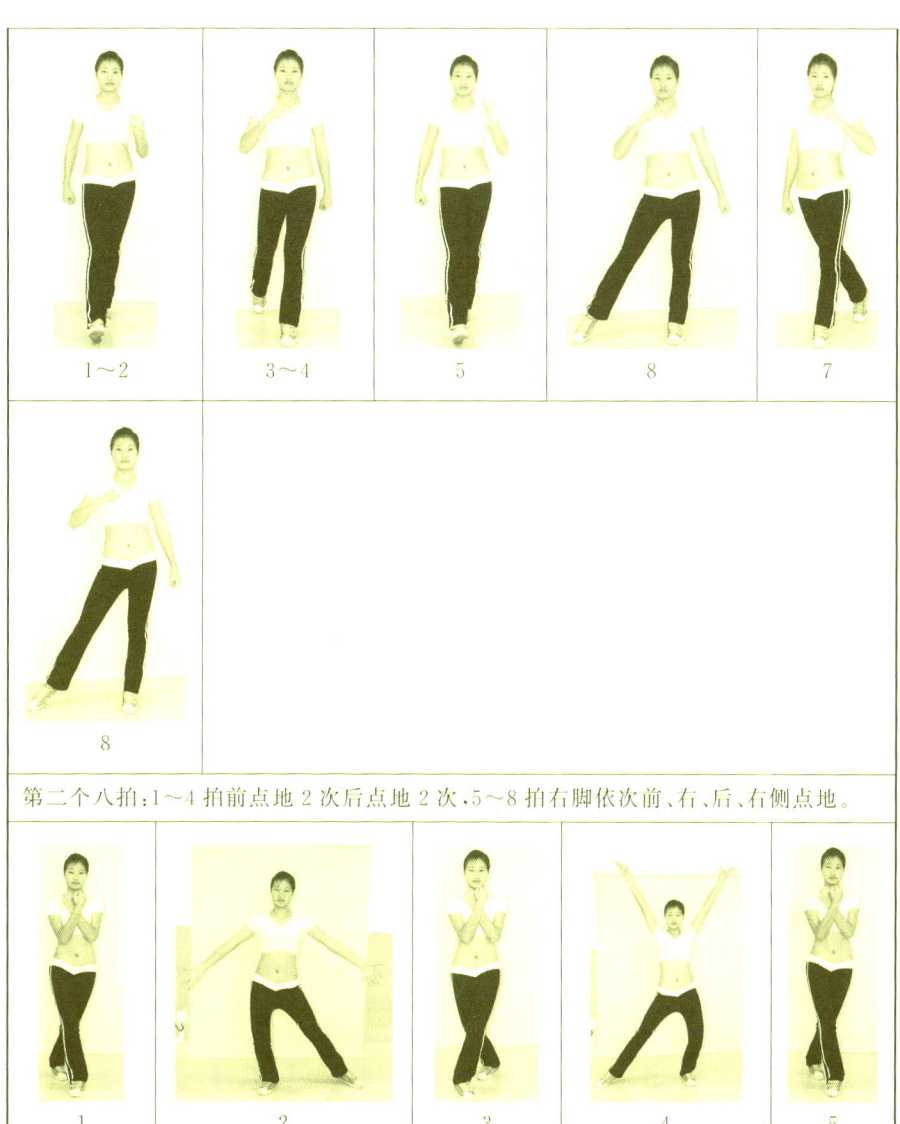

第二个八拍:1~4拍前点地2次后点地2次,5~8拍右脚依次前、右、后、右侧点地。

我们一起做排舞

第三个八拍：1~4拍右前藤步，5~8拍同1~4拍。

第四个八拍：1~4拍右后藤步，5~8拍同1~4拍。

《林间漫步》

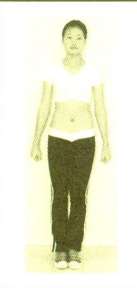

预备:成立正姿势。

第一个八拍:1~2拍右脚前交叉接垫步,3~4拍左恰恰,5~6拍右脚前交叉接垫步,7~8拍左恰恰。

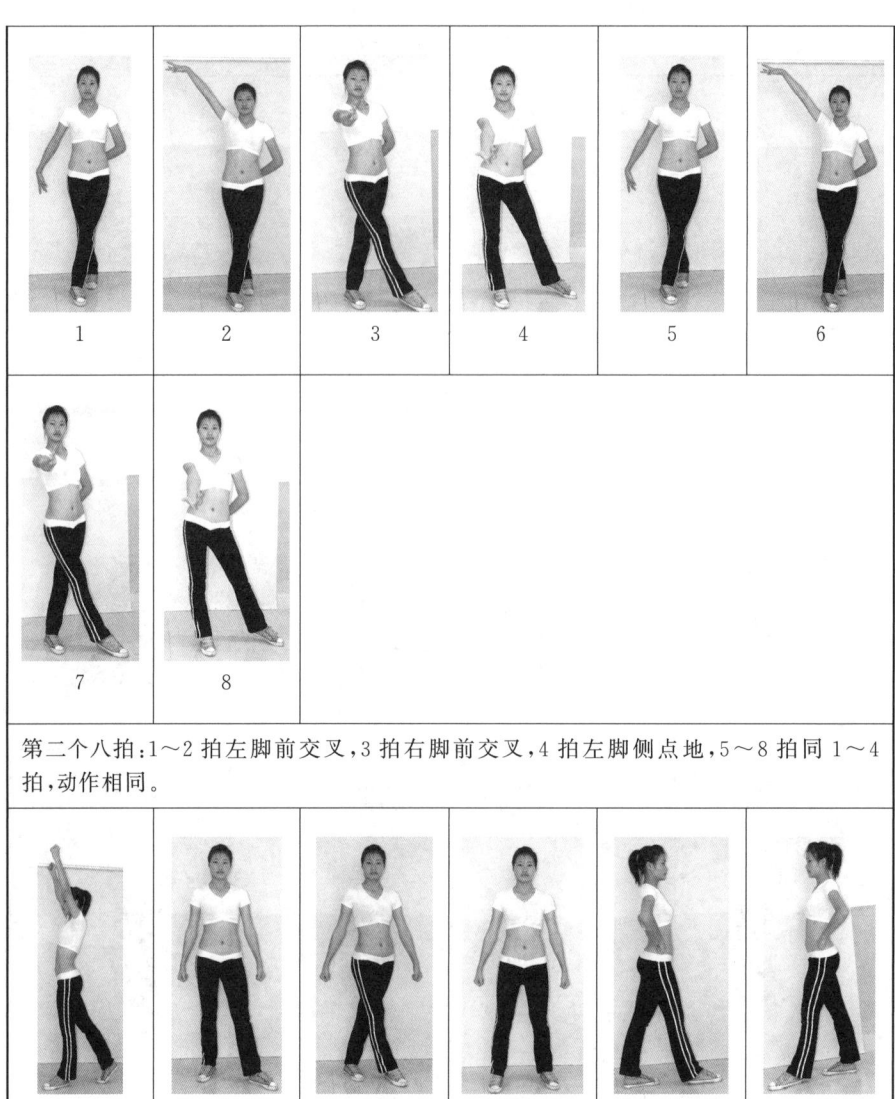

第二个八拍:1~2拍左脚前交叉,3拍右脚前交叉,4拍左脚侧点地,5~8拍同1~4拍,动作相同。

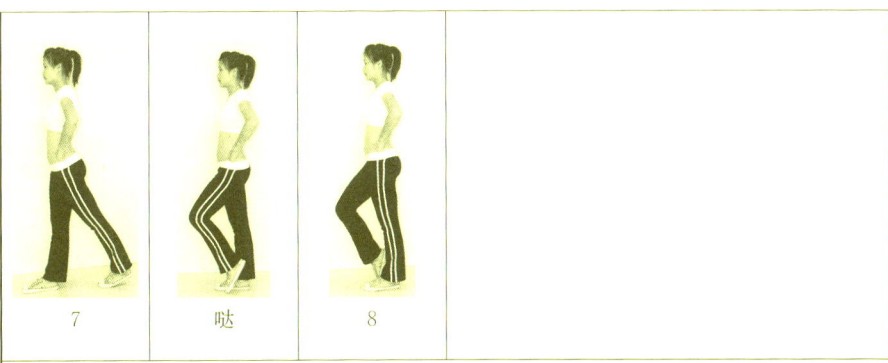

第三个八拍:1~4拍水手交叉步,5拍1/4定轴转,6拍后左转180°,7~8拍右前进平衡步。

第四个八拍:1~2拍右脚斜侧迈出,左脚跟进右顶髋,3~4拍左脚斜侧迈出,右脚跟进左顶髋,5~6拍左脚斜侧迈出,右脚跟进左顶髋,7~8拍右脚斜侧迈出,左脚跟进右顶髋。

《昆力奔驰》

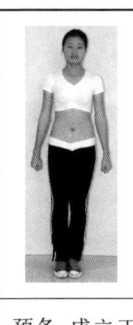

预备：成立正姿势。

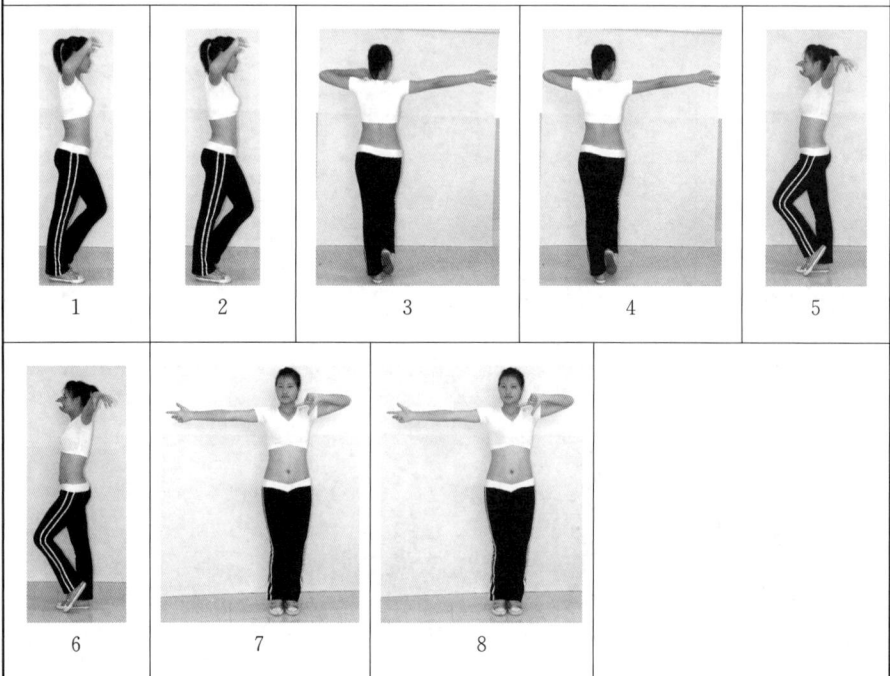

第一个八拍：左脚起，左转90°左恰恰，左转90°右恰恰。

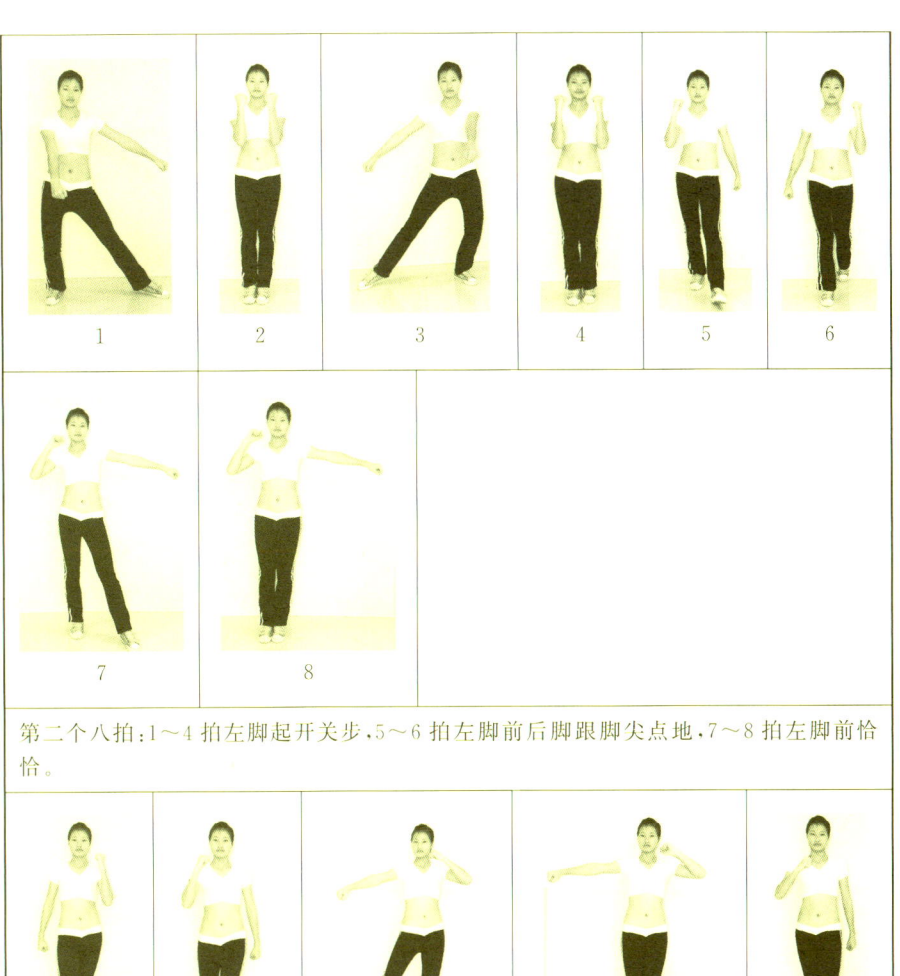

第二个八拍:1~4拍左脚起开关步,5~6拍左脚前后脚跟脚尖点地,7~8拍左脚前恰恰。

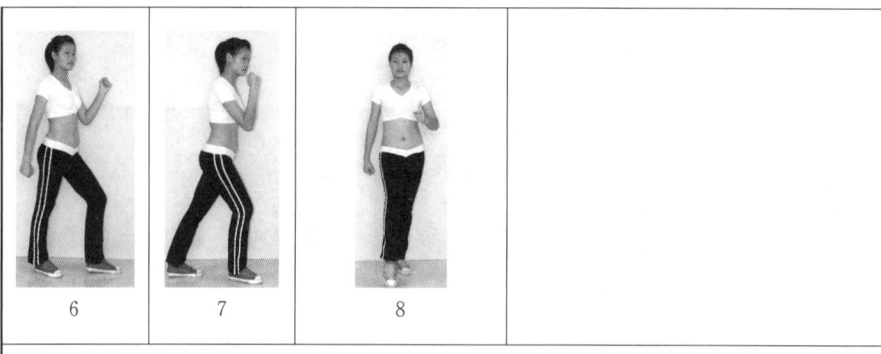

第三个八拍:1~2拍右脚前后脚跟脚尖点地,3~4拍右脚前恰恰,5~6拍右前曼波,7~8拍左脚后恰恰。

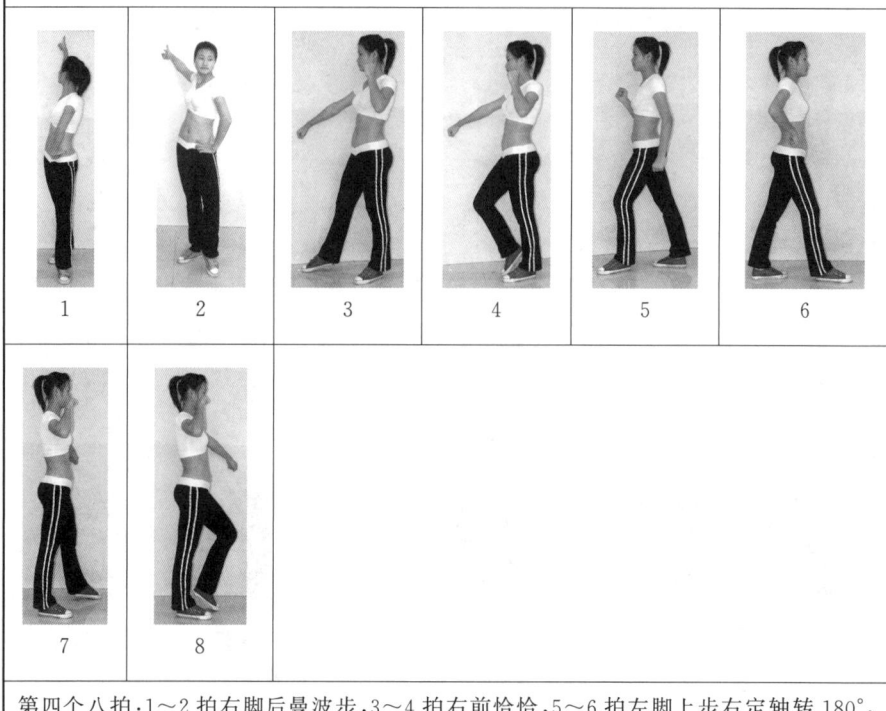

第四个八拍:1~2拍右脚后曼波步,3~4拍右前恰恰,5~6拍左脚上步右定轴转180°,7~8拍左脚起踏步。

《拍拍手》

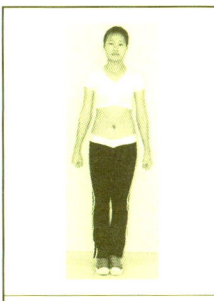

预备:成立正姿势。

第1遍

第一个八拍:1拍右脚跟侧点,左脚屈膝顶胯,2拍还原;3～8拍同1～2拍,8拍双手胸前击掌。

第二个八拍,同第一个八拍,方向相反。第三、四个八拍,同第一、二个八拍。

第五个八拍:1拍右脚往前一步,2拍左脚往前一步,3拍右脚原地踏步,4拍左脚后退一步,5~8拍与1~4拍动作相同。

| 1 | 2 | 3 | 4 | 5 | 6 |
| 7 | 8 | | | | |

第六个八拍：1～4拍左脚起前顶胯，5～8拍右脚起前顶胯。

| 1 | 2 | 3 | 4 | 5 | 6 |
| 7 | 8 | | | | |

第七个八拍：同第五个八拍。

第八个八拍：同第六个八拍。

第九个八拍：1～4拍右并步，5～8拍右脚起右藤步转。

过渡动作一：1～2拍双膝开合、开，同时双手放置于膝盖上；3～8拍重复1～2拍。

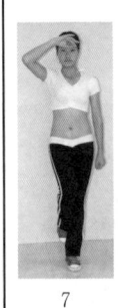		
7	8	

过渡动作二:1~4拍左脚往前走三步成左踢腿,同时双手自然摆臂成右甩臂;5~8拍动作同1~4拍,但方向相反。

第一遍没有过渡动作,此曲共循环5遍。
第二遍在第一遍第四个八拍与第五个八拍之间插入过渡动作一、二。
第三遍同第二遍。
第四遍同第二遍,完成过渡动作一、二、一。
第五遍同第二遍,完成过渡动作一、二、一、二、一。

教学运用

校园排舞是融操、舞、音乐于一体,通过徒手和使用器械的组合型身体练习,从而达到健身、健美和健心目的的一项校园体育项目。排舞中级班专门为有一定基础的学生开设,它将传统的发展身体的基本动作融于现代舞的节奏中。其特点动作新颖,简单易学,能较全面地锻炼身体。对于正处于发育时期的青少年学生较为适用,尤其是在发展身体的灵敏度、柔韧性和协调性方面都起到积极的作用。该部分共四支排舞,每支时间大约4分钟,音乐中速偏快。该级别的排舞,完成下来最高脉搏可达154次/分(测试对象为女生16岁,安静时脉搏78次/分)。

一、目标制定

1.使学生了解校园排舞中级班特点及教学内容,培养兴趣,引导学生积极参与排舞学习。

2.使学生学会中级班四支排舞,并理解四支排舞的舞景,指导学生较好地掌握各支排舞的基本知识技能及成套动作练习,培养自主学习意识。

3.完成中级班的教学要求,发展身体协调能力,培养创新精神,有效地促进学生之间探究合作学习,培养积极参与排舞运动的意识。

校园排舞属于有氧运动,从事有氧运动对于保持人体的心血管、呼吸系统健康都有非常好的作用,持之以恒还能改善心肺功能,保持愉悦的身心,能促进精神兴奋,加速新陈代谢,改善饮食、睡眠,从而增进健康、强身健体。排舞运动在音乐伴奏下进行,既富有美感、节奏感,又充满青春的活力,可缓解压力,排舞练习随着音乐不断变换,通过不同动作对大脑神经进行刺激,这样有助于大脑一直保持对动作的记忆,延缓记忆力衰老,达到增强记忆力的效果。

通过集体练习和创编排舞等教学活动,为学生提供了互相交流、学习、研讨和挑战的空间,从而可提高学生的群体意识、交往能力和创新探究能力。因此,进行排舞练习不仅对形体、肢体、表现力等方面都有较高的要求,还可以锻炼个人的综合素质能力,经常参加排舞练习能达到形体美,提高舞者的四肢协调能力,达到健美、健体、健心的作用。

二、内容分析

中级班排舞融合了拳击、健美操、恰恰恰等动作和舞蹈动作,形成了自身特点。在动感的音乐声中,通过出拳、踢腿等刚劲有力并富有时代性的动作组合,抒发情感,调节情绪,展示瞬间的爆发力,突出时代气息,达到健身、健心的目的。

1.层次内容

表2-4 校园排舞中级班课程内容

层次班级	内容	教学元素	重点舞步	教学课时
中级班	《功夫熊猫》	共4个8拍,4个方向	交叉步	5
	《林间漫步》	共4个8拍,4个方向	爵士方形步	4
	《昆力奔驰》	共3大段12个动作元素	恰恰步	4
	《拍拍手》	共8个8拍,2个方向	扭胯步	5

2.中级班特点分析

中级班的内容有一点难度,但又可以接受,适合有一定基础的学生学习,初三、高一学生接受能力较强,相对比较合适。中级班选用了《功夫熊猫》、《林间漫步》、《昆仑奔驰》、《拍拍手》,着重强调动作的整体性,由当初2～4个8拍的动作提升到4～8个8拍内容,在内容安排上明显丰富于初级班,在动作节奏上也快于初级班,整体动作显得比较富有动感。

3.中级班特点解析

包含四支排舞,每支排舞在动作上比初级班要高一层次,主要学习对象是接触过初级班学习的学生,在学校主要针对初三、高一两个年段。其动作富有学生时代气息,动作力度明显,学生能从这四套排舞学习中体验到健康快乐的发展理念。中级班承上启下,在动作风格上具有初级班的可爱灵巧,表现上又有高级班的肢体语言。

4.课程目标及说明

表 2-5　校园排舞中级班课程目标及说明

课程目标	课程说明	主要特点	适合年级
树立"我排舞,我快乐"的健康课程目标意识	提高排舞技术动作水平,培养主动参与意识,树立终身排舞意识	动作:优美易学 方向:多变简单 音乐:节奏较快	初三 高一

三、策略解读

(一)教学策略

中级班校园排舞教学与初级班教学策略大致相同,但要突出以下几点:

1.可采用先组织学生看录像,并结合录像动作进行分析、讲解,启发学生思考、尝试、体验。通过视觉体验,学生就会产生动作视觉感受,就有想尝试的想法。

2.在音乐伴奏下教师进行全套排舞的动作示范,让学生欣赏、了解全套排舞的内容、结构、风格特点及音乐节奏特点,引起学生兴趣和学习欲望,然后在教师示范、讲解、带领下进行重点动作学习,提示动作重难点。

3.在教学过程中,随时组织学生互相观摩、交流、探讨、指导、纠正,共同提高。以小组为单位,进行教学训练、研讨、展示,这种模式的效果比较好。

4.强化音乐训练,培养学生听音乐、欣赏音乐的能力;提高对动作的表现力和节奏感的把握,可通过口令指挥—伴随音乐加口令指挥—全音乐指挥的顺序练习。

(二)教学设计建议

根据校园排舞教学,按照《课程标准》的要求,使学生较好地掌握成套排舞,为此,建议教师根据学生原有的基础确定教学目标,选择相应的教学内容,按单元模式进行教学。

表 2-6　校园排舞中级班《拍拍手》单元教学设计示例(供参考)

教学目标	1.引起兴趣,激发学生参与练习的积极性、主动性。 2.帮助学生掌握中级班排舞的基本知识、动作特点及成套排舞的动作技能,提高肌肉力量,增强动作的灵敏性、协调性和节奏感。 3.培养学生积极向上的拼搏精神,调节情绪,缓解紧张的学习压力,提高学习效率。 4.培养学生自主学习的能力,使学生学会观察、探究中级班排舞的特点、功能;帮助学生提升创编水平,培养合作意识,提高交往能力。		
学时	教学内容	主要方法	备注
1	1.观赏成套校园排舞 2.学习第1、2段动作	1.看录像及教师示范 2.示范、讲解、练习相结合 3.反复练习、相互观察纠正	作业:复习、练习
2	1.复习第1、2段动作 2.学习第3、4段动作	1.集体复习、相互交流 2.看录像、研究学习、试练 3.教师指导、领做 4.练习第1~4段组合(含音乐)	作业:巩固第1~4段动作;预习第五段
3	1.复习第3、4段动作 2.学习第5段动作 3.创编实践	1.提示复习、集体练习 2.看录像研究学习、试练 3.教师示范领做、集体练习 4.第1~5成套组合练习 5.学习、研究、创编、实践	作业:复习第1~4段动作,查找相关图片,寻找资料
4	1.复习第1~5段动作 2.提高整套排舞质量 3.继续创编实践	1.个人、集体、分组、观摩练习 2.交流体验、互相纠正 3.汇报、交流、搜集有关资料 4.学习、研究、创编、实践	作业:复习第1~5段动作
5	1.展示、交流创编效果 2.相互评价	1.分组交流、集体交流、展示 2.典型范例学习 3.自评、互评	

(三)正确运用示范与讲解

示范是排舞教学的主要方法,是使学生对动作建立正确完整形象的基本途径。示范动作必须清晰、准确、规范、优美、节奏分明、精神饱满,使学生既看清每拍动作,又看清各拍动作之间的衔接。可以先让学生课前预习当天要学的排舞的动作解析再进行。

示范的方式可采用:镜面示范、侧面示范、背面示范,不同位置进行同一动作示范,可以让学生建立更直观、具体的动作特征记忆。示范方法可采用领做示范,即边示范边讲解效果最好。示范虽然是教徒手排舞的基本方法,但是中级班的学生对排舞动作专用名词、术语、动作名称都已建立了明确的概念,因此有些简单的动作,教师只需要与学生同步带做或用语言指点即可,不必全部

都示范一遍。

(四)教学评价

1.参考初级班排舞的评价内容。

2.评价等级见表2-7。

表2-7 校园排舞中级班教学评价

等级\类别	学习态度	心理素质	动作质量	创编实践	合作意识
优	练习目的明确,积极性高;主动认真地完成任务	通过练习心理素质提高很快;表现力强,突出个人风格	成套动作舒展流畅,有力度,音乐与动作合拍,节奏感强	创编能力强,实践效果好	合作意识强,能互相帮助,共同创编
良	练习目的明确,有兴趣,能完成课上任务	心理素质比较好,有一定的表现力	成套动作比较规范流畅,与音乐合拍	有创编能力,实践效果较好	有合作意识,能相互协商
及格	基本能完成任务	心理素质不稳定,表现力不强	在教师的提示下能完成任务	能创编,效果一般	有合作意识,欠积极主动
不及格	练习不积极,无法完成任务	心理素质差	教师指导也无法完成动作	无创编能力	无合作意识

第三节 校园排舞高级班

理论导读

高级班是校园排舞发展到一定阶段的学习方式呈现,树立"我排舞,我行"的实践意识。通过高级班学习,有助于培养学生合作探究的学习意识,增强学习的主动性,拓宽对排舞多元风格的把握,动作以抒情的摆动、波浪、扭胯为主,充分展示了高中生的姿态美。

一、情景分析

《读你》

《读你》,把排舞当成一本书,把舞者当成读者,你翻开第一页,开始品读自己。读的是自己对排舞的一种感觉,一种舞者的领悟力。

音乐响起,舞者肢体开始舞动,伴随着轻柔的音乐,踏着轻盈的步伐,目光相视,读你、读我,读懂彼此的心灵,心灵涌动时,舞者的灵魂也在感受着排舞的魅力。是排舞让我们这些舞者聚在一起,是排舞让我们彼此了解自己。《读你》最终解读的是舞者的心灵,解读的是舞者的灵魂。

《读你》这支排舞共 4 个 8 拍。演绎了舞者对排舞品读的一个过程,品读排舞的同时也在品读自己。伴随多维空间的旋转,九十度、九十度、转、转,视线多维空间随着转换;恰恰恰,显示舞者那份自信与洒脱,每次恰恰恰,让观众读懂了你,舞者也读懂了自己。舞者舞出那份精彩的同时,已然通过肢体,让别人读懂了自己。

《请你恰恰》

恰恰恰,富有动感的三个字,连在一起就形成一股势不可挡的热情,会让你心潮澎湃,会让你想立刻跳起排舞,这就是恰恰恰的魅力,让我们跟着音乐节拍,一起来恰恰恰,这节拍、这节奏,刚好属于青春的。舞者踏着青春节拍,舞出自己的那份青春与潇洒。

《请你恰恰》是舞者发出的最真诚的邀约,周末校园别徘徊,请到校园排舞来,不要在一旁发呆,一起大声呼喊,让校园周末动起来。音乐、阳光,样样都浪漫,烦恼、忧愁,都与我无关,让我们大家一起来恰恰。

《请你恰恰》这支排舞共 4 个 8 拍。激昂高调的音乐声响起,恰恰恰,请你恰恰。每次转身,都那么华丽,每次面向另外一群的你,舞者都可以大声喊出:恰恰恰,我们一起来跳个舞,一起感受排舞给我们带来的激情与快乐。

《柔声细语》

轻柔的音乐,在缓慢低吟着,一位舞者,低着头,在沉思着,该如何在轻声细语间读懂自己。舞者迈着轻柔的步伐,道出内心深处的细语,将一位舞者的内心独白,展现无余。

音乐悠扬荡漾着,舞者的脚步轻柔灵巧,渐渐地,急促的步伐、多方位的旋转取代了轻柔的步伐,转换为快速的舞步,如一阵狂风骤雨,全然颠覆了"柔声细语"的字面含义。

《柔声细语》这支排舞共 4 个 8 拍,舞者在柔和的音乐声中独舞,舞者漫步出场,带着那份低沉,一拍一动,静悄悄地渐渐加快节奏,步伐时而疾进,时而旋转,舞者的静默瞬间得到释放,舞者的心声尽情吐露,眩目的舞步就是舞者在柔声细语与狂风骤雨之间变换的杰作。

《快乐列车》

曲终人散,让人感到有些凄凉,而排舞到了这个阶段,《快乐列车》成了压轴之舞,仿佛一列火车从车站出发,一路风景,一路感受,路过查尔斯顿迷人的海滨城市,镇上有跳牛仔的舞者,有一群活泼可爱的《小精灵》,《一起共舞》。累了,在《林间漫步》,再开上《昆力奔驰》,驰骋跑道上,回到校园一起《拍拍手》、《请你恰恰》,《读你》、读我,到达终点,列车驶入车站的那一刻,不是别离,而是快乐的重逢。

《快乐列车》犹如一辆急速行进的列车,要安全、平稳地驶入弯道,需要列车员集中精力,最终把列车开得得心应手。

此排舞共4个8拍,中间有一段慢节奏,情景设置就是列车驶入山洞,速度由快转慢,给舞者以调整的时间,然后列车缓慢加速,舞者又开始快乐地驾驶着列车,前行。

二、动作图解

《读你》

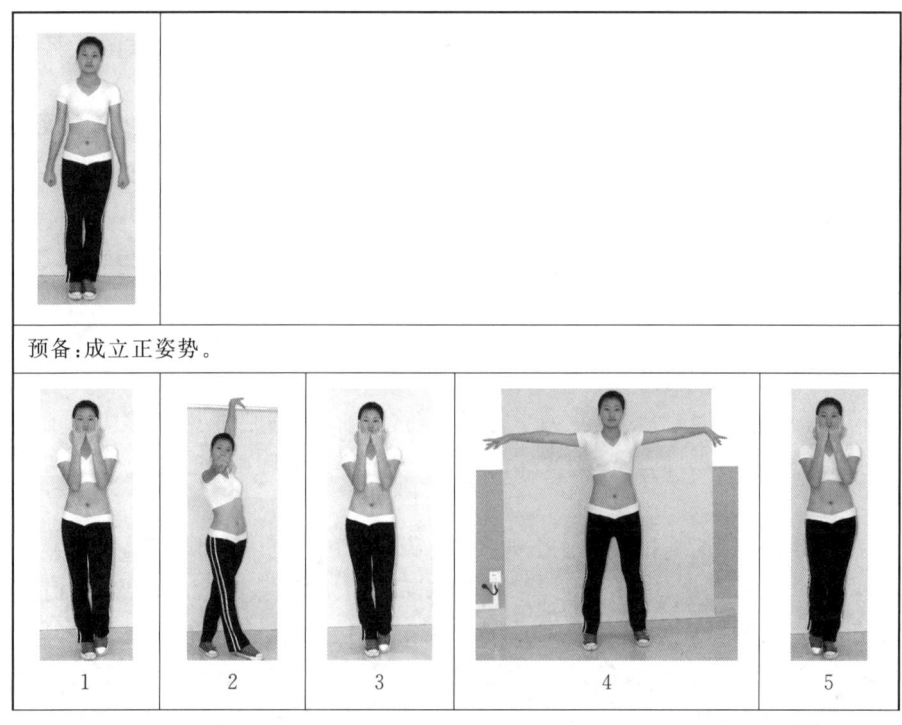

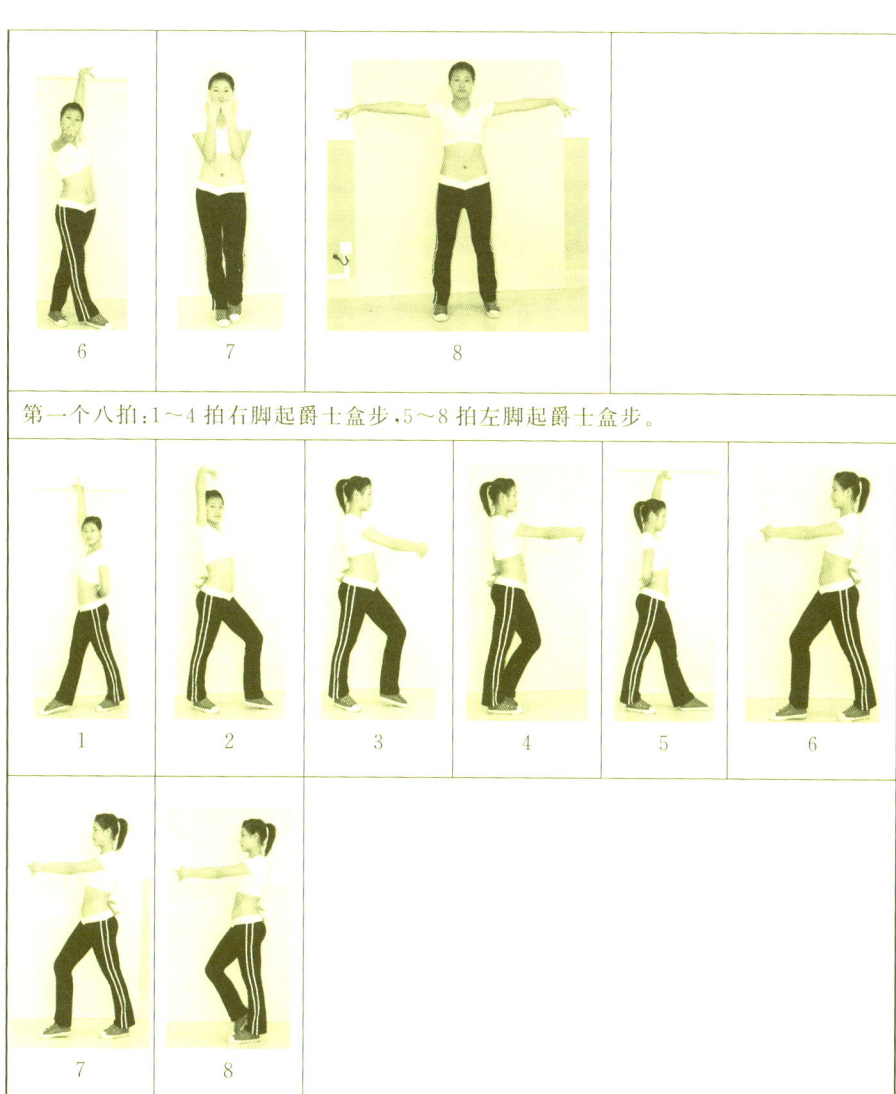

第一个八拍:1~4拍右脚起爵士盒步,5~8拍左脚起爵士盒步。

第二个八拍:1拍右脚起左转90°上步,2拍定轴转180°,3~4拍上一步,5~8拍同1~4拍,方向相反。

我们一起做排舞

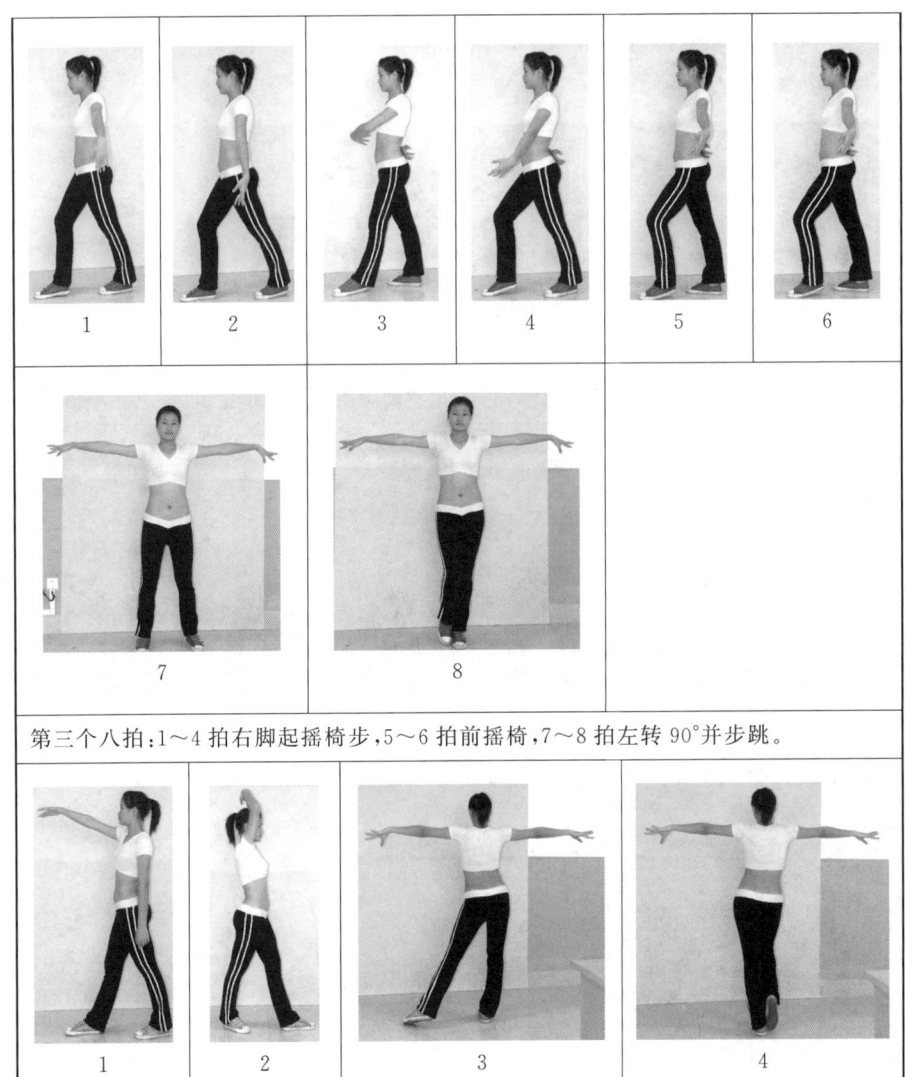

第三个八拍：1～4拍右脚起摇椅步，5～6拍前摇椅，7～8拍左转90°并步跳。

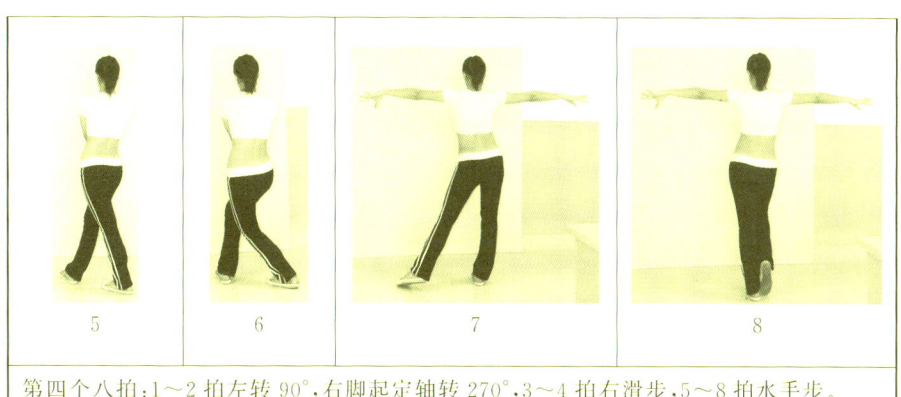

第四个八拍:1~2拍左转90°,右脚起定轴转270°,3~4拍右滑步,5~8拍水手步。

《请你恰恰》

预备:成立正姿势。

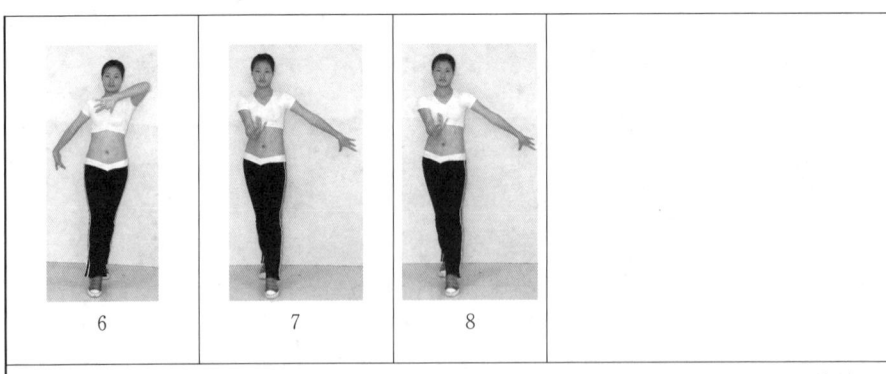

第一个八拍:1~2拍右前摇摆,3~4拍右前恰恰,5~6拍左前摇摆,7~8拍左后恰恰。

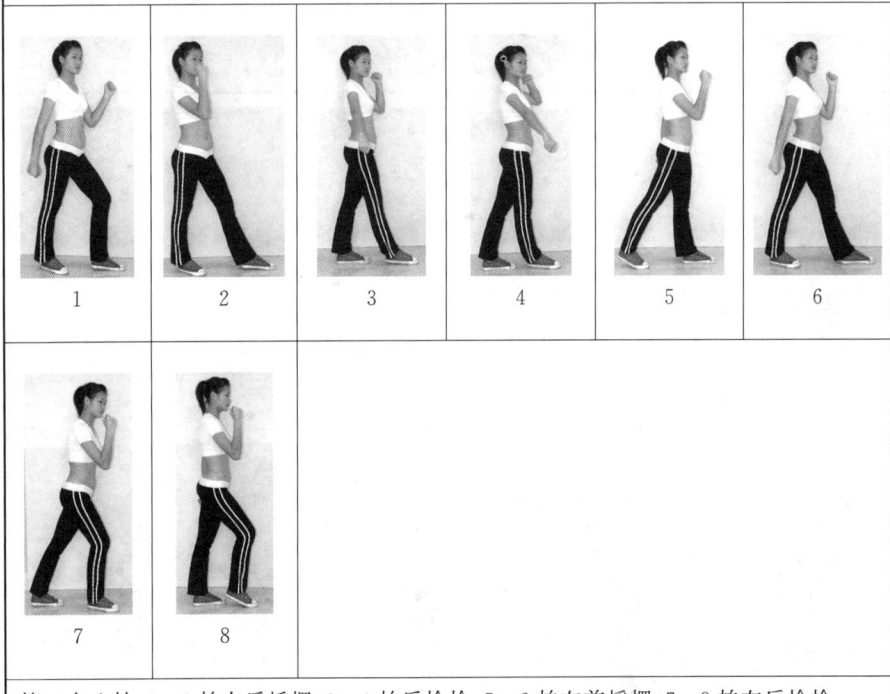

第二个八拍:1~2拍右后摇摆,3~4拍后恰恰,5~6拍左前摇摆,7~8拍左后恰恰。

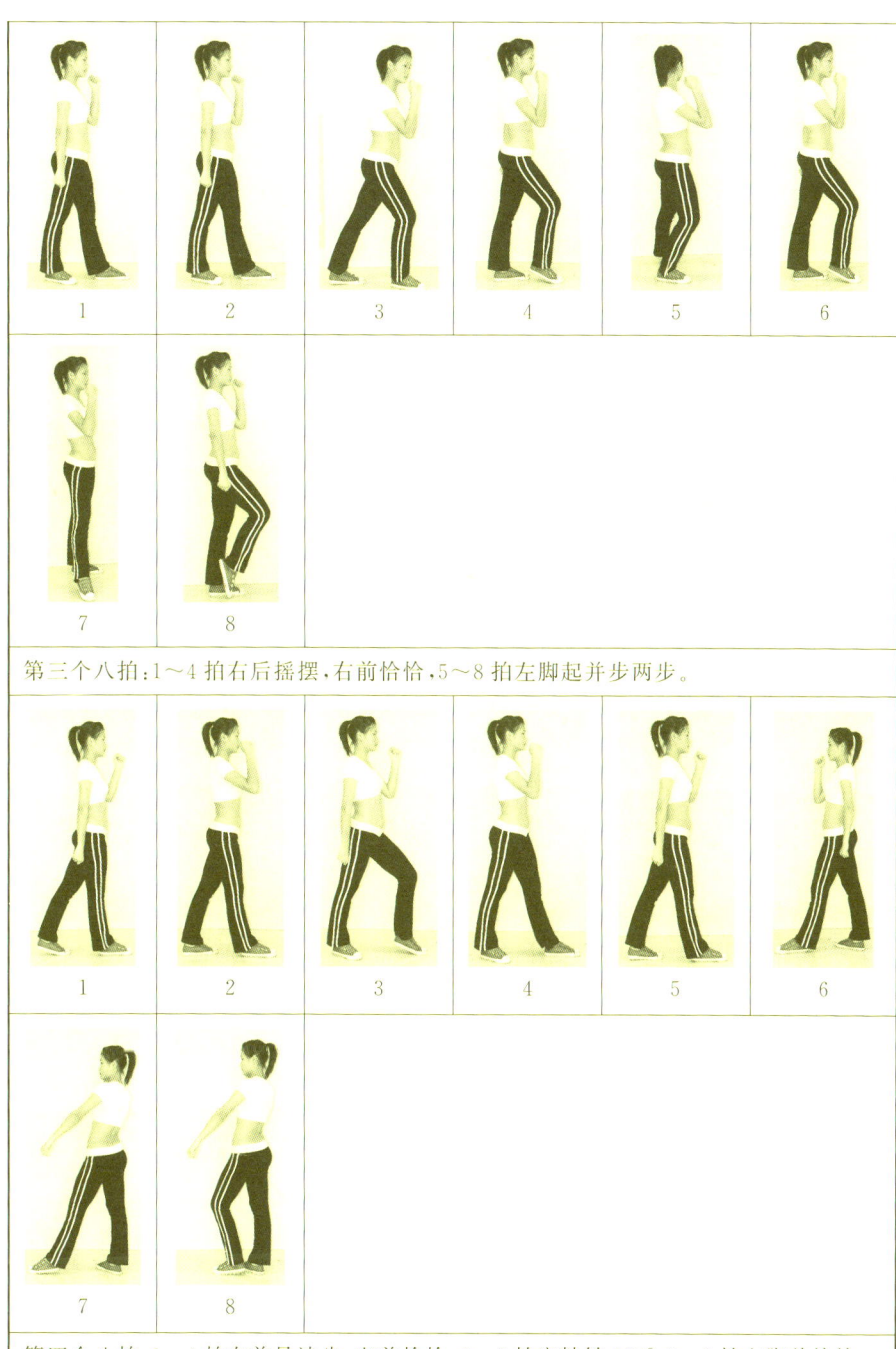

1	2	3	4	5	6
7	8				

第三个八拍：1～4拍右后摇摆，右前恰恰，5～8拍左脚起并步两步。

1	2	3	4	5	6
7	8				

第四个八拍：1～4拍右前曼波步，左前恰恰，5～6拍定轴转180°，7～8拍左脚前恰恰。

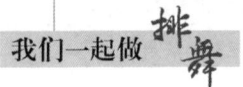

《柔声细语》

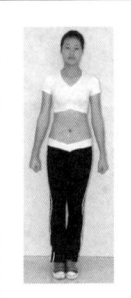

预备:成立正姿势。

第一个八拍:1～4拍右并步两步,5～6拍右脚侧步,左脚左交叉转90°,7～8拍右转180°左脚踢换脚。

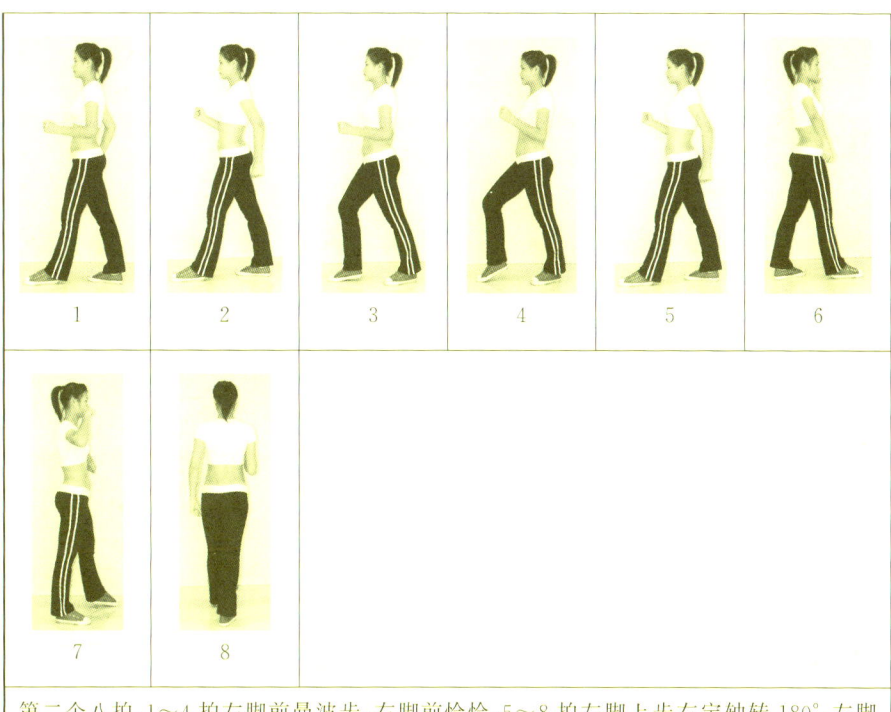

第二个八拍:1~4拍左脚前曼波步,右脚前恰恰,5~8拍左脚上步右定轴转180°,左脚恰恰。

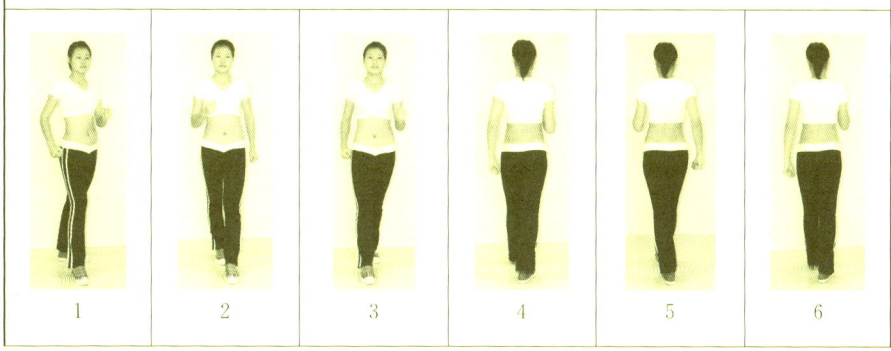

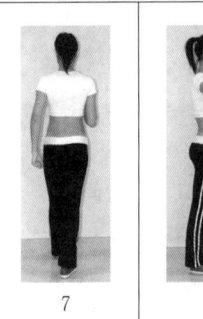

| 7 | 8 |

第三个八拍：1～4拍右转90°，右脚起前进三步，左转180°，5～8拍右转90°，右脚起前进四步。

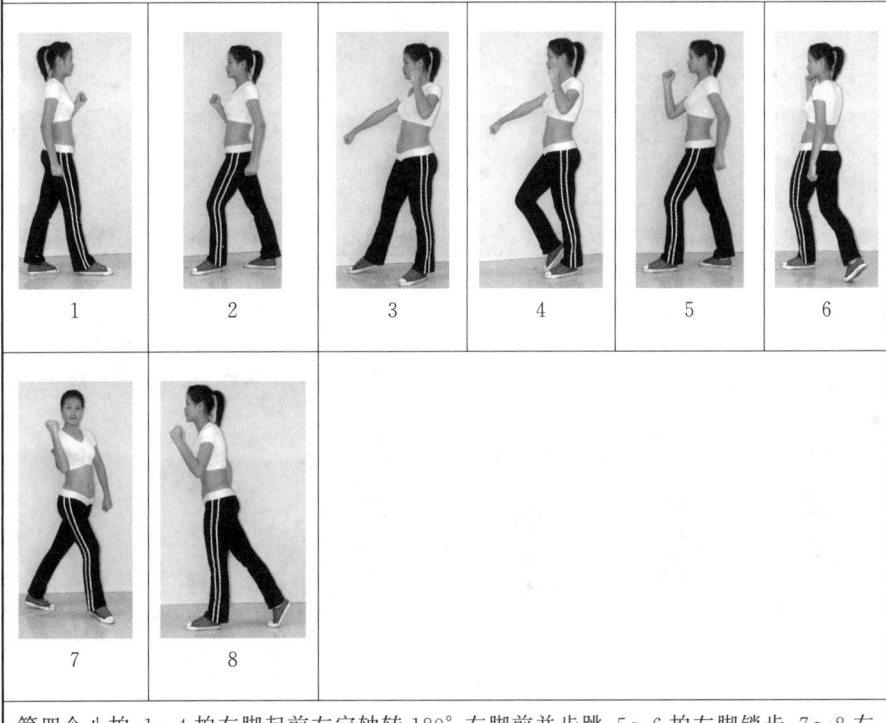

第四个八拍：1～4拍右脚起前左定轴转180°，右脚前并步跳，5～6拍左脚锁步，7～8右脚交叉转360°。

《快乐列车》

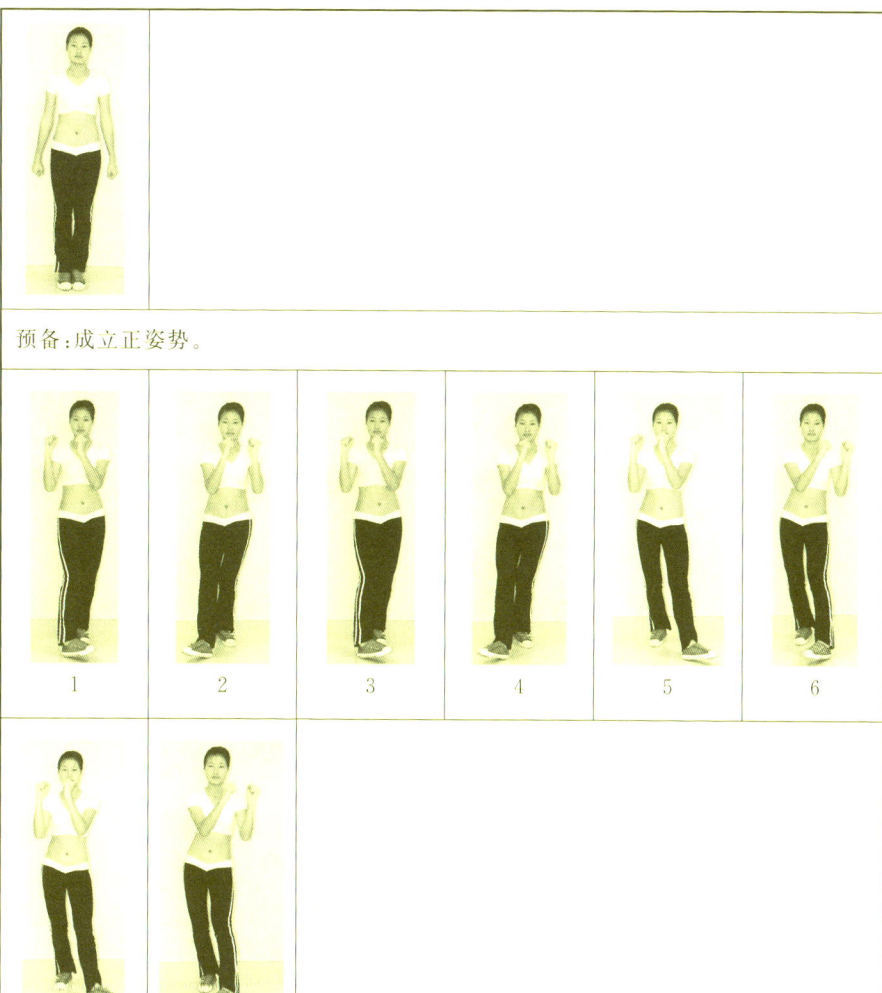

预备:成立正姿势。

第一个八拍:1～4拍右脚起前扇形步两次,5～8拍同1～4拍,方向相反。

我们一起做排舞

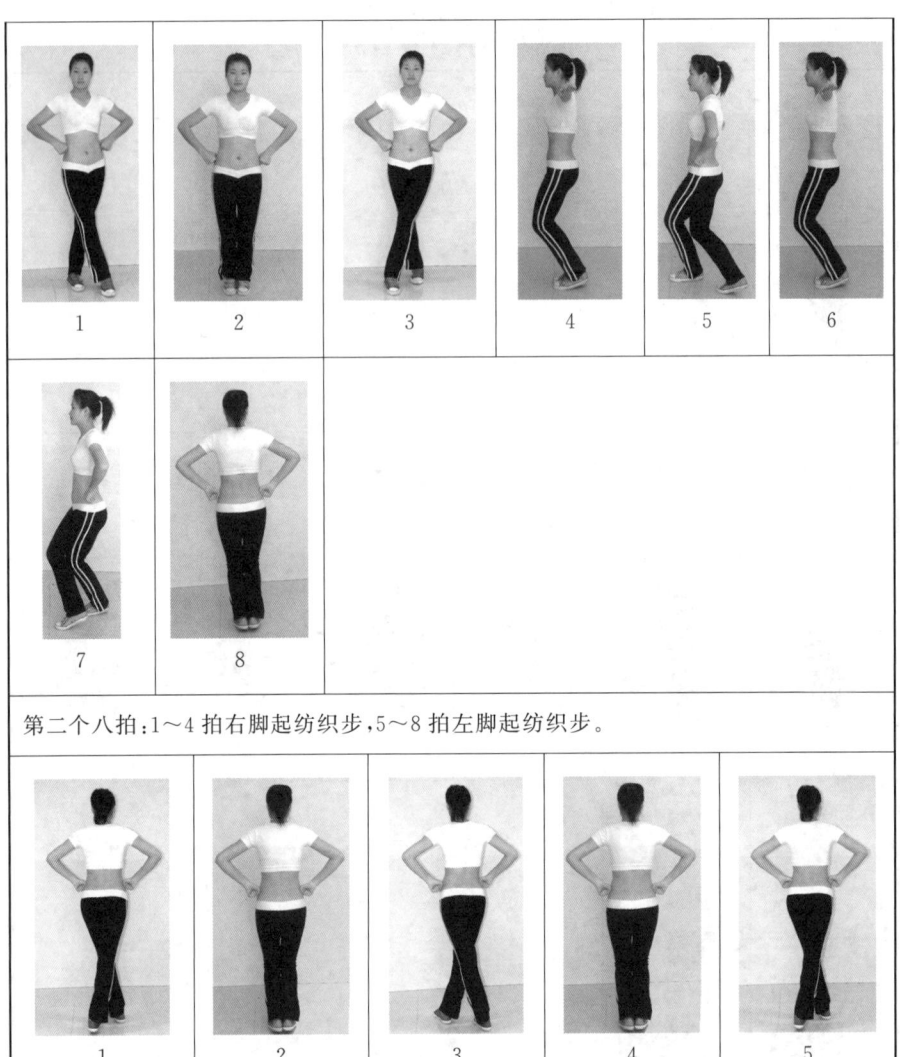

第二个八拍:1～4拍右脚起纺织步,5～8拍左脚起纺织步。

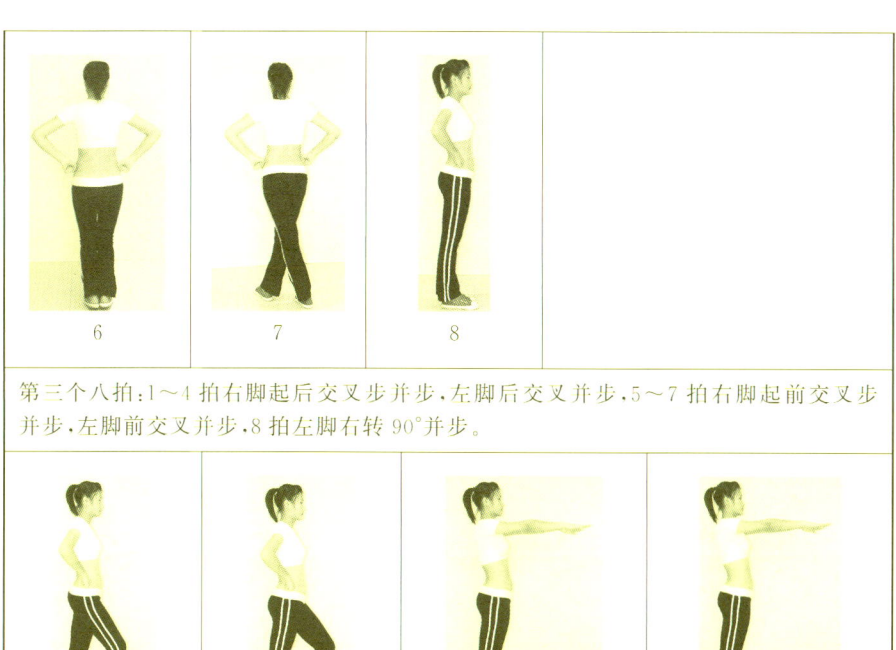

第三个八拍：1～4拍右脚起后交叉步并步，左脚后交叉步并步，5～7拍右脚起前交叉步并步，左脚前交叉步并步，8拍左脚右转90°并步。

第四个八拍：1～2拍右前锁步，3～4拍左前锁步，5～8拍前跑跳四步。

教学运用

校园排舞高级班是校园排舞的最高发展形式，它蕴含着丰厚的排舞文化及创新要求，具有深厚的群众体育基础。高级班排舞主要是根据高中女生的心理、生理特点而创编的，该层次排舞力求动作新颖、实用和优美。而且高级班融入更多动作创编，配上优美的节奏音乐，既可以作为排舞健身的手段，又可以在舞台上进行表演。该层次排舞题材新颖，动作优美且柔中带刚。

一、目标制定

1.用排舞的三维理论进行排舞教学，指导实践。
2.用排舞文化内涵的深层面启发教育学生。

3.通过高级班排舞教学,完成学生的创新思维培养。
4.充分理解校园排舞"三好四美"发展目标

高级班是针对已经选修过排舞的、有一定基础的同学,以自身喜欢排舞为出发点,希望学习更高层次的排舞动作组合,以提高自己创编能力为目的,更加注重排舞的三维理论的情况而开设的班级。

理解这个概念,应把握以下三点:

1.校园排舞的本质属于娱乐健身,区别于其他体育项目,具有娱乐性和欣赏性。

2.校园排舞高级班建立在三维理论基础上,涵盖着丰富的哲理性、科学性、艺术性。

3.校园排舞运动形式是独立完成和成套动作演练。

二、内容分析

(一)教材分析

1.高级班内容

表2-8 校园排舞高级班课程内容

层次班级	内容	教学元素	重点舞步	教学课时
高级班	《读你》	共4个8拍,2个方向	恰恰步	4
	《请你恰恰》	共4个8拍,3个方向	恰恰步	4
	《柔声细语》	共4个8拍,4个方向	交叉步	5
	《快乐列车》	共4大段32个动作元素	交叉步	5

2.高级班特点分析

排舞风格特点明显。高级班安排的排舞内容风格比较丰富,节奏比较快,技术性较高,适合高年级或有一定基础的学生学习。高级班选用《读你》、《请你恰恰》、《柔声细语》、《快乐列车》这四支风格迥异的音乐,它们分别强调的是动作的柔性美与节奏的快速衔接。

3.高级班特点解析

四支排舞,推广对象是有一定的排舞基础,能自己进行排舞学习者,在学校里主要针对高二、高三学生。高级班四支排舞因其动作对身体的肢体语言要求比较高。所以需要有一定排舞领悟能力的人才可以接受。高级班主要是引导学生进行自我创作的班级,学习者根据音乐情景,自行进行动作创编。

4.高级班课程目标及说明

表 2-9 校园排舞高级班课程目标及说明

课程目标	课程说明	主要特点	适合年级
树立"我排舞,我行"的实践课程目标意识	为提高学生综合能力、创新能力,全面实现"三好四美"而开设的班级	动作:元素多元 方向:多变复杂 音乐:舞曲美妙	高二 高三

(二)知识点

1.理解高级班不同音乐的排舞风格,不同节奏下的动作组合。

2.探究合作是把握并学好整支排舞的前提,学习者要与同伴一同分享在学习过程中遇到的困难和问题,加深对别人的了解、理解和宽容,使心胸开阔、豁达。

(三)教与学重点及难点

1.教与学重点:全面理解高级班的教授内容及课程目标;学会根据音乐特点进行自主创编。

2.教与学难点:完全达到对舞景的一致认识,把体育活动中人际交往行为转化到学习和生活中。

三、策略解读

高级班教学以学生自主学习为主,必须按照以下的基本要求,体现校园排舞的健康与快乐,让身心同时达到满足,使健康与快乐有机结合起来。为此,在校园排舞高级班教学中,应考虑以下策略:

(一)教育、引导学生充分认识学习目标

1.课堂上,教师多讲解些动作的特点,多分析音乐与动作的合拍。让学生明白高级班教学是以学生自主学习为主,要多动脑筋,丰富自己。每节课都要布置学生自编动作,而且要检查,从每节课1个8拍起,逐渐过渡到2个8拍、4个8拍,这样有利于学生更好地掌握各项运动技能,增强创新思维能力。

2.课堂内外,学生均以"三好四美"为发展目标,根据"三维理论"规划自己的学期目标,全面发展自己的身体素质,调节情绪,提高学习效率。个人进行排舞活动,有利于培养服从命令、听从指挥、遵守纪律的良好作风;集体进行创编动作,有利于进行探究式学习、合作学习意识的培养。

3.可根据陌生的音乐,师生共同分析音乐特点,然后学生开始自创动作学习,在音乐伴奏下进行排舞活动,这样可以培养学生节奏感、韵律感、协调性、提高学生表现美,全面提升"三好四美"目标意识。

(二)组织学生展示、分析、探讨、共享

高级班以体验式学习为主,学生观看了录像等视频材料后,以小组为单位,进行讨论,然后进行动作的体验,再进行小组交流讨论,形成自己的经验,然后进行分享。

1.主要是引导学生进行探究式学习,合作帮助,共同提高跳排舞的质量。高级班学习最能体现个人的能力,里面包含了几方面必须去学习的技术:该如何去挑选、剪辑音乐?选取什么软件进行编辑?该如何组合四支排舞顺序?该如何进行开始与结束的2个8拍的自创?

2.课堂上教师要强调合作的重要性,以小组为单位,进行合作分工,如谁负责音乐剪辑,谁负责自编动作,谁负责排舞组合等等。在这里特别强调,教师要引导学生思考在排舞课堂中怎样与同伴合作,并把这种与人合作的行为转化到日常学习和生活中。

(三)指导学生创编探索与实践

教师引导学生看书、查找资料、看录像分析动作,学习创编知识。指导学生按下列创编原则与方法进行实践:

1.创编整套的校园排舞,要有明确的目的性和鲜明的针对性,再根据自身特点、条件和具体任务创编。要重视动作设计和音乐选择,音乐是校园排舞的灵魂,排舞音乐,每分钟多为100~120拍,采用多种节奏和旋律变化,以体现不同排舞的风格。

2.要坚持全面发展的原则。首先要根据人体解剖学的特征,选择上肢、下肢、头颈和躯干各部位动作,这些动作有各种不同的方向、幅度、路线、频率、速度、节奏,使身体各器官系统得到全面锻炼,体能得到全面发展和提高。

3.合理地安排动作顺序和运动负荷。一支排舞可分为三个部分。第一部分为前奏,根据音乐特点,供学习者自己创编。第二部分为基本动作,按音乐特点有顺序地进行身体各部位练习。第三部分为间奏。有些曲目没有间奏,音乐非常有规律,有些是A/B/C分段式的或者是其他组合形式。不管怎么样,在学生创编实践的基础上,教师应引导学生进行相互展示、交流、评价,大家互相学习、共同提高。

(四)组织学生实践运用

自主学习以体验式学习为主,即学生进行动作的体验,然后进行小组交流讨论,形成自己的经验,然后进行分享。主要是为了引导学生互相学习,互相帮助,共同提高跳排舞的质量。要教会学生看教科书的动作指导学跳排舞,使他们能按教材的要求学会自己创编动作、合作编操,为终身学习和锻炼奠定良好的基础。创编动作是校园排舞高级班应该具备的基本能力之一。进行排舞创编既要掌握创编的原则,又要掌握创编的方法与技巧。创编动作一般包括以下几个方面的原则:

1.要明确创编的目的性。根据创编的目的选择相应的内容,即要符合学生年龄特点,又要注意动作简单、易练、全面锻炼、效果好;应选择能充分活动全身各部位的动作。

2.要有鲜明的针对性。可选择一些刚劲有力、节奏分明的动作;准备活动操则应根据不同年级、不同的活动内容、不同的气候等条件来创编。

3.要体现健身性。既要注意全面锻炼身体,又要合理安排排舞的顺序及运动负荷。根据学生年龄、性别等特征,按生理要求,编排动作顺序应先四肢、后躯干;动作速度由慢到快,再到慢;动作幅度和运动量由小到大,达到身体机能发挥较高水平,然后再由大到小;动作性质先柔和、后有力;就整体而言,男生动作要刚健有力,女生动作要舒展柔美。

4.要注意"三好四美"要求。动作设计要规范,符合校园排舞应有的素养,如直膝绷脚面,身体各部位动作相配合,注意整体姿态,使形体美与内在美相统一;动作要连贯流畅,舒展大方;节奏变化要适宜,刚柔相间。

5.要有创新性。可通过利用不同的资源改变姿势、变化动作的方向、幅度、速度、路线、配合等方法,创编既朴实大方实用、优美协调,又有最佳锻炼效果的校园排舞。

(五)教学评价

根据《课程标准》精神,中学生排舞教学评价应根据学习目标达成、行为表现和进步幅度、"三好四美"目标完成情况,结合学生自我评价和相互评价的情况进行综合评价。主要包括学生掌握有关排舞的知识与技能的情况、柔韧素质、学习态度、情意表现与合作精神等内容。

表 2-10 校园排舞高级班教学评价

项目 等级	三好四美目标	学习效果	学习态度	合作表现
优秀	1.完全达到"三好四美"要求 2.能起到榜样的作用 3.进步幅度明显	1.完全掌握项目技能 2.动作姿势协调美观 3.创编能力突出	1.上课积极,出勤积极 2.上课能自觉带领大家 3.积极完成创编作业	1.学练过程积极合作 2.创编合作表现优秀 3.积极观察相互纠正
良	1.基本达到"三好四美"要求 2.能起到带头的作用 3.进步幅度明显,态度积极	1.基本掌握项目技能 2.动作姿势协调美观 3.创编能力突出	1.上课积极,出勤积极 2.能组织大家一起学习 3.积极完成创编作业	1.学练过程积极合作 2.创编合作表现良好 3.积极观察相互指导

续表

项目\等级	三好四美目标	学习效果	学习态度	合作表现
及格	1.达不到"三好四美"要求 2.进步幅度一般,态度一般 3.无法自觉进行学练	1.勉强掌握项目技能 2.动作姿势较不协调 3.创编能力较不突出	1.上课不积极,无法满勤 2.能自觉参与课堂活动 3.无法较好完成创编作业	1.学练过程较不积极 2.合作创编效果一般 3.无法积极观察指导
不及格	1.达不到"三好四美"要求 2.进步幅度不明显,态度不好 3.无法自觉进行学练	1.无法掌握项目技能 2.动作姿势不协调 3.创编能力不行	1.上课不积极,经常请假 2.不能自觉参与课堂活动 3.无法完成创编作业	1.学练过程不积极 2.合作创编效果差 3.无法相互观察指导
自评				
互评				
师评				
综合评价				

(六)知识拓展

任何舞蹈都是由基本舞步作为支撑的,要想学好排舞,就需要掌握基本舞步。我们在下面列出排舞的基本舞步,方便同学学习。

表 2-11　校园排舞基本舞步参考表

Anchor Step	支撑步	Kick Ball Cross	踢踏交叉
Ball Change	脚掌换步	Knee Roll	膝关节转动
Behind Half Turn	向后半转	Lambada Step	伦巴达舞步
Body Roll	转身、屈体	Limp Step	徐行步
Body Roll（Side/Snake）	转身(侧面)	Lock（Back）	向后卡住、锁住
Boogie Jump	布吉跳	Louie Swivels	路易旋转
Boogie Walk	布吉步	Lunge	弓步
Broken Box	霹雳舞	Mambo Step	曼波步
Butterfly	蝶舞	Merengue	梅伦格舞
Buss Step	布思步	Monterey Turn/Spin	蒙特雷旋转
Caixo（Samba Bounce）	桑巴跳	Moon Walk	月光舞步
California Schottische	加州苏格兰漫步圆舞曲	New York	纽约步

续表

Camel Walk	骆驼舞步	Paddle Turn	划桨转
Cha Cha (Turn/Shuffle/Chasse)	恰恰舞(旋转/拖步走/追步)	Pigeon Toe	内收足
Charleston Kick	查尔斯顿踢	Pivot 1/2 Turn	原地半转
Clockwise	顺时针方向	Point	点地
Coaster Step	卡斯特步	Prizzy (Jazz) Walk	爵士步行
Corta Jaca	推割步/快踢步	Progressive Box	直行方步
Counterclockwise	逆时针方向	Push Step	推滑步
Coutra	反向	Roger Rabbit	罗杰兔
Cross Ball Change	脚掌交替变换	Ronde (Front/Back)	圆舞曲
Cuban Break	古巴蹦步	Running Man	滑步
Cucaracha Diagonal	螳螂舞斜步	Rumba Box	方形伦巴
Dolphin Step	海豚步	Rumba Step	伦巴步
Dorothy Step	多乐茜步	Sailor Step	水手步
Drag	趋步/拉步	Samba Step	桑巴步
Dwight	德怀特	Scissors Step	剪刀步
Fish Tall	鱼尾步	Scuff/Brush	刷步
Fiare	外倾	Scoot	疾行
Flick	弹踢腿跳	Shimmy	西迷舞
Front Back (Reversed)	向前向后(反向的)	Lindy Step	林迪舞步
Full Turn (360 degrees)	全转360°转	Shoulder Roll (Shrug)	耸肩
Gallop	猛冲	Side	侧行
Grapevine/Vine	葡萄藤舞/藤蔓舞	Skate	滑行
Heel Ball Cross	脚跟脚掌交叉步	Slide	滑动
Heel Bounces	足跟跳	Spiral Turn	螺旋转
Heel Fan	脚跟扇形步	Spot Turn	原地转
Heel Grind	脚跟磨	Step	步法
Heel Split/Switches	脚跟分开/转换	Stomp	踏步

续表

Heel Swivels (Twist)	足跟旋转	Stroll	漫步
Hinge	铰接	Sweep (Front/Back)	前摆/后摆
Hips Bump	臀部碰撞	Swivel	旋转、旋步
Hips Grind	髋关节磨	Tap	踢踏步
Hips Roll (Circle)	臀部扭转	Three Step Turn	三步转
Hips Sway	臀部摆动	Toe Fan	脚尖扇形步
Hitch	急停	Toe/Heel Strut	脚尖/脚跟、支撑
Hold/Freeze	暂停	Toe Split	脚尖分开
Home (In place)	归位	Twinkle (Waltz)	闪步
Hoola Hoop Turn	呼啦圈旋转	Twist	旋转
Hops/Jumps	单足跳/跳跃	Vaudevilles	轻松歌舞剧
Hustle (Forward/Back)	急促向前/后推	Volta (Samba)	垫步（桑巴）
Jackie Gleason Step	杰奇·格里森步	Waltz Box 3/4	方形华尔兹步
Jazz Box	爵士舞	Heel Jack	足跟抬起
Jazz Hand	爵士手	Rambl (Forward/Back)	漫步（向前/向后）
Jessie Polka	杰西波尔卡	Rock (Forward/Side)	摇摆（向前/向后）
Jumping Jacks	开合跳	Witzard Step	威廉德步
Kick	踢	Zigzag	"Z"形步

第三章　校园排舞课程管理

课程管理研究起始于西方社会,它是西方特定的社会背景和学科发展相互作用的产物。虽然我国当前的社会状况和学科发展不同于西方社会,但全面开展学校课程管理研究不仅是必要的和可能的,而且具有重要的理论价值和实践意义。当前我国正在进行一场轰轰烈烈的课程改革,它使得三级课程管理中一向受漠视的学校课程管理研究走到了历史的前沿。这一方面来自对国内外教育改革的理性反思,另一方面是新课程改革多元、开放的改革理念所致。20 世纪的许多合情合理的课程改革以失败而告终的主要原因正是由于忽视学校层面而致。西奥多·R·赛泽(Theodore R. Sizer)曾经说过:如果不对那些称作学校的地方作根本上的内部改造,真正的进步就是天方夜谭。学校是教育变革的基本单元,无论哪一层面的变革,最终都要经由学校这一单位来实施。近年来,"校本管理""校本课程""校本研究"和"校本培训"等以学校为重心的办学体制改革成为一种新的教育改革潮流。

校园排舞校本课程管理和教学应具有同等的地位。课程管理作为本书重要章节来建设,它不是孤立的环节,而是一个贯穿整个项目开发的持续过程。校园排舞,若想作为课程来开发,一定要做好课程的管理,在前期就应该做好课程发展的决策与设计,只有这样才能提升日后要发展的高度与空间。本章理论性比较强,教师应该采用实践课中穿插渗透法,把这些理论内容告诉学生,让学生明确自己在整个课程管理中的地位。课程管理包含课程决策、课程监控、课程评价三节。校园排舞课程管理,是对校园排舞实施过程中人与课程的界定,是教师、学生、课程三者之间关系的总和。

表 3-1　教科书中本章节内容构成及教学时数建议

章	节	目	学时安排	教学建议
校园排舞课程管理	校园排舞课程决策	1.发展决策 2.课程设计 3.资源开发	3课时	教师可根据教学实际，结合学时安排或利用风雨课，选择专题讲授、实践课渗透、组织学时参观、讨论、观看录像等多种方式进行。
	校园排舞课程监控	1.目标监控 2.过程监控 3.效果监控		
	校园排舞课程评价	1.评价概述 2.评价形式 3.评价实施		

第一节　校园排舞课程决策

理论导读

2006年12月23日，教育部部长周济在全国学校体育工作会议上讲话指出，在素质教育当中，体育占有非常重要的地位，要把体育作为全面推进素质教育的重要突破口和切入点，作为工作的主要方面。体育校本课程以实现健强的体格、塑造健全的人格为发展目标，具有很强的教育性和引导性，便于实现学校特色项目的开展。要把校园排舞作为特色来推广，我们应该先做好课程决策，把发展的机遇与问题同时提出来，结合学校发展规划，进行课程设计，做好课程建设的各项准备，系统开发课程资源。

一、发展决策

（一）决策前瞻

随着课程改革的深入，三级课程管理体系越发受到重视，根据笔者学校校园排舞推广10年的实际经验，笔者就校园排舞课程建设提供几点建议，希望能引起实验校的共鸣与思考。

1.设立领导机构。成立项目发展机构，构建以校长为组长的校园排舞推广模式；分管副校长亲自组织校园排舞的开发、指导、监督、评估等工作。学校可以结合阳光体育运动,开展校园排舞推广,为了确保工作开展有成效,可以成立"阳光体育校园排舞开发中心",各中层行政职能部门、体育组、团委和各年段积极配合,认真组织实施校园排舞训练以全面推进素质教育,提高全体学生体质健康水平;动员全校师生,积极参与校园排舞运动,形成了全员参与锻炼的良好风气。

2.进行顶层设计。领导机构成立之后,就要结合学校自身实际,实施特色办学战略,在遵循教育规律的前提下,找准方向,做好顶层设计,在一些甚至只是一个方面做精做强,形成优势,打造品牌,从而促进整体办学水平的提高。"为了每一个孩子的终身健康发展",这句话成为校园排舞项目开展的"核心追求",要以此为目标设计校园排舞推广与运用,并以此为理论支撑构建课程结构和发展体系。顶层设计要在立足学生发展的同时,关注教师的自身需求,最后促进学校特色办学的形成。

3.成立研发小组。"校本课程开发研究小组",课程开发由教科室牵头,主要由课题组成员组成,具体负责排舞推广、研讨、分享、总结、运用等工作。以"体验学习—领悟认识—团队合作—多元体验—自我实践—做中学—总结分享—运用推广"的体验式学习作为校园排舞推广普及的途径。

(二)决策理念

校园排舞的决策理念是师生携手学校共同发展。根据学生自身的能力和兴趣来设计活动渠道,开设不同层次的课程标准,满足不同层次学生的需求。

1.突显以生为本。校园排舞推广很重要的途径要靠学生,让学生在学习中观察、反思,保证校园排舞的顺利实施。教师做好骨干学生的培养,让骨干学生担当校园排舞推广的主力军;教师起引导作用,这样能实现学生为主的核心素养发展,最终实现校园排舞的"三维发展"与"培养宗旨"。

2.培养学生的兴趣爱好。据研究,主动学习的成效要高于被动学习。因此,我们倡导让学生自己参与校园排舞开发与推广。校园排舞都是从学生的发展角度出发,选择学生喜欢的曲目,学生乐意接受的动作舞码。有了这些作保证,学生的兴趣自然而然就能够建立起来,跳排舞能快乐,这就是兴趣的源泉。

3.积极挖掘学生自身的潜能。让学生通过体验式学习,结合思考、总结、共享,初步学会组织训练、创编排舞、评价自己和他人;并在校园排舞学习过程中体会探究学习、自主学习和合作学习,真正体会这三种学法的实质与关系;让学生通过校园排舞学习,掌握其他课堂学不到的知识和方法,挖掘自身的学习潜能。

(三)决策方向

1.学校特色发展规划。所谓特色办学,是指学校主动地追求自身特色、发展自身特色、强化自身特色,以特色促办学质量提高,以特色促学校竞争力提高,以特色求得自身更大发展的一种办学战略、办学思路和办学行为选择。"特色办学"体现了办学行为的主动性,更契合《规划纲要》中"办出特色"的精神和要求。

(1)特色办学既是今后学校的战略选择,也是由我国基础教育面临的形势任务及素质教育发展规律决定的。随着经济社会及科技的发展,学校教育与社会的关系日益密切,经济社会发展对教育提出更高的、多样化的需求,基础教育只有克服千校一面、缺乏个性的趋同化倾向,才有助于高等学校真正办出特色、办出水平,适应多元化的社会需要。

(2)许多世界历史名校,其鲜明特色的形成是长期办学传统的积淀,在一定意义上,这些办学特色是办学者们在追求提升办学质量的过程中凝练形成并传承坚持优秀办学理念、形成优秀办学传统的"副产品"——办学者们未必刻意追求办学特色,但在长期办学过程中形成了办学特色。这其中,既有注重优秀办学传统的继承,也有"敢为天下先"的教育创新精神。

(3)办学特色体现在两个方面:一个是个性,即特别之处;一个是优势,即出色之处。特色办学是要彰显学校个性,但必须以遵循教育规律为前提。不能为了追求所谓"特色"而违背客观规律;在共性的基本原则面前没有"特例"。必须正确认识"办学特色"与"办学质量"的关系。特色是手段,是路径,质量才是目的;特色必须服务于质量的提高。正如有的学者所言:水平比特色更重要,质量比特色更重要。这样,"人无我有"作为特色的标准看来是不够的,还必须看看,我们所拥有的东西水平、质量、效率、合理性与先进性如何,没有质量或者说没有价值的特色是没有意义的。

2.学生核心素养规划。培育学生健全的人格,引导学生健康行为的养成,塑造学生良好的体育品德是体育学科当前重要的使命,也是校园排舞项目发展的核心目标。

(1)健全人格。我们整个社会民众的政治思想素养、科学文化素养、心智体魄的素养,决定着我们民族的创新能力。2000年颁布的《全日制普通高级中学课程计划(试验修订稿)》提出的培养目标中,包括了要"促进学生个性的健康发展","形成健全的人格"的内容。没有人格的全面发展,就很难培养健全人格。教育的本质就是为人,实施素质教育就是要实现以培养创造力为核心的人的全面发展。现在存在的问题是对个性发展、人格培养缺乏深刻认识和有力措施,这就导致重智育轻德育、重书本轻实践、重理性轻情感、重共性轻个性的教育理念。在这种情况下,学生缺少主体意识,个性受压抑,人格不健全。我们不得不承认在目前这种体制下培养出来的孩子,人格还是不够健全的。复旦大学投毒事件、马加爵残暴杀死同室案等校园暴力事件不时发生。这些孩子们为何会这么偏激,跟我们的教育脱不了关系,我们关注孩子的成绩,却漠视了孩子人格的培养。

(2)健康行为。健康行为是指人们从事的一切活动都能促进健康的形成。疾病的发生有80%是与不良的生活方式和行为有关(吸烟、酗酒、缺乏运动、营养不平衡、生活不规律、肥胖、吸毒、家庭和工作压力)。我们要倡导健康的日常行为,如早睡早起,适当参加锻炼,合理膳食;培养保健意识,定期体检,预防接种,合理应用医疗保健服务,以维护自身的健康行为;避免有害环境行为,积极应对引起过度心理应激的紧张生活环境;树立合理的预警行为习惯,预防事故发生和一旦发生事故后正确处理的行为。

(3)体育品德。体育的价值在培养孩子的体育品德。优良的体育品德包含:热爱运动、珍爱生命、乐于助人、尊重他人、遵守规则、责任担当5个维度。这些维度都可以从不同课堂来关注学生的需求。仅靠智育是解决不了问题的,孩子的生命意识、自信心、责任感、尊重别人在很多体育运动中得到自然的渗透。如球类运动共同的特征就是要求孩子要有责任感、自信、团队协作、尊重对手,且能培养良好的心理素质;长跑运动最能锻炼孩子的意志力;校园排舞能培养孩子的气质与自主学习能力。

3.师生专业发展规划。校园排舞的开发要立足于学生的健康;与此同时,也要关注教师的专业发展,只有确保教师能够接受最新排舞的培训、最新理念的引领,才能让教师有从事长期开发的信心。对教师个体而言,学校创造的一切条件都是外因。对学校而言,学校以外的一切可利用资源也是外因。充分利用外部条件,是教师专业化发展的捷径,他山之石为我所用是成功之良策。

(1)专家引领。聘请大学教授,成为学校教师专业化发展顾问;聘请市区名师来校传帮带,亲自深入课堂指导教学、指导教师、带徒弟;聘请有丰富实践经验的专家、学者来校讲学,促使教师的教育观念、教育思想、教育方法等有较大提升。

(2)开阔教师视野。学校尽最大努力,让老师们多参加一些学术交流活动,同时还要适时适当组织一些外出参观、考察活动;尽最大可能确保有相当数量的教师接受专门的学习和培训,让教师们享受到学习和培训的快乐。

(3) 做好校本科研。多渠道开拓校本培训资源,试行校际资源共享,提高研训层次,校本培训是促进教师专业化发展的主要渠道,加强校本培训主要做好以下几方面的工作。

第一,现代教育理论培训。通过自学、讲座、报告、研讨交流等形式,让教师了解和掌握现代教育的基本理论和基本知识,使其进一步端正教育思想、更新教育观念。

第二,现代教育技术培训。学校通过加强信息技术教研组建设,开办信息技术培训班和组织优秀课件、电子教案展评等活动,进一步推进信息技术与学科教学的整合。

第三,学科教学能力培训。一是加强教学基本功训练,使所有青年老师都能达到规定水平;二是开展"帮教结对"活动,充分发挥骨干教师和老教师的作用;三是实践练兵,通过举办汇报课、研究课、评优课和观摩课等活动,提高教师的教学能力。无数事实证明,优秀教师是在教学实践中不断历炼出来的。

二、课程设计

校园排舞以课堂教学为主,通过一系列教学策略让学生明白所要学习的内容及所要达到的目标,促使学生主动掌握动作技术;大课间实现校园排舞的有效推广,作为课堂教学的一个实践舞台,在体验过程中分享总结;课外兴趣小组及专业队训练,是把校园排舞往专业队伍方面发展的一个方向,通过这方面的工作,可以建设一支代表学校参与各系列竞赛、重大节日会演的队伍。

(一)模式确立

学校开发校园排舞应该具备先进的管理理念,构建推广平台,组建科研团队,让团队来引领项目的开展。要构建学校推广平台,打造学校特色名片,坚持"素质引领,均衡发展,管理创新,特色立校"的工作理念,重视创新教研形式,以教研促教学,加强对校园排舞课堂教学、竞赛等软实力方面开发的研究。

1.教学管理。校园排舞管理分为三个模式:课堂教学—大课间分享—课外训练。这三个模式相辅相成,共同促进校园排舞课程往更合理、科学的方向发展。课堂教学是基础,大课间实现排舞分享,课外训练是辅助。三个模式相互促进,相互影响,做好这三个模式的管理都很重要。

(1)课堂教学。随着国家对学校体育的逐年重视,学校体育课程也得到了保证。初中有了三节体育课,笔者建议学校可以拿出一节课来开设特色项目,实现体艺"2+1",或者每周拿出一节课来开设校本课程。高中采用模块教学,可以把排舞纳入模块选项中去,供学生选择。这两种模式,基本上实现了中学校园排舞的课程开设。高中部采用模块选修教学,每18课时作为一个选修模块,修满18课时且顺利拿到学分的同学可选修下一层次模块教学。

(2)课间分享。课堂学习校园排舞,推广的面比较窄,把课堂上学到的排舞运用于大课间,可以树立全校师生共舞的概念,让大家体会大课间分享校园排舞带来的快乐。因此,大课间分享排舞可以解决面的问题,实现普及性;大课间分享排舞,教师引导,让学生来教学生,实现学生为主的师生互动教学。

(3)课外活动。课外活动除了学生自发进行锻炼之外,可以通过组建运动队来提高校园排舞的技术动作,培养骨干精英,夯实群众基础,推动校园排舞往更高层次发展。利用课外活动这个时间段,进行校园排舞队员个人素质训练,实现团队配合,也可以实现学生的创新思维及综合能力素养,引领校园排舞往更高层次发展,实现校园排舞更快、更广、更精彩的推广。

2.研训管理。积极领会中央七号文件,大力发展学校阳光体育。做好校本课程建设,以发展学生核心素养,统领校园排舞开发工作,以课题研究为契机,开发校园排舞校本课程,重视科研,集思广益,加强对校园排舞教学、竞赛经验的研究与提炼。

(1)参加竞赛。各地区每年都有以舞蹈为主的比赛,教师应该积极组队,让学生出去锻炼,全面提升学生的社会实践能力;也可以在学校自己组织比赛,让学生自己组织自己参与。还可以以校园排舞为元素,参加各级别的比赛,如国家级排舞展示、省级录像课比赛、各级别教师创新大赛、新课程案例分享等,这些竞赛都可以促进教师业务水平的提升,提高校园排舞知名度。

(2)科研引领。开展研究性学习,以理论引领校园排舞,探讨开发渠道与方法;多做课题,课题能促使教师去做科研,科研能促进教学能力的提升,应鼓励教师把课题研究过程的做法、经验提炼成总结、论文;构建校本课程,实现校园排舞的飞跃发展;以校园排舞为元素,进行教学设计、片段教学,这些措施都可以促进校园排舞的深层次发展。

(3)其他活动。积极拓展校园排舞推广,走出校门到社区去,可以与各种节日活动联系起来一起推广、宣传。另外夏令营可以结合拓展训练,将校园排舞融入团队建设,让学生在短时间里高强度训练,体验跳排舞的成功感,让来自不同地方的排舞爱好者,在短暂的学习时间里,了解、学会校园排舞。

(二)课程结构

1.课程规划。校园排舞开设初级课程、中级课程、高级课程三个层次的教学班。以"三维理论"作为校园排舞三个层次教学班的理论支撑;以"十二字方针"作为校园排舞的发展方向。三个层次的教学班,每个层次相辅相成。

表 3-2 校园排舞课程规划

层次	校园排舞说明	水平目标
初级排舞	以"快乐体验"为主,是学习校园排舞的入门班,让大家建立校园排舞概念,培养兴趣,体会校园排舞给大家带来的快乐,初步体会"三好四美",了解校园排舞发展目标。	了解一些简单的校园排舞,建立对校园排舞的认识,培养对校园排舞的兴趣,以"我排舞,我参与"为教学目的,初步了解校园排舞"三好四美",以参与为目的,进行校园排舞运动,实现校园排舞的普及与推广。
中级排舞	帮助学生在初级课程的基础上进行提高,有兴趣进一步学习校园排舞。中级排舞主要是让大家体会校园排舞动作的美感、速度、力量,是为学生在初级班的基础上能进行更主动地学习而开设的一门课程。	培养学生热爱校园排舞,从学习中体会校园排舞带来的健康快乐。以"我排舞,我快乐"的健康目标,实现"三好四美"目标要求,提高自身对校园排舞美的认识,实现学生自我管理,培养学生带得走的能力。
高级排舞	高级课程就是为创建一个良好的学习环境,培养学生根据自身的经验进行创造性学习,培养创新精神与思维,让学生自身对校园排舞有更高的认识,以提高自身综合能力而开设的一门课程。	主要进行创新方面的学习,让学生学会自创自编,高层次地解读校园排舞"三好四美",以"我排舞,我行"的实践目标进行学习。学生以自主学习为主,去理解多元的舞蹈组合元素,用自己的智慧去解读校园排舞。

2.**课程纲要**。校园排舞发展纲要是校园排舞的核心内容,是校园排舞校本课程设计的母体。有了合理科学的校园排舞发展纲要,才能有效开展校园排舞,校园排舞发展纲要包括校园排舞内容基本框架、校园排舞学习指导两大方面。

(1)校园排舞内容框架

表 3-3 校园排舞课程纲要

层次安排	教学目标	学时安排	教学内容	主要方法
初级班	树立"我排舞,我参与"积极的课程目标意识	18	《查尔斯顿牛仔》、《5678》《小精灵》、《一起共舞》	看录像与教师示范、讲解、练习相结合,反复练习、相互观察纠正
中级班	树立"我排舞,我快乐"健康的课程目标意识	18	《功夫熊猫》、《林间漫步》《昆力奔驰》、《拍拍手》	看录像与教师示范、讲解、练习相结合,反复练习、相互观察纠正

续表

层次安排	教学目标	学时安排	教学内容	主要方法
高级班	树立"我排舞,我行"实践的课程目标意识	18	《读你》、《请你恰恰》《柔声细语》、《快乐列车》	看录像与教师示范、讲解、练习相结合、反复练习、相互观察纠正

(2)校园排舞课程指导

表 3-4　校园排舞课程指导

层次	初级课程	中级课程	高级课程
具体内容	5678、查尔斯顿牛仔小精灵、一起共舞	功夫熊猫、林间漫步昆力奔驰、拍拍手	读你、请你恰恰柔声细语、快乐列车
具体目标	认知:初步了解校园排舞运动,认识其运动规律与特点。 情感:让自己主动积极参与,感受校园排舞给自己带来的快乐。 技能:掌握初级课程的内容,掌握校园排舞节奏,四肢协调。 四美:初步认识校园排舞"三好四美"目标,着重体会排舞内涵。	认知:建立对校园排舞的理解,认识校园排舞的独特。 情感:培养对排舞的热爱,从校园排舞学习中提升对美的认识。 技能:掌握中级课程的内容,能较好地控制节奏、协调四肢。 四美:体会校园排舞"三好四美"目标,能主动追求"三好四美"。	认知:能读懂校园排舞,对校园排舞有个人见解,能用自己的肢体动作诠释它。 情感:对校园排舞的认识提升到一种专业高度,能享受其快乐的主题。 技能:掌握高级课程的内容,能进行自我创编,能发展自身综合能力。 四美:体会校园排舞的四美目标,通过实践培养自己带得走的能力。
学习方式	以积极参与为主,在参与中了解校园排舞,通过自己的观察与体验,实现合作、自我学习,培养积极思考问题的习惯。	以自主学习为主,结合探究学习,通过观察、体验,把中级课程特点及要求把握好,注重互动学习、创新求学方式的培养。	以体验分享为主,通过教师讲解,自己进行体验、理解,与同学一起分享、总结所学的内容,最后进行运用,实现合作、探究学习。
教学策略	设置不同的练习节奏,自主学习,在探讨中发现问题,形成符合自己的学习方法,巩固技术。注意培养学生的节奏意识,重视肢体语言的培养,寻找属于自己风格的动作。	以体验式为主,进行自主学习,在学习中发现问题,然后再寻找解决问题的办法。强调"三好四美"目标,让学生围绕该目标进行校园排舞学习与思考,融入创编与合作。	通过学习分享,然后教会学生进行动作创编学习,进行创新思维的培养;进行自我学习设置;培养学生积极思考问题的习惯;积极提高自身综合素质;在实践中提高自己。

续表

层次	初级课程	中级课程	高级课程
教学评价	以实现教学目标为评价依据，注重学习的过程性评价、学生整个课堂参与意识的体现、学生在学习过程中发生了哪些积极行为变化。	以实现"三好四美"目标为评价依据，注重过程性和终结性评价，主要侧重学习方式的培养及学习综合能力的提升，以此作为评价标准。	以自主学习、自我管理，实现"三好四美"目标为评价依据，注重学习过程中对个人创新思维能力以及个人独特领悟能力方面的突破，以此作为评价标准。
实施建议	初级课程教学先进行完整示范，让学生进行体验式学习，在体验过程建立对校园排舞的初步认识，变"要我学"为"我要学"。在学习中逐渐建立对校园排舞的情感。	中级课程教学主要阐述学习的目的和意义，让学生自觉地围绕校园排舞进行学习，强化学习过程中的自主意识，在自主学习中体会校园排舞的魅力。强调在学习中观察思考。	高级课程教学主要培养学生自觉行为，培养对问题的探讨与钻研精神，强化创编、创新等能力的培养，强化学习中主观能动性的意识培养。养成对问题的积极思考。

三、资源开发

校园排舞是一项新兴的健身项目，舞步吸收了国际排舞元素，融合了校园的特点与学生特征，体现青春的激情与元素；这是一项将体育与艺术完美结合的运动，对于增强学生身心健康、营造积极的校园文化氛围具有很好的推动作用。校园排舞内容开发，主要是为了实现排舞推广的新突破，有针对性地进行教育观念的更新，培养教师自身进行创新的意识，创设更多能促进学生创造性思维形成的课堂。

（一）资源开发

校园排舞开发除了上述软件开发之外，还需要学校做好人力、物力资源开发，确保这些硬件资源开发，才能让软资源拓展空间、创造更高的价值。

1.人力资源。广泛的群众基础是开发校园排舞的基本前提。由于跳排舞能健身的理念已深入人心，且学生能在跳排舞中体会到乐趣，有着广泛的兴趣作为前提，推广校园排舞自然水到渠成；此外，还要有一个优秀的团队，优秀团队当然具有深厚的理论基础与实践能力，能群策群力，能投身于校本课程的研究开发；当然，少不了学校领导的大力支持，只有学校重视校园排舞的开发与研究，创造条件、提供平台，校园排舞开发才能顺利进行。

2.物质资源。校园排舞的推广及运用需要多部门的积极宣传及后勤保障，良好的教学环境是开发校园排舞的根本保障。宽广的操场是推广校园排舞的基本要求，天气好时或要进行较大型的排舞演练时就选择室外，这样能扩大排舞影响力；专用教室是推广校园排舞的有力保障，天气不好或进行小班化教学时，可选择在室内专用教室进行。

3.课程资源。新课程资源有利于丰富学校体育课程，又有助于学生的运动技能得到提高，实现教师职业发展专业化。以高中模块教学为例，模块的设置是为了学生的学习更加系统，能在高中三年掌握1~2项比较专业的运动技术，为终身体育服务。校园排舞课程资源按层次可分为：初级课程、中级课程、高级课程。学生根据自身的能力和兴趣来选修，学校应制订出学生选修不同层次的依据和标准。教师要明确初级课程－中级课程－高级课程每个层次之间的关联及承接，制定好考核内容及评价标准。

校园排舞开发拓展的渠道宽广，只要你真心喜欢校园排舞，哪怕一米见方的场地，也能邀约几个人，一同起舞。校园排舞将给学生的人生提供一方舞台，抓住它，他们的舞台梦想将无限延伸。

(二)资源管理

良好的组织管理是校园排舞顺利实施的有力保障。应成立以校长为组长负责全盘工作的校园排舞组织机构；办公室负责参与校本教师的考勤及制度制定；教务处负责校园排舞课程的制定与安排；德育处、团委负责校本内容的宣传；总务处负责物质、场地等后勤保障；年段长、班主任负责协调、配合工作；体育教师负责具体推广、研讨、分享、总结、运用等工作。

1.校园排舞资源也称为教学资源，泛指一切对校园排舞建设有利的人力和物质。校园排舞资源应该抓好人力资源、场地资源、经费资源、信息资源这几方面的管理。对资源进行有效的管理是确保校园排舞顺利实施的基本前提。

2.校园排舞以人为本，因此合理有效的人力资源配置与管理，会让校园排舞实施起来事半功倍。体育教师是校园排舞开发的主体，做好体育教师人力资源管理尤其重要，再结合校园排舞开发条件，对其他成员进行课时、工作量、制度等方面的管理与规范，为了扩大社会影响力，还要对作为校园排舞参与者的学生或家长做好相应的管理。

3.良好的硬件是实施校园排舞前提，校园排舞实施前就应规划好场地与器材配置，需要哪些设备及时报给后勤组，确保校园排舞的顺利实施。校园排舞可以实施小班化教学、可以实施团体协作，这就要充分考虑场地、音响器材等等。

4.确保校园排舞顺利开发要有专项经费，经费主要来源有上级教育主管部门财政拨款、社会各种捐赠等；排舞队要出去和兄弟学校交流或者学习，都要有相应的经费做保障；排舞有多种风格，讲究服装的合理搭配，为了有更好的效果呈现，不同的排舞需要搭配不同的服饰，这些都需要充足的经费做保障。

国际排舞发展很迅速，目前已达到6 000多支，且随着每年新增的金曲，每年都有新的排舞出现。校园排舞开发小组要随时了解国际排舞动态发展、网络上发布的排舞信息及报纸杂志对排舞的宣传等等，只有对信息进行良好的资源管理，才能确保排舞的新颖与时尚。

教学运用

校园排舞课程决策是一个系统工程，包含学校硬件开发与软件开发。校园排舞要做强、做大，我们应该从学校、教师、学生三个主体来开发，包括决策前瞻、理念、方向的确立，教学模式的制定，课程结构的构建，资源开发及资源管理等领域。通过校园排舞课程决策，最终形成学生健康的情感、积极的态度、正确的价值观，实现教师的专业化发展。

一、目标制定

1.让学生明白课程决策的范畴，了解决策的领域与渠道，有助于提高、改善自身的教与学行为。

2.了解课程决策中的各项要求；了解课程设计中的课程结构与教学模式。

3.排舞推广者了解校园排舞课程决策的目的与意义，有助于项目的推广与开展。

二、内容分析

（一）内容解读

从课堂的外显性寻找校园排舞课程的发展规律，以促进教师的专业提升，使体育教师能更有效地进行校园排舞研究与开发；从科研、校本课程的内显性来构建校园排舞课程体系，引导学生的思维与心理健康发展，从实践、理论同时入手开发校园排舞。校园排舞开发通过课堂、大课间、课外等渠道进行，以激发学生的学习热情，引导他们走进校园排舞。

本节第一部分课程发展决策。为了学生的发展，学校要制定新型的教学模式，"促进学生健康，为了每一个孩子的终身发展"成为校园排舞项目开展的"核心追求"，要以此为目标进行课程开发的顶层设计，从理念、发展方向设计校园排舞课程结构和发展体系。

本节第二部分课程设计。课程设计从模式确立、课程结构来阐述,构建"课堂教学—大课间分享—课外提高—科研引领"体系;但是,要想更进一步提升校园排舞的内涵,必须结合其他渠道:积极带领学生参加竞赛;教师自身要积极投身于科研引领;开展其他有利于学生发展的活动。教师是课堂的导演,构建好教学框架,能确保课堂教学质量提升,与生为本,结合学校特点,进行启发式的提问,指导学生多渠道参与校园排舞,精心设计每一节课、每一次比赛、每一次展示,让校园排舞更精美,打造充满期待与梦想的排舞课堂。

本节第三部分资源开发。校园排舞资源开发包含课程开发、教师专业提升、专用教室建设、特色发展制度创建、学生综合素养发展规划等等。资源开发内容多种多样,手段不尽相同,但怎样才是最佳的开发,应该是教师要思索的问题。开发要有利于学生发展,只有立足于学生的发展,再谈资源开发才有意义;开发要有利于教师的发展,让教师能真正成长,实现一专多能,满足学生发展的同时,也要关注教师的专业发展,因为教育不是一朝一夕的事,需要长期、系统地推进,因此,教师的成长与发展尤其重要;开发要能丰富学校阳光体育选择,形成自己的特色。

(二)知识点

1.了解课程决策中都有哪些内容,如何进行发展决策?为何要进行资源开发,资源开发中如何实现个人发展?

2.了解课程设计内容,进一步拓展课程决策的深度与广度。

3.在资源开发过程中关注学生变化,并促进学生进一步观察课堂。

(三)教与学重点及难点

1.教与学重点:让学生明白课程决策的重要性及开发的内容,以及师生同步发展的辩证关系。

2.教与学难点:如何让教师在各种复杂的环境中,形成自己的见解,以及让学生在资源开发中受益更多。

三、策略解读

(一)教法策略

1.本节课建议教师结合实践来进行讲授,引导学生明白重视校园排舞资源开发的重要性,并把学生自身作为一个案例来分析,让学生感觉到自我的价值。但要做好学生对校园排舞的认识,让他们正确评价自己,看待自己。

2.讲授时从问题切入,提出问题请学生思考,启发学生进行探究,让学生自己归纳、总结,然后再提出问题,通过一连串的问题,将所要讲授的内容层层深入,在热烈讨论、反复思考中得出正确的结论。

3.在课堂上,根据教师设计的问卷表,从课堂教学、大课间、课外提高、科研等渠道,站在学生的角度,力图开辟出新的推广领域,把学生当成资源开发的一员,让他们积极参与。

4.通过学生自己设计的问卷表,让学生亲身体验资源开发过程中,人的重要作用。没有交流就无法认识同伴,资源开发就没有活力。应采用讲授、模拟、启发、引导、讨论多种方法相结合的方式进行教学,提高教学的实效性。

(二)学法策略

1.充分发挥学生的主体作用,调动学生课堂参与的积极性和主动性,让学生主动参与资源开发的问卷设计。确定开发内容与主体后,可以让每个人制订不同的讨论标准,进行自我行为的提高。

2.通过自己制订,然后以小组为单位,加强研究讨论,让学生在讨论中统一意见。利用学生之间的探究合作,大家对问题取得共识,最终达到共同提高,同时也让学生明白资源开发的重要性以及学生在资源开发中的位置,这样有助于今后的课堂学习。

3.进行分组讨论,对不同人提出的不同开发内容或者领域进行分析。了解不同学生,如:同学的优缺点在哪里?哪些方面需要加强与补充?教法上体现教师为重点,做好引导作用;学法上体现学生为中心,满足不同个体的需求,针对不同的对象,制订不同的教法学法。

4.理论学习与实践相结合,以实践为主。校园排舞资源如何开发,哪些资源是可以开发的,都要靠实践来验证,这些都是值得讨论的;满足学生需求,能激起学生学习兴趣的才是关键。

第二节　校园排舞课程监控

理论导读

校园排舞课程监控应包含课程实施的目标监控、过程监控、效果监控。让目标引领过程,实现效果最佳化。校园排舞发展目标包含三好四美、行为习惯培养、体育品德形成等内容;过程监控有设计、实施、评价等环节;效果监控主要关注学生的综合反应。学生乐学就代表校园排舞课开设的效果好。

一、目标监控

(一)三好四美

"三好四美"是校园排舞开发的核心目标,通过校园排舞一系列的学习,让排舞学习者明白其发展内涵,把"三好四美"目标作为校园排舞实施管理一项重点来抓,把它作为评价的一个指标,希望能引起学习者的注意。具体措施是针对每个学习者,设定一份目标跟踪记录。从学生学前与学后"三好四美"七要素的变化进行管理评价。

表 3-5 "三好四美"评价表

项 目		学 前		学 后	
		概念认识	具体量化	概念认识	具体量化
三好	身 体				
	心 理				
	气 质				
四美	感受舞美				
	注重形美				
	追求神美				
	塑造心美				
备注	身体:个人身体状态的良好。 心理:个人心理状态的良好。 气质:个人的气质、精神面貌姣好,个人社会交往能力较突出。 感受舞美:学会欣赏各种风格排舞的动作美感。 注重形美:学会追求好的形体,知道什么样的锻炼比较科学。 追求神美:在理解舞美的基础上提升对音乐的美的认识,提升整体审美标准。 塑造心美:学会合作交流,学会尊重别人,也善于发现自己的价值,建立自信。 根据这些简单的标准,进行目标管理。				

(二)健康行为

健康行为包括合理膳食、定期体检、有规律的生活起居习惯、科学锻炼、无不良嗜好。通过校园排舞锻炼养成一种健康的行为意识,对一些概念更加明确,纠正之前不当的行为。

表 3-6　健康行为评价表

项目	学前		学后	
	概念认识	具体量化	概念认识	具体量化
合理膳食				
定期体检				
生活规律				
科学锻炼				
无不良嗜好				
备注	合理膳食：合理膳食是指一日三餐所提供的营养必须满足人体的生长、发育和各种生理、体力活动的需要，不要暴饮暴食，有规律饮食。 定期体检：定期去医院直接或间接检查自己身体状况，其目的是收集自己有关健康的客观资料，及早发现、预防疾病隐患。 生活规律：就是按一定的节奏进行工作、作息的一种状态。 科学锻炼：根据一般的运动规律与原理，合理安排自己的运动强度，循序渐进，避免伤害事故，让自己身体处于较好状态。 不良嗜好：赌博、抽烟、酗酒、无作息规律，吸毒等不利于健康的行为或状态；这里还指上课爱迟到、爱做小动作等一些不好的行为习惯。			

（三）体育品德

体育品德主要表现为对生命的敬畏与尊重，乐于助人，尊重他人，遵守规则，敢于担当等。通过体育运动，会加深理解体育品德所包含的范围与意义。

表 3-7　体育品德评价表

项目	学前		学后	
	概念认识	具体量化	概念认识	具体量化
珍爱生命				
乐于助人				
尊重他人				
遵守规则				
责任担当				

续表

项目	学 前		学 后	
	概念认识	具体量化	概念认识	具体量化
备注	珍爱生命:热爱生命,敬畏生命,不要随意虐待和伤害生命,与所有生灵和谐相处;这里主要指珍爱自己的生命,和同学友好相处。 乐于助人:看见别人有需要总会尽力去帮助别人,并能在帮助别人中获得快乐与成长。 尊重他人:设身处地为他人着想,给别人面子,维护他人的尊严;懂得说话、做事情的方法与原则。 遵守规则:遵守国家相关法律和社会约定俗成的法则,以及学校、班级制定的相关制度与要求。			

二、过程监控

中学时期,学生正处于身体、心理和技能发展的敏感期。因此,在构建校园排舞课程评价时,必须尊重科学,以体育与健康的科学原理为基础,根据学生的年龄特点与心理特征,科学地选择课程评价内容,使课程评价形成一个合理的难度梯度,逐渐提高要求,便于学生循序渐进地掌握。同时,在构建课程评价内容时,要考虑学生的个体差异,无论在课程评价内容的安排上,还是在课程评价的方法与措施上,都应当留有一定的拓展空间,便于教师在教学的实施中因材施教,使校园排舞课程评价促进学生发展。

(一)设计监控

1.设计前期的环境监控。教育的大环境决定教育的发展动向;一个学校的发展理念决定学校的办学行为;一个校长的管理智慧决定学生的未来。只有做好前期的环境监控,这些大环境都具备了,才能实施项目的立项、开发。

2.设计前期的条件监控。在大环境都具备的情况下,课程建设、管理都应该源自项目的落实。校园排舞的项目落实除了课堂教学之外,还要走向课间的全校分享,立足这些条件监控,才能完成其他的目标任务。最忌讳的就是规划空洞而庞大的计划,没有人去实施,所以要完成过程监控的第一步设计监控,就要结合学校实际,结合开发者的能力去规划。

(二)实施监控

校园排舞面向学生,教学监控就应该包括课堂教学、大课间推广、课外运动队训练。

1.课堂排舞教学。实施目标主要是通过课堂教学让学生知道校园排舞这个概念,了解校园排舞"三好四美"目标。通过不同层次的排舞学习,了解各支排舞特点,实现各个层次目标。通过课堂教学与评价,进行比较系统的排舞动作学习,为大课间推广做准备。

(1)在教学教法上以讲解分析为主,让学生明白排舞运动的特点及规律,掌握每支排舞的特点。

(2)学法上以学生自主学习为主,进行探究、合作,在总结分享中掌握各层次排舞的学法。课堂排舞教学最终成果是让每位学生通过课堂学习,能了解排舞风格并掌握各个层次排舞技术动作,展示出属于自己风格的排舞。要让每个学生有自己对校园排舞的见解,对排舞"三好四美"内涵的理解。让学生能跟着音乐独自完成各层次的排舞跳法。

2.大课间排舞推广。实施目标是对大课间实施校本化管理,以实现排舞的运用为目标,把课堂上学到的排舞运用于大课间上。树立全校师生共排舞概念,体会"健康与快乐"同在的排舞理念;促进阳光体育运动开展,树立终身排舞意识。

(1)大课间时采用的教学教法以示范指导为主,让学生明白各排舞的要求及跳法。在学法上以体验式为主,通过自己的体验,知道该如何完成排舞动作学习,这一阶段主要采用合作、自主学习。

(2)大课间推广排舞最终达成的成果是让每个学生能大方展示掌握的排舞,能按要求学习排舞。全校学生能根据音乐进行完整的排舞动作展示,各班级展示排舞的"三好四美"。在大课间体会跳排舞的快乐,理解"三好四美"目标。

3.课外运动队训。实施目标主要是组建运动队及兴趣小组,提高排舞技术动作,实现以点带面;提升"金字塔"效应,实现校园排舞往更高层次发展,实现课堂、大课间、课外"三位一体"有效统一。

(1)在教学教法上教师提出动作要求,根据比赛要求进行动作提高。采用视频教学,让学生能够建立更专业的技术动作。学法上运动队成员共同探讨,了解技术动作特点,探究合作、共同提高,学习体会排舞动作创编。

(2)以班级、小组为单位,进行排舞运动。最终要达成让每个运动队的学生能掌握各层次的排舞跳法,能根据特定的音乐创编、组织一支完整的排舞。让学生能跟着不同音乐完成排舞的串烧编排,并能进行简单的队形变换,提高创新思维能力。

(三)评价监控

本章节首先从评价对课程的重要性进行阐述,再制订课程三个层次的水平标准评价,让评价具有更直观的效果;其次从课堂教学评价入手,使得校园排舞课堂评价具有非常强的可操作性;最后从学生自我拓展评价介入学生的课外学习,以此促进学生自主锻炼习惯的养成,树立终身体育意识。教师应当了解评价的理念,一切以学生发展为中心,结合评价监控,看看课程建设的效果。

1.评价要尊重学生,尊重不同群体的差异,考虑学生自评与互评的成效。新课程改革强调"以生为本",因此我们课程评价就要把尊重学生摆在首位,使评价为学生服务。

2.评价要注重真实性,评价的结果是为了客观真实地反映学生真实水平,教师要注意结合多种评价形式全面地体现学生学习效果,评价要注重以可量化的数据为依据,让被评价者心服口服;

3.评价要全面,从不同方面进行评价,旨在促进学生进步,促进学生综合能力发展,让学生看到自己的优点,树立信心;也通过评价让学生发现自己的不足,以便自己找到改正或改进的方向。

三、效果监控

课程实施效果应该立足于学生,只有受众满意,效果监控才能达到目的。校园排舞课程管理的效果监控主要应该看学生课堂的参与度与态度。最终表现在三好四美、健康行为、体育品德的核心素养上,还表现在学生综合能力的全面提升。

(一)学习方式

1.主动参与。影响学生主动参与课堂教学的因素非常多,但其中两个方面应该特别给予关注。第一,教师的学习活动设计能否贴近学生的实际。贴近学生实际包含两个层面:一是贴近各类学生学习现状的实际,二是挖掘教材与学生生活实际。应创设贴近学生实际的问题情境,注重学生身心发展,根据学生的生活实际和知识水平进行学习活动设计,突出学生的主体地位和教师的主导作用,使每个学生有表现自己的机会,愿意积极主动地参与到课堂中来,从而提高课堂教学效率。第二,教师能否把课堂学习活动的选择权、时间支配权和自我修正权还给学生,让他们每次都能通过自身的努力获得小小的学习成功感,不断增强他们的自信与参与热情。

2.方式多样。学习方式的多样是保持学生学习积极性的有效手段之一,我们要对学习方式给予充分的关注。我们并不反对学习方式的多样,但是要依据学生的具体情况和现有条件。需要引起重视的是:不能够为了追求形式的多样而不顾实际的效果,教学来不得半点"作秀"。学习方式没有最好,只要适合学生,能够帮助学生获得最大进步(特别思维层面的进步),就是最好的,哪怕是讲授式。

(二)学习氛围

1.教学实施一段时间之后,对于某一个学科的课堂氛围喜欢与否,将直接体现在学生课堂的学习行为中。因此,通过听课我们可以大致了解一名教师对于学习氛围的营造能力,也能够了解到学生对于该学科已经形成的学习态度和心理接纳程度。如果发现课堂氛围不和谐,我们要努力帮助教师查找自身的原因,通过学生访谈了解学生的感受,从而为教师提供针对性改进建议。并且,在改进过程中实施跟踪监控,直至问题解决。

2.学习氛围直接影响学生的学习心理进而影响学习效果,民主和谐的课堂氛围需要教师精心营造。要求学生做到课堂参与积极,总是提早到教室,课前积极复习上节课内容;课中积极消化技术动作,不懂的动作,主动向老师请教,或者和同学积极沟通;课后第一时间进行动作复习。

(三)能力发展

1.学生能力的发展是一步一个台阶逐步上升,因此教案预设的各种学习活动背后所蕴含的学生学科能力也应该由低向高逐步提升,我们要帮助教师尽可能避免由于不准确的能力或技能定位,造成学生的学习障碍。

2.课堂学习目标的实现并非一蹴而就,而是一步一个台阶最终到达目的地。在这个过程中,教师的每一次小小的反馈都显得尤为重要,反馈的形式可以是提问、做题、小组汇报等形式,关键要看反馈的形式与内容是否能够真正为下一步的学习奠定可靠的基础,能否反映出这一步教学的实际效果。同时,要看教师能不能够对于课堂出现的"瞬时生成"资源加以巧妙合理的使用。

当然监控的内容还有很多,监控的形式也不仅仅听评课一种。如:通过观看常规课堂录像与授课教师共同分析教学过程的每一个环节得与失,对于提高教学监控的效果也是一个比较不错的选择,如果能够采用同课异构的方式进行对比分析,则对于教学质量的提高将大有裨益。

教学运用

校园排舞推广实施分别从课堂、大课间、课外运动队训练"三位一体"模式来落实,校园排舞课程实施的主要任务是:在校本课程开发的正确理念指导下,围绕课程纲要提出的课程目标、课程内容、学习方式以及课程实施的建议,进行试验;通过试验、检验和修订课程纲要及教学指导书,探索校本课程教与学的基本原则、方式方法和组织形式,充分发挥学生的主动性、创造性和教师的指导作用。

一、目标制定

1.通过本节教学,让学生明白校园排舞怎么进行课程监控,课程监控包含的具体内容。

2.具体了解目标管理中的三好四美、监控行为、体育品德的监控,有效监控的具体指标。

3.全面了解过程监控、效果监控的具体指标,掌握课程监控的方法与思路。

二、内容分析

(一)内容解读

本节包括课程的目标监控、实施过程监控及课程实施的效果监控三项内容。课程实施管理中提出目标、过程、效果监控的"三位一体",那"三位一体"该如何有机结合呢?彼此之间的关系是什么?目标监控中"三好四美"评价的标准又是什么?诸如此类的问题都将在本节得到解答。

本节第一部分:课程实施的目标监控。"三好四美"结合核心素养,提出学生要关注健康、关注行为、关注品德。近些年,学生体质下滑得到初步控制,但是,要得到提升,需要体育工作者多花心思,学校管理者多花精力。在校园排舞"课堂、课间、课外"三位一体学习中,要关注学生的行为变化,并在各种活动中,关注学生品德的变化,学校可以利用适当的方式,提升学生对体育品德的认识。人格健全是今后项目发展应该关注的领域,学会包容、谦让、尊重别人、知礼仪,这些都可以渗透到课堂教学中。

本节第二部分:校园排舞发展中的过程监控。监控包含三块,课程建设的设计监控、教学实施过程的监控与效果监控。评价是保障,是开展校园排舞的前提,做好评价监控,才能更好地落实教学实施过程的监控。教学实施监控分为三个层次:课堂、课间、课外。不同层次,关注的点与面不一样,采用的方法与策略不尽相同。这里需要强调在资源监控过程中采用的方式方法,一切出发点都应站在学校发展的角度来思考,把学生发展放在第一位,在发展学校的同时,关注教师自身发展。

本节第三部分:课程实施效果监控。学习方式的多样是保持学生学习积极性的有效手段之一,学生学习方式的选择我们要给予充分的关注。学生学科能力的发展,是一步一个台阶逐步上升的,我们要帮助教师尽可能避免由于不准确的能力或技能的定位,而影响最终的学习效果。课堂教与学的氛围直接影响学生的学习心理进而影响学习效果,民主和谐的课堂氛围需要教师精心构建。影响学生主动参与课堂教学的因素有很多,但其中两个方面应该特别给予关注。第一,教师的学习活动设计能否贴近学生的实际;第二,教师能否把课堂学习活动的选择权、时间支配权和自我修正权还给学生,体现以生为本的课程新理念。

(二)知识点

1.校园排舞课程监控包含哪些内容?目标监控如何引领过程发展?

2."核心素养"的目标如何实施?三好四美、健康行为、体育品德具体内容有哪些?

3.课程实施效果监控如何实施?学习方式、学习氛围要怎么养成?

(三)教与学重点及难点

1.教与学的重点:让学生明白校园排舞课程监控发展模式的"三位一体"以及有效监控的实施。

2.教与学的难点:如何在平常的体育活动中,让学生自觉地参与"三位一体"的活动模式;如何进行"三好四美"的目标实践?

三、策略解读

(一)教法策略

1.本节课建议教师结合实例进行讲授,引导学生对课堂教学有个深刻的认识。在教学方法上以讲述分析为主,让学生明白排舞运动项目的发展需要关注哪些领域。

2.在教学过程监控中,课堂、课间、课外,采用的教学方法不尽相同,要让学生明白各排舞的要求及跳法。推广排舞最终达成的成果是让每个学生能大方展示掌握的排舞,能按要求学习排舞。全校学生能明白"三好四美"的内涵及量化标准。

3.采用案例分析,让学生明白自己的角色与定位。让学生学会换位思考,这样有利于课程的管理与评价,变被动学习为主动学习,把学生放在项目发展的首位,让学生自己参与,自己管理,自己监控,自己评价。

4.在实践课中多结合本节课的教学内容,让学生亲身体验校园排舞课程管理,加强学生对参与各项活动重要性认识的引导。

(二)学法策略

1.充分发挥学生的主体作用,调动学生学习的积极性和主动性,让学生了解参与评价的意义与作用。课堂学习以学生自主学习为主,进行探究、合作为辅,在总结分享中让学生谈谈自己的角色与定位,谈谈如何为学校特色发展做出自己个人的贡献,或者如何完成自己的任务。

2.加强研究和讨论,让学生在探究中掌握评价的方法。学生明白各项评价的权重与方法之后,在课堂、大课间、课外学习中会更加自觉参与,并达成更好的合作方式。

3.学生进行分组讨论、学习,根据年龄的不同,合作完成教师布置的研究题目,这样能够做到发挥集体优势,集思广益,取长补短,加强同学之间信息的交流和情感的沟通,便于达到教与学的目标。

(三)评价与激励策略

1.在排舞的"三位一体"推广的具体运用中,学生如何定位自己的角色和位置?参与活动的态度是否认真、积极,与同学的交往能力及合作精神如何?教师可以利用这一评价机制,制定激励策略促进学生参与。

2.评价要注重学生的自我评价和相互评价,中学生已经具备较强的分析问题能力,相信他们会客观地评价自己和评价别人,应培养学生自我认识、自我教育、自我发展的能力。

3.加强教学过程的评价,教师多采用启发性的语言,鼓励学生积极讨论与探究,勇于发表自己的观点和看法,促进其进步与发展。并在实践探索中践行"三好四美"评价表的各项要求。

第三节　校园排舞课程评价

理论导读

本节主要阐述课程的评价,校园排舞课程评价是对校园排舞实施过程中人与课程的界定,是教师、学生、校园排舞三者之间关系的总和。高中新课程改革强调评价的重要性,校园排舞想得到合理、科学的发展,就应当把课程评价作为一项主体来抓,突出校园排舞课程评价在校园排舞开发中的地位。因此,评价是否合理、有效,关系到校园排舞目标能否顺利实施和顺利完成;也关系到学生学习排舞的积极性能否被有效调动。校园排舞课程评价要力求突破只重视技能掌握程度的局限,而更强调学生学习主动性、情感态度表现、探究合作、"三好四美"达标程度等等,强化评价的激励和发展功能;既重视教师的终极评价,也重视学生的自我评价和互动评价;既重视定量评价和终结性评价相结合,也重视定性评价和过程性评价相统一。

一、评价概述

(一)遵循评价的原则

校园排舞教学评价应以学生发展为基础,评价要关注不同层次校园排舞所设定的目标要求,因人而异,既尊重个体差异,也考虑个体努力程度,对其进行合理引导,以促进每个个体最大可能地实现自身价值。

1.评价功能的发展性原则。校园排舞评价是为了更好地引导校园排舞朝健康、科学的方向发展;促使教师提升业务素质,努力钻研教学方法,让科研引领教师业务发展;促进学生主动地参与校园排舞学习,力争达到"三好四美"的发展目标。

2.评价主体的多元性与互动性原则。校园排舞课程评价是校园排舞课程设置的重要环节,符合新课改注重课程评价的精神。其广义的评价主体包括学校、家长、社区,狭义的评价主体包括教师、学生。可以说,从评价主体看,涉及面广,体现了评价主体的多元化,评价的多元主体能实现评价的互动,良好的互动,才能确保评价的合理与到位。

3.评价内容的多样性与针对性原则。评价内容包括校园排舞水平标准评价、课堂教学评价、学生自我拓展评价,这三方面评价相辅相成,构成一个完整的体系。多样的评价内容有助于课堂教学更加开放,有助于学生学习更加自主,有助于校园排舞可持续发展。评价主要针对校园排舞目标的确定、音乐的选择、内容的组织、结构的编排方式等方面展开。

(二)了解评价的意义

新一轮基础教育高中体育改革把校园排舞课程评价摆到与教学同等的高度,校园排舞教学评价是高中体育改革的重要产物,对校园排舞发展具有很强的指导性,它影响着校园排舞改革的发展方向与高度。要想引导校园排舞持续发展,就要制定合理有效的评价制度,建立促进学生各个层次全面发展的评价体系。评价不仅要关注学生的最终成绩,而且要注重学生在学习过程中对知识的积累与理解,及时发现学生已有的能力,理解学生的需求,提升学生的发展潜能,促进学生在原有水平上继续发展。

1.评价是为了引导校园排舞可持续发展,满足学校体育发展的需要,丰富体育课程设置,通过评价数据分析,可以看出课程设置哪些地方还需要提高与完善。

2.评价是为了促进学生发展,能客观地反映学生真实水平,最终促进学生更好地学,通过评价数据分析,能从不同侧面发现学生的优缺点,从而更有效地指导学生发展。

3.评价是为了促进教师专业化发展,让教师关注不同学生的个体差异,寻找解决问题的办法,发现课程的优缺点,促进教师更好地教学。

总之,课程评价能促使学生采用更合理的学习方法,提高学习效率,为教师改善教学策略提供依据,成为学生学习的动力、教师发展的指示灯,促进校园排舞往更高方向发展。

(三)知道评价的内容

评价内容包括以下几个方面:

1.水平标准评价。校园排舞水平标准评价包含初级、中级、高级三个层次,评价内容包括各套校园排舞的技能等级标准以及学生的体能(耐力、力量、柔韧)、综合能力这三个方面。

2.课堂学习评价。校园排舞学习评价是校园排舞整个开发过程中课堂评价的具体体现,内容包括学习情况评价、过程性评价、终结性评价等共12个小项的评价。

3.自我拓展评价。内容包括课外学习态度、课外锻炼计划的制订和实施、自主学习过程中的自控能力、完成动作的成功感、学习的团结合作意识这五个维度,五个维度都不是单一存在的,而是相互影响,相互促进。

二、评价形式

校园排舞课程评价的目的是实现各层次规定的教学目标,体会、理解课程的发展内涵,从多方面衡量学生学习的效果,从最终评价来分析整个校园排舞课程设计的优缺点。新课程改革强调课堂教学要注重评价这一环节,评价主体的多元化与互补性决定了课堂评价的有效性与合理性。校园排舞学习评价可以反映出校园排舞设计的好坏,影响校园排舞课程设计评价。评价内容包括学习情况、过程性评价、终结性评价三大项。每一项评价都含有自评、互评、师评三种形式,这三种形式的评价相互制约,给予学生充分的自主权,也提高了教师评价改进的空间。自评是基础,是学生认识自我的一个过程;互评是同学之间相互了解、相互沟通的一个过程;师评是综合,是结合学生整个学习过程而进行的一种评价。

（一）水平标准评价

1. 课程水平评价内容参考表。

表 3-8　课程水平评价内容参考表

水平内容	初级课程		中级课程		高级课程	
	教学内容	评价内容	教学内容	评价内容	教学内容	评价内容
技能素质	《5678》	交叉步、扭胯等组合动作	《功夫熊猫》	武术元素及组合动作	《读你》	恰恰步及组合动作
	《查尔斯顿牛仔》	牛仔舞步及组合动作	《林间漫步》	爵士方形步及组合动作	《请你恰恰》	恰恰步及组合动作
	《小精灵》	6个8拍的起始循环	《昆力奔驰》	恰恰舞步及组合动作	《柔声细语》	扭胯、交叉步等组合动作
	《一起共舞》	搏击操及组合动作	《拍拍手》	扭胯步及组合动作	《快乐列车》	交叉步及组合动作
体能素质	柔韧、耐力	坐位体前屈、800米	柔韧、力量	坐位体前屈、掷实心球	力量、耐力	掷实心球、800米
综合素质	音乐剪辑、排舞串烧	利用音乐进行简易的排舞串烧	音乐剪辑、排舞创编与动作组合	利用提供的音乐进行部分自编	音乐寻找及剪辑、排舞编与组合	寻找合适的音乐进行动作创编组合

2. 课程等级、学习评价等级与标准参考表。

表 3-9　课程等级、学习评价等级与标准参考表

内容层次	评价内容	评价等级与标准			
		优秀 88～100 分	良好 75～87 分	及格 60～74 分	不及格 60 分以下
初级课程	技能	能够熟练完成所学的舞码，舞步动作准确、幅度大，准确把握音乐节奏，表现力强，与同伴合作愉快。	能够较熟练完成所学的舞码，舞步动作较准确，较准确把握音乐节奏，表现力较强，与同伴合作较愉快。	不能较好地完成所学的舞码，舞步动作基本准确，把握音乐节奏较差，与同伴合作不太顺利。	不能掌握所学动作，姿势不正确，动作紧张、不协调，表现力差，与同伴无法合作。
	体能	主要从身体柔韧性与身体有氧运动能力两个方面来评价。评价标准参考《国家学生体质健康锻炼标准》。			
	综合素质	能按要求剪辑音乐，能根据音乐进行排舞串烧，综合素质表现很好，能影响、帮助他人。	能按要求剪辑音乐，能根据音乐进行排舞串烧，综合素质表现较好，能与他人相互合作。	不能按规定要求剪辑音乐，但能根据音乐进行排舞串烧，综合素质表现较不好，合作学习意识淡薄。	不能按规定的要求剪辑音乐，排舞串烧学习差，综合素质表现差，合作学习意识差。

续表

内容层次	评价内容	评价等级与标准			
		优秀 88～100 分	良好 75～87 分	及格 60～74 分	不及格 60 分以下
中级课程	技能	能熟练完成所学的舞码,舞步流畅,动作幅度大、有力度,音乐与动作配合协调,有良好的表现力。能完成成套动作编排,与同伴合作愉快。	能较熟练完成所学的舞码,舞步较流畅,动作幅度大,音乐与动作配合较协调,有良好的表现力。能进行动作编排,与同伴合作愉快。	能完成所学的舞码,但舞步不太流畅,动作幅度小,音乐与动作配合不太协调,缺乏表现力。对动作的领悟力仍较差,且成套动作编排能力较差,与同伴合作不顺利。	无法掌握所学的舞码,舞步不流畅,动作不协调,表现力差,即使在教师指导下,学习动作的态度还是不积极,与同伴无法合作。
	体能	主要从身体柔韧性与动作力度两个方面来评价。评价标准参考《国家学生体质健康锻炼标准》。			
	综合素质	能根据音乐进行符合动作风格的舞码创编;串烧能力强,综合素质好;能影响、帮助他人。	能根据指定的音乐风格进行动作的创编;串烧能力较强,综合素质表现较好。	不能按指定的音乐寻找符合动作风格的舞码,不能进行自我创编;串烧能力较不好,综合素质表现不好。	不能进行音乐创编、舞蹈串烧;综合能力表现较差;学习意识淡薄,不喜欢与别人合作。
高级课程	技能	能熟练完成动作,舞步准确有力度,能体现舞蹈美。能按要求进行队形与动作的编排,过渡动作能融入整曲的风格,与同伴合作愉快、协调、融洽。	能熟练完成动作,舞步动作较准确、有力度,能体现舞蹈美。能按要求进行队形与动作的编排,体现自己的风格,与同伴合作较愉快、融洽。	不能较好地完成排舞舞码,舞步动作虽然基本准确,但动作没有力度、不流畅,不能按要求进行队形与动作的编排,不能进行创编过渡,与同伴合作不太顺利。	无法掌握所学的舞码,舞步不流畅,动作不协调,表现力差,即使在教师指导下,学习态度还是不积极,与同伴无法合作,感觉不愉快。
	体能	主要从动作力度与身体有氧运动能力两个方面来评价。评价标准参考《国家学生体质健康锻炼标准》。			
	综合素质	能主动寻找音乐节奏点,并展现舞蹈的风格;参与意识强,表现活跃,能展示舞美;善于沟通。	能主动结合音乐,进行动作自编;参与意识较强,表现活跃;善于沟通、配合默契。	不能主动寻找音乐自编动作,无法将舞蹈风格展现出来。参与意识不强,表现不活跃,不善于沟通。	不能进行音乐创编、舞蹈串烧;综合能力表现较差;学习意识淡薄,不喜欢与别人合作。

校园排舞教学评价,包含教师的教和学生的学两个方面。让学生了解教学评价有助于学生更自觉地参与课题学习,也有助于学生对自己的行为进一步约束。新一轮基础教育课程改革把课程评价摆到与教学同等高度,课程评价是课程改革的重要产物,对课程发展具有很强的指导性,它决定着课程改革的发展方向与高度。要引导校园排舞健康发展,就必须制定合理有效的评价制度,建立促进各个层次学生全面发展的体系。评价不仅要关注学生最终成绩,而且要注重学生学习过程对知识的积累与理解,发现学生已有的能力,理解学生的需求,提升学生发展潜能空间,促进学生在原有水平上继续发展。

(二)合理利用评价模式

合理的评价系统是构建有效学习方式的保证。校园排舞学习评价要注重其可持续发展,不能只是简单地进行成果总结,更多的应是一种过程性、动态的评价;对评价结果要进行合理、有效的分析,这样才能有助于今后个体发展的最大化。正如斯塔弗尔比姆所说的,评价"最重要的意图不是为了证明,而是为了改进"。

1.过程评价和终结评价相结合。应加强和重视过程评价在终结评价中的比例。比如,在评价时要充分考虑校园排舞设置的总体课程目标是否达到?其过程表现如何?学生的能力是否在原有的基础上得到大幅提升?结合过程性评价与终结性评价,可以了解校园排舞开发过程的情况及学生发展的一些信息。过程性评价更多地考虑学生的过程表现、进步幅度,这种评价有助于让那些基础差但很努力的学生找到自信。

2.评价形式多样与互动相结合。评价形式可以分为自评、互评、师评三种形式。根据评价形式的多样性,我们采用的评价内容也是多样性的,且评价对象之间是互动的。自我评价是一种比较直观、显性的评价,自我评价在内容设定上要多考虑评价参与者的主观能动性这层因素,有时可以作为同学之间互评与教师评价的参考;采用互评时,先参考自评状况,再结合学习过程中对同学的观察分析,使评价更客观、更具有操作性,互评中也可以考虑学生对教师的评价,只有这样的互动评价,才能促使教与学共同提高;师评在学生学习评价中是较客观的,是对学生进行综合性评价的重要指标。

3.定量评价与定性评价相结合。校园排舞进行终结性评价时,不能忽视对学生的身体素质、体能、综合素质等各种指标的量化分析。要建立学生个人成长档案,积累日常数据和材料,为最终评价提供合理依据,最终使定性评价和定量评价得以有效地结合,这种评价有助于校园排舞建设更加规范、合理化,对学生的评价更加客观、准确。

4.传统与创新相结合。校园排舞课程评价的创新性在于评价的过程把"三好四美"纳入考评范围,主要看学生七要素的改变状况,通过自我评价看学生各项指标的完成情况;教师的终结性评价主要根据数据来衡量教师采用的教学策略是否有效以及提升空间是否广阔?从这两方面数据来看校园排舞"三好四美"七要素设计是否合理?还有哪些地方需要改进提高?这种评价有助于突破原有的评价思维,拓宽评价视野。传统的评价主要采用考试的形式,新课程改革只把考试作为评价的主要方式之一,但并不是唯一的方式,它结合了其他的评价方式。创新性评价应根据评价的意义、性质、内容和对象,选择与课程相符合的评价方法,结合过程性评价及终结性评价,体现评价过程的全面化,结合问卷、访谈、课堂风采展示、成长记录等形式观察和评价学生,充分利用评价的特有功能促进学生的进步,使评价成为促进学生发展的一个重要过程。

三、评价实施

校园排舞课堂评价主要从学生课堂表现进行考评,结合学生的起始状态、进步幅度、学习态度等可量化的指标来进行。为了更好地促进学生课堂参与,也为了更有利于教师把控课堂,可以借助评价的数据分析学生的学习情况。

（一）教学评价

1.评价内容

(1)学习情况评价。评价项目包括知识技能、课堂表现、出勤情况、课外参与。出勤是学习的前提,是学习的保证,有了出勤才有课堂表现;课堂表现反映知识技能的掌握程度,课外参与反映知识技能掌握的宽度;学习者的自身素质,决定知识技能掌握的高度。

(2)过程性评价。包括进步幅度、学习观察、互帮互助、探究合作。对于学生来说,整个排舞学习过程的进步幅度是可以通过课堂表现展示出来的,良好的学习态度能促使个体学习进步;课堂学习时要做到仔细观察教师的示范,分析优秀同学的学习方法;在学习中及时发现问题、解决问题;探究合作是要与同伴互帮互助,进行探究性学习,一起快乐分享。这几点能比较客观地说明学生在整个学习过程中的表现。

(3)终结性评价。主要从"综合能力、创新能力、编排能力、三好四美"这几方面来衡量学生学习的最终变化。终结性评价是过程性评价的最终表现。其中,综合能力主要看期末学生的综合表现,终结性考试可以作为评价依据之一;创新能力主要指学生的创编能力以及课堂学习方法、方式的创新;编排能力主要指对动作创编的悟性以及创编动作的效果;"三好四美"主要指学生对健康的理解以及对外在气质与内在美的追求等等。

2.评价量表

各评价权重按学习情况占20%,过程性评价占20%,终结性评价占60%的比例来安排;学习情况评价中知识技能、课堂表现、出勤情况、课外参与按各占25%来计算;过程性评价与终结性评价计算方法与学习情况计算方法相同。

表3-10 校园排舞课堂学习评价具体分值参考表

评价项目	评价主体	学生自评	学生互评	教师评定	总评
学习情况	知识技能(5分)				
	课堂表现(5分)				
	出勤情况(5分)				
	课外参与(5分)				
过程性评价	进步幅度(5分)				
	学习观察(5分)				
	互帮互助(5分)				
	探究合作(5分)				
终结性评价	综合能力(15分)				
	创新能力(15分)				
	编排能力(15分)				
	"三好四美"(15分)				

3.各项评价标准

课堂评价分学习情况、过程评价、终结评价三大块,每一大块再细分为四小块,使得评价更好量化与操作。

表3-11 校园课堂学习等级评价具体分值标准参考表

评价项目		等级 优秀 88~100分	良好 75~87分	及格 60~74分	不及格 60以下
学习情况	知识技能	完全掌握各层次课程的教学目标与要求,能完全理解排舞舞码或曲目	能较好地掌握各层次课程教学目标,能较好地理解排舞舞码或曲目	能基本上掌握各层次课程的教学目标,能基本上理解排舞舞码或曲目	基本上不能掌握各层次课程的教学目标,基本不能理解排舞舞码或曲目
	课堂表现	课堂表现积极活跃,能起带头作用,主动参与课堂活动	课堂表现较积极活跃,起一定的影响作用,能积极参与	课堂表现一般,不主动积极参与课堂活动,态度较消极	课堂表现不积极,没用心去领会教学目标,态度消极
	出勤情况	满勤,不迟到,不早退,不旷课	迟到、早退在2次以内,无旷课记录	旷课2次以内或迟到、早退3次以内	迟到、早退、旷课达3次及以上
	课外参与	能积极进行课外学习,起骨干带头作用,引领班级其他同学	能主动进行课外学习,能帮助组织学习,起积极作用	能进行课外学习,但不会主动去合作,学习效果较差	不参与课外学习,学习态度不积极,不参与合作学习
过程性评价	进步幅度	能在排舞学习中塑造个性,有明显进步	能体会排舞内容,在学习中有一定的进步	进步幅度不明显,学习态度较不积极	几乎没有进步,且学习态度不积极
	学习观察	能理解不同排舞的风格,能观察教师教学、同伴学习,理解教学目标	基本上能理解不同排舞的风格,能较好地观察同伴学习,完成学习目标	能理解较简单的排舞风格,领会简单的教学目标要求,但无法做到观察学习	不理解排舞风格,无法领会曲风,理解不了教学目标,做不到观察别人
	互帮互助	通过学习能很好地掌握排舞的节奏,有效地帮助别人进步	通过学习,能较好地掌握排舞节奏,也能较好地帮助别人,共同进步	在学习过程中提升幅度不明显,没有与其他同学互帮互助	通过学习,无法提高自己,也无法进行互帮互助
	探究合作	能很好把握排舞曲风,能控制节奏,通过探究合作能展现出不同排舞风格	基本上能把握排舞的曲风、节奏,通过探究合作较好地表现出排舞的舞美	只能基本上把握排舞的节奏,无法主动进行探究合作,无法理解排舞风格	无法把握排舞的节奏,无法体现不同排舞的风格,无法进行探究合作学习

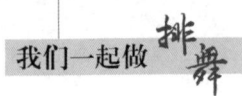

续表

评价项目		等级	优秀 88~100分	良好 75~87分	及格 60~74分	不及格 60以下
终结评价		综合能力	综合能力得到大幅提高,有组织、管理、协调等能力	综合能力得到提高,能协助教师进行课堂管理和组织	综合能力有所改变,但效果不明显,能服从管理、组织	综合能力几乎没什么变化,不服从管理
		创新能力	创新能力得到提高,能针对不同的曲风进行创编	创新能力得到较好的提高,能较好地针对不同曲风进行排舞创编	创新能力提高有限,无法深刻理解创新思维	创新能力几乎没有什么变化,无法进行排舞创编
		编排能力	可按不同风格进行排舞创编	自我创编能力得到提高,能体现排舞的风格	自我编排能力有限,只能进行简单创编	自我编排能力很差,无法进行创编
		三好四美	能实现"三好四美"目标,理解其内涵	"三好四美"有效提高,能较好理解其内涵	"三好四美"有所提高,但无法理解其内涵	"三好四美"没有变化,无法理解其内涵

(二)课堂学习评价

评价在课程中是一个内涵极其丰富、人们对它的理解也较多元化的概念,因此将评价作为教育专业人员对教育教学中一些行为的价值判断。而评价的种类也是多样的,如教学评价、学习评价、拓展评价等。

1.学习评价概述

校本课程学习评价是指根据课程目标的要求,按一定计划采取特定的方式收集和获取学生校本课程学习的信息,并对学生学习的状况作出结论的过程。课程标准指出:"学习评价的主要目的是为了全面了解学生教学学习的过程和结果,激励学生学习和改进教学。"

2.学习评价关注点

评价既要关注学生学习的结果,也要重视学习的过程,既要关注学生学习的水平,也要重视学生在学习活动中所表现出来的情感与态度,帮助学生认识自我、建立信心。我们应该辩证地处理好这两个关系,使校园排舞校本课程学习评价真正发挥它应有的功能。

3.学习评价目的

评价的最终目的是引导校本课程健康发展和肯定学生的进步,帮助学生提高学习效率、采用更合理的学习方法,为教师改善教学策略提供依据,成为学生学习的动力,教师发展的指示灯,为学生终身学习奠定基础,促进校园排舞校本课程往更高方向发展。

(三)拓展评价

校园排舞学习可以通过课堂、大课间、课外三个渠道进行,也可以走进社区利用家校结合的方式进行。"生活即学习"、"社会即课堂",以这样的态度去规划学生自身的学习,充分利用课外时间,校园排舞各层次目标就会掌握得更快、更到位。

课外学习评价主要阐述个人的自我学习评价,可以从学习态度、锻炼计划的制订和实施、自主学习过程中的自控能力、完成动作的完美感、学习的团结合作意识这5个维度进行设计,5个维度都不是单一存在的,而是相互影响、相互促进的。评价可分为优秀、良好、及格、不及格4个等级,并制订相应的评价标准,然后给出最终评价结果。详见以下表3-12和表3-13。

新课程改革一再强调不能以简单的终结性评价来评价学习个体,应该以学生学习过程及进步幅度来衡量学生。校园排舞评价强调体验式学习,强调对自控能力的评价,体现"以生为本",突显学生自主管理的新评价模式。新评价更加注重学生课堂上团结合作意识的培养,强调学生课外运动计划的制订与实施。

表3-12 课外学习评价参考表

等级	学习态度	计划实施	自控能力	成功体验	团结合作
优秀					
良好					
及格					
不及格					
自评					
互评					
视屏					
综合					

表 3-13 自我规划评价等级标准参考表

方面	优秀 88~100 分	良好 75~87 分	及格 60~74 分	不及格 60 分以下
学习态度	课内外能积极参与锻炼,并能引导同学学习	能积极参与课外学习,并取得效果	上课不认真,无法专心听讲,课外活动不积极	不积极参与课外活动
计划实施	能制订详细的运动计划,并努力实施,取得良好的效果	能制订较详细的计划并实施,取得一定的效果	计划制订较一般,实施过程不太积极,没什么效果	没有计划,活动参与不积极
自控能力	自控能力强,能引导同学参与课内外的运动	自控能力好,课外能积极进行锻炼	自控能力一般,能进行锻炼,但效果一般	自控能力差,课外没有运动的习惯
成功体验	有强烈的成功感,自身在课内外取得非常好的效果,积极影响别人	有较强的成功感,在锻炼的过程中取得一定的效果	动作掌握一般,没有主动学习意识,没有成功的体验	动作完成不好,没有追求成功体验的意识
团结协作	能进行有效学习,并在学习中实现自主学习、探究合作	能进行自主学习,在合作学习中实现共同提高	较缺乏合作意识,自主学习过程不积极	自主学习积极性差,没有集体意识

教学运用

校园排舞作为特色项目来开发,一定要从项目发展的理念与内涵两方面来凸显,只有这样才能提升日后要发展的高度与空间。校园排舞校本课程评价和教学应具有同等的地位。课程评价作为校本课程重要内容来建设,它不是孤立的环节,而是一个持续贯穿于教学中各个环节的过程。

一、目标制定

1.让学生明白课程评价形式,了解评价目的与意义,有助于提高、改善自身的学习行为。

2.了解课堂教学评价各项指标,使之更好地开展课堂教学评价。培养学生在评价过程中的合作精神和合作行为,能够正确处理竞争与合作的关系。

3.让学生了解评价的目的以及评价的内容与标准,更加重视课堂学习,明了教师设置的教学目标。

二、内容分析

(一)内容解读

本节包括"课程评价概述""课程评价形式""课程评价实施"三部分。课程评价是校本课程的组成部分,新课改把课程评价提升到与教学同等的位置,突出课程评价在校本课程中的主导地位。课程评价要注重它的可持续发展,不能只是简单地进行结果总结,它是一种过程性、动态性的评价;评价结果出来之后,要进行合理、有效的分析,这样才能有助于今后个体发展最大化。正如斯塔弗尔比姆所说,评价"最重要的意图不是为了证明,而是为了改进"。课程评价是一种规划、指导和了解信息的综合过程。因此,评价的功能旨在规划与改进课程,使之更好地发展,指导教师教学,了解学生学习过程的信息。

本小节第一部分:校本课程评价概述。

校园排舞校本课程评价是对校园排舞校本课程实施过程中教师、学生、课程设置的总体评价。

1.评价的原则。新课程改革强调课程评价的重要性,校园排舞校本课程要得到合理、科学的发展,就应当把课程评价作为一项主体来抓,突出课程评价在校本课程中的地位。因此,评价是否合理、有效,关系到课程目标能否顺利实现,也关系到学生学习排舞的积极性能否被有效调动。

2.评价的意义。校园排舞课程评价力求突破只重视技能掌握程度的评价,而更强调学生学习主动性、情感态度表现、团结协作、"三好四美"达标程度的过程性评价,强化评价的激励和发展功能。

3.评价的内容。既重视教师的终极评价,也重视学生的自我评价和互动评价;既重视定量评价和终结性评价相结合,又重视定性评价和过程性评价相统一;结合学分管理对高中部选修校本的同学做好课程评价管理。

本小节第二部分:校园课程评价形式。

校本课程的评价形式是多元、全方位、动态的。校园排舞校本课程结合该校自身特点,根据评价内容和评价个体的差异,评价方法也不相同,主要采用以下四种:

1.过程评价和终结评价相结合。加强和重视过程评价在终结评价中的比例。包括:课程设置的总体教学目标是否达到? 其过程表现如何? 是否在原有的基础上得到大幅提升? 结合过程性评价与终结性评价,了解校园排舞校本课程开发过程的情况及学生发展的一些信息。

2.评价主体互动相结合。根据评价内容的多元性,我们也采用评价主体多元化的方式,且评价主体要互动。自我评价是一种比较直接、显性的评价,自我评价在内容设定上要多考虑评价参与者的主观能动性这层因素,有时可以作为同学之间互评与教师评价时的参考;采用他评时,先参考自评状况,再结合学习过程中对同学的观察分析,使评价更客观、更具有操作性,他评中也可以考虑学生对教师的评价,只有这样互动的评价,才能促使教与学共同提高;教师对学生的学习评价是最客观的,是对学生进行的综合性评价。师评结合自评与他评,最终能使评价更合理、真实。

3.定量与定性相结合。校园排舞终结性评价时,不能忽视对学生的身体素质、心理健康等的各种量化分析。应建立个人的成长档案,积累日常数据和材料,为最终评价提供合理依据,最终使定性分析和定量分析得以有效地进行,使校园排舞校本课程建设更加规范、合理化。

4.创新性评价。学生自我的终结性评价,主要看学生"三好四美"完成指标的情况;对教师的终结性评价主要看学生终结性评价数据,根据数据来衡量教师采用的教学策略是否有效及提升的空间是否广阔？也从这两个数据来决定课程总体设计是否合理,哪些地方还有待改进提高。

本小节第三部分:校本课程评价实施。

校本课程教学评价的目的是真正实现各层次规定的教学目标,真正体会、理解"三好四美"的发展内涵,从多个方面衡量学生学习效果,从最终效果来分析整个课程设计的优缺点。与评价内容相配套的还有评价量表、评价标准,从中可以看到教学的整个过程,通过最终数据可以看出学生参与整个课程学习的态度与价值取向。学生参与校园排舞校本课程学习,主要出于自身对排舞的爱好,能主动自我学习,所以老师在进行评价时,要多考虑学生的自我评价及相互评价。教师要充分利用、相信学生的自我评价与相互评价,确保校本课程评价体系的健康发展。

校园排舞课程评价实施包括教学评价、学习评价及拓展评价三大项。教学评价包含教与学,包括课堂延伸与课外拓展。自评是基础,是学生认识自我的一个过程;互评是过程,是同学之间相互了解、相互沟通的一个过程;师评是综合,是结合学生整个学习过程的一种比较全面、客观的评价。

1.学习情况评价。含知识技能、课堂表现、出勤率、课外参与、自身素质。出勤是学习的前提,是学习的保证,有了出勤才有课堂表现,课堂表现决定知识技能的掌握程度,课外参与决定知识技能掌握的宽度,自身素质,决定知识技能掌握的高度。

2.过程性评价。含进步幅度、学习观察、互帮互助、探究合作。整个排舞学习过程的进步幅度是可以通过课堂表现展示出来的,有良好的学习态度就能促使个体学习进步;课堂学习时要做到仔细观察教师示范、观察优秀同学的学习方法;互帮互助要做到与同学共同提高,在学习中发现问题、解决问题;探究合作是学习态度与学习方法的结合,是学生在自主学习中进行探究性学习的过程。

3.终结性评价。主要从"综合能力、创新能力、编排能力、三好四美"这几方面的变化来衡量学生学习的最终变化结果。终结性评价是过程性评价的具体表现,综合能力主要看期末时学生的综合表现,包括终结性考试都可以作为评价依据;创新能力主要指学生的创编能力以及课堂学习方法、方式的创新;编排能力主要指对动作创编的悟性以及创编动作的效果;"三好四美"主要指学生外在气质与内在排舞"三维理论"方面的高度;等等。

(二)知识点

1.课程评价如何突出"三好四美"的评价标准？评价形式:过程性与终结性的有机结合。评价目的:让学生更好地管理自己,融入课堂学习。创新性评价:建立个人成长档案袋,做好自评、互评、师评三者相结合。

2.了解课程教学评价中的评价内容、评价量表及评价标准都有哪些内容？了解课堂学习评价的概念及内容,进一步拓展自主学习评价方式。达到对评价形式的了解,并促进学生进一步观察课堂,形成互帮互助、探究合作。

(三)教与学重点及难点

1.教与学重点:让学生明白课程评价的地位及重要性,正确处理自评、互评、师评三者的关系。

2.教与学难点:过程性评价数据要怎么建立？如何让学生正确对待自评？

三、策略解读

(一)教法策略

1.本节建议教师结合实践来进行讲授,引导学生明白重视课程评价的重要性,并把课程评价中自评、互评作为一个案例来进行,让学生感觉到自我的价值。但要做好自我评价的引导,帮助学生正确看待自己,评价自己;做到互评时尊重同学,做到合理评价。

2.讲授时从问题切入,提出问题请学生思考,启发学生进行探究,让学生自己归纳、总结,然后再提出问题,通过一连串的问题,使所要讲授的内容层层深入,在热烈讨论、反复思考中得出正确的结论。

3.在课堂上,请学生设计一节课的学习评价,可以从学习态度、成功体验、意识品质、锻炼计划的制订和实施、团结、合作和交流、自练的调控能力这几方面进行设计,分为优秀、良好、一般、有待提高四个等级,然后给出最终评价结果。

4.教师在课堂教学时多结合学生实际举一些例子,利用课堂上、课外体育活动、社区等不同环境与情境,让学生置身其中,加强切身体会。

5.通过自己设计的学习评价,让学生亲身体验加强交往与合作在课程评价中的重要作用,没有交流就无法认识同伴,无法做到客观公正地评价。

(二)学法策略

1.充分发挥学生的主体作用,调动学生课堂参与的积极性和主动性,让学生参与课程评价,亲自体验评价标准的制订,让学生明白自身行为对评价标准的影响力,这样有助于制订更加客观的学习评价。

2.通过自己制订评价标准,然后以小组为单位,加强研究和讨论,让学生在讨论中逐渐统一意见。然后利用学生之间的探究合作,形成对问题的共识,最终实现共同提高,让学生明白课程评价的重要性以及制订课程评价标准的难度,这样有助于今后的课堂学习。

3.自主学习和接受学习相结合,以接受式学习为主,其中还需要学生之间的探究合作,在探究中把问题统一化。

(三)评价与激励策略

1.只有让学生主动参与制订评价方案,一起制订评价标准,学生才能积极参与今后的活动,更主动参与同学的交往,更主动强化合作精神。

2.评价要注重学生的自我评价和相互评价,中学生已经具备较强的分析问题能力,相信他们会客观地评价自己和他人,要培养学生自我认识、自我教育、自我发展的能力。

3.在课堂上针对以下内容,设计一节课的学习评价,让学生尝试进行评价标准的制订。

表3-14 校园排舞参与综合评价表

等级	学习态度	计划实施	自控能力	成功体验	团结合作	意志品质
优秀						
良好						
一般						
有待提高						
自评						
互评						
师评						
综合						

第二部分 校园排舞诗意校园

第四章 校园排舞案例分享

纵观笔者所在的单位——厦门市海沧中学校园排舞开展模式,大抵是从课堂、大课间、课外运动队"三位一体"来发展,三个模式都有各自的亮点,均取得显著的成效,显然,"三位一体"发展模式证明校本课程实施策略是成功的。校园排舞要从课堂走向更广阔的空间,需要从校园走向社区,从学校走向社会。笔者学校开展多年,主要利用校园排舞校本课程实施、校园排舞大赛、校园排舞夏令营这些渠道来促进校园排舞的推广。实践证明,三个渠道都取得了成功,并产生了广泛的影响。校园排舞大赛、夏令营是校本课程的有力补充,这证明了校园排舞校本课程开发的可持续性。

基于这些原因,本章希望通过校园排舞案例分析,向基层学校展示一个较为完善、充分体现地方特色、具有可行性及广泛的发展空间的校本课程。

本章选择了"社团建设、竞赛规划、区域互动"三个领域进行案例分析,选择这三个案例进行分析是因为它们分别有以下几个方面的特点:

1.案例一是以《国家基础教育改革纲要》指导思想为依据而设计的。该纲要指出,学校教育要符合学生发展,充分发挥学生主体作用。校园排舞的运用推广符合学生的身心发展,俗话说:取之于民,用之于民。校园排舞的受众是广大学生,社团是广大学生施展自身才华的舞台,我们以社团为基地,大力发展校园排舞,以社团为载体,构建排舞的发展平台,实践证明是行之有效的。

2.案例二是根据各校的实际情况,为了实现校园排舞对外影响力,各个学校排舞推广者针对各级各类的比赛情况而制订相对应的发展规划。为了能更高层次地提升学生的综合能力,也就是当下倡导的培养学生的核心素养,就得多搭建一些平台,让学生在比赛中锻炼自己。各级各类比赛会有不同的情况或者突发事件,把这些案例罗列进去讨论,可以让大家多了解一些"问题",有助于今后在实践中更好地指导学生成长。

3.案例三是笔者充分发挥团队力量,把各区域排舞爱好者聚集在一起,为一致目标而努力。校园排舞怎么开展?笔者在学校从不同方面都经历过了,所遇到的情况具有一定的代表性和普遍性。因此,才提出从区级夏令营、市级专委会、省级协会一步一步开展上来,凝聚共识,提炼经验,共同发展,最终实现区域互动。

笔者所在的学校已经进行了十多年的排舞推广,因此,每一个案例都是校园排舞在学校实施的经典个案。从课堂教学延伸出公开课、录像课等案例,倡导推广者要立足于课堂教学,从而延伸出其他"机会";从大课间推广时效,得出校园排舞如何充实大课间活动的经验,大课间是学校对外的窗口,要提升影响力,必须做好项目普及的工作;从竞赛规划延伸出如何组织校级比赛,如何进行校园排舞区域互动。这些具体案例中,都能够看到"机遇",我们是体育教师,机会要靠自己去争取。刚从事开发的学校可以立足于课堂、运动队建设,很多学校在实施过程中,会遇到很多预想不到的情况,本章的案例分享,希望能让大家举一反三,实现自身学校排舞的快速发展。

第一节 校园排舞社团建设

"促进学生健康,实现每一个孩子的核心素养全面发展"成为校园排舞项目开展的"核心追求"。社团文化已成为校园文化的重要组成部分。在推动校园文化建设、优化成长环境、提高中学生素质方面发挥了很大作用。

一个好的社团,能让项目推广起来得心应手,也能成为老师的好助手,更能实现学生自身核心素养的提升。在社团建设初期,应该要明确社团组建的整体思路:社团为谁而建?建起来干什么?怎么干?谁来干?只有把这些问题思考清楚了,社团建设才能提上议程。

一、建设思路——发展学生

随着教育改革的不断深入,学生的核心素养越来越受重视。以上几个问号,对于社团开发尤其重要。因此,发展学生,成为今后社团建设的首要任务。对于一个社团的建设,需要把社团制度建设、文化建设、组织建设有机结合起来,并把社团对外联系、活动开展、宣传等工作落到实处。校园排舞要发展,除了教师层面的课堂教学之外,还要立足于课外的社团建设。明确排舞社团建设的思路有助于提高领导者的视野,拓展他们的思维。

(一)明确方向

1.规范制度建设。以学生会社团章程为基础,进行制度化规范。排舞社团的所有成员都应该在章程允许的范围内活动,不做有损社团形象的事情。

从感情归属点出发,进行人性化管理。打造排舞家园式社团,社团内部无压力,充满温馨与关爱;从感情上培养人才,灌输社团的文化、社团的共同的价值观念。让排舞文化、内涵根植于社团文化中,让学生受益,让制度更加规范。

2.营造良好氛围。对社团的骨干成员应该多鼓励,对新成员,要给予他们提供建议和参与活动的机会,营造新成员的归属感。以联谊、竞赛等形式促进成员之间的交流沟通,进一步形成团队氛围,提升学生对团队的认同。

3.目标引领活动。根据排舞社团的理念、宗旨和实际情况,制定恰当的目标,大家齐心协力向目标前进。社团负责人应该敢于肩负重任,与社团共荣辱;帮助大家提高综合素质能力,指导大家做好社团的活动。在制定活动计划时将社团的发展和成员的需求相结合,让他们在活动中有自己的收获。

(二)加强沟通

1.做好校内外沟通。关系网的建设对于社团活动起着支持性的作用,而关系网的建立就在于沟通。要想活动能够顺利进行,把活动打造成一种特色,沟通起着重大的作用。对外,可以建立活动基地,定期进行交流、研讨,建立通畅的校内外沟通渠道。

2.构建沟通平台。其中的关键在于走出去交流,多和别人交流,就能学习更好的经验。可以与大专院校建立校园排舞共建关系,彼此的队员增进了解,提高技术;参加各级别比赛,拔高金字塔塔尖,培养团队骨干;到兄弟学校去交流,相互研讨、展示、共同提高;走向社会,到社区交流,组织我们的队伍和社区居民进行交流,或者把我们自编的校园排舞教授给他们,取长补短,增加实践经验。

3.创造学习机会。社团发展靠大家,应尽可能创造机会让学生参与。社团品牌影响力的扩大更需要大家共同努力,要求每个成员要尽职尽责,做好自己的事情,特别在细节处理上需要大家齐心协力。只有做到这一点,才能有效提高社团的影响力,把社团工作落到实处,给每一位参与的人提供锻炼的机会。

(三)立足宣传

一个活动的优劣、意义是否深远,有时不仅在于活动本身的质量,还在于宣传怎么做,做的力度如何。

1.宣传要立足于正能量的传播,立足于全员参与,立足于日常细节。现在的宣传媒介非常发达,可以多渠道进行宣传,特别在重大活动之后,宣传要跟上,做到及时、高效;宣传工作在于细心、耐心;宣传,还应该加强沟通,沟通能够让大家达成共识。

2.机会都是为有准备的人提供的。抓好平日的课堂教学,关注学生课堂的行为:如何进行探究学习?如何进行自主学习?多拍些教学、训练的照片,也可以拍摄些微视频。这些都是宣传的素材,应注意积累,并积极宣传,在你需要的时候,就能够用上。

3.任何宣传思路的策划,都应建立在服务学生之上,我们的教育离开了这个初衷,就失去了很多意义。校园排舞让不会跳舞的孩子学会了跳舞;校园排舞让校园充满诗情画意;学生社团,发展了学生的核心素养。应以学生受益、学校发展为宣传素材。

二、社团发展——全员参与

社团发展,要立足于团队建设,人员确定之后,再开展活动。组建社团骨干队伍,让骨干充当助手,教同学们学会怎么教学排舞,学会怎么利用音乐进行队形变换,积极引导社团骨干发挥作用,促进大课间分享校园排舞,实现校园排舞推广全员参与。

(一)海选人才

1.培养学生的兴趣爱好。快乐是兴趣的源泉,学生若能感受到学习排舞给他们带来快乐,就会产生浓厚的兴趣。有了兴趣作引导,学生就能融入各种各样的排舞学习,就会驱动自己去了解排舞,变"要我学"为"我要学",全身心投入排舞学习,并积极推广、运用它,以促进自身的全面发展。

2.明确社团是自己的舞台。学校给学生创设发展的舞台,在制度上给予支持;在宣传上让学生明白社团是自己活动的舞台;让学生自己管理自己,自己服务自己。明确这条发展思路,很多事情做起来,就不会缺乏能动性。

3.积极选拔人才。基于此,结合学校德育处或团委(少总)等部门,进行社团建设的人才海选。任何一个组织,负责人都很关键,除了组织能力之外,还应该具备相应的专业知识,当然,这方面的知识储备可以通过专业老师后期的引导来加强。负责人除了要有工作热情之外,还应具备较强的管理能力。

(二)职责划分

1.不忘初心。校园排舞是学校体育一项新兴的健身项目,是一项将体育与艺术完美结合的运动,对于增强学生身心健康、营造积极的校园文化氛围具有很好的推动作用。社团要学会把社团活动的成果制作成有价值的资料,作为激励新成员的重要手段,将排舞社团的荣誉感传递给每一个成员。优秀的社团需要吸引更多的人才加盟,才能实现社团的持续发展。一个成功的社团,要立足于学生的发展,让学生明白团队的发展靠大家,每个人都要尽自己最大的努力；每个人明确职责，记住初衷，心系社团的发展。

2.执行力的培养。对于一个优秀的排舞社团来说，执行力很关键。执行力首先是一个责任意识的问题，社团成员要有强烈的责任感，把落实活动的责任放在一个重要的位置上，提前规划、安排；其次是一个沟通问题，善于沟通交流，团队内部才能达成一致。只有这样，执行力才能够做到上行下效，各个部门的活动才能得到落实。

3.分工合作。以笔者学校为例，除选拔一个总的负责人之外，还外加初中部、高中部两个负责人，再招募一些干事，分别负责宣传、后勤等工作。每年校级排舞大赛，总负责人与老师沟通比赛细节，选拔赛分别由初中、高中负责人进行组织安排。这样的组织安排，学生有更多锻炼自己的机会。

(三)扩大影响

1.由点及面。到兄弟校交流、展示，利用各节日进行校园排舞表演，扩大影响力；举办年段校园排舞大赛，各班自行组织队伍，进行自编自创，可促进班级交流；引导学生积累经验、丰富学生的课外生活，促进学生综合素质全面发展；利用校庆、运动会、艺术节、体育节等，进行校园排舞表演，实现以点带面。

2.大众参与。学校举办很多活动，都可以由社团来参与。大课间分享校园排舞，同学们主要采用体验式来感受校园排舞的魅力，根据音乐进行完整的校园排舞动作展示，校队队员可以在前排引领，社团负责考勤、音乐播放及评价，这些活动，尽量让学生自己来完成，教师做好整体引导与监控。

3.多渠道开发。每年春季运动会可以组织排舞联赛，社团也可以承办这样比较有影响力的赛事。社团可以利用中午、下午两个课余时间来安排小组学习，并进行有效的总结及反馈。课外活动除了学生自发进行锻炼之外，可以通过组建运动队来提高校园排舞的技术动作，培养骨干精英，夯实群众基础。多渠道推广排舞，让全体学生参与，亮出校园排舞队独特的风采，引领校园排舞往更高层次发展，实现校园排舞质的飞跃。

三、实施建议——落到实处

社团文化是社团全体成员在社团活动中所共同具有的理想信念、价值观念与行为准则，是以价值观为核心的一种意识形态。针对社团文化的内容，首先要认识到社团文化是校园文化重要的组成部分，与校园文化是共同发展和进步的，对于营造校园文化氛围，形成学校的历史传统，都起了重要的作用。

(一)加强社团文化建设

社团文化对于社团来说就是灵魂，既是一个社团内部的精神文化，又是社团的外在形象。

  1.社团文化。在社团内部,会长、干事、会员之间的交流是一种软文化;社团的内部管理方法、执行理念也是一种软文化;一个社团举办活动的多少、内容的丰富程度以及形式的多样化都体现出社团的文化;举办活动的顺利程度和火热度也体现出一个社团的影响力和凝聚力,也是一种社团文化的呈现。

  2.文化构建。努力让社团成员建立科学的价值观与人生观,调动他们趋同的理想信念与价值观念,把他们紧紧聚拢在一起,提高社团的凝聚力。做好社团的文化构建,它不但能帮助社团在校园内乃至区域建立良好的形象,提高社团的信誉,还能扩散到整个校园中,丰富校园文化,提高广大学生素质。

  3.构建措施。让成员了解学生会"社团章程",再根据总章程来撰写"社团发展规划",制作"社团人才资源库""社团事迹记录本""社团事迹PPT展""社团事迹电子杂志本""社团活动相册"等等。这些都重在记录过程,总结过去,关注细节,形成团队文化。

  (二)社团文化的作用

  排舞社团文化的形成对于社团的可持续发展有着基础性的推动作用。细化来说,加强社团文化建设具有以下三个作用:

  1.导向作用。通过排舞社团文化向个人价值观的渗透与内化,引导社团成员面对一致的方向,紧紧团结在一起,走向既定目标,争取成为其他社团的榜样。

  2.约束作用。在排舞社团文化的影响下,社团成员在心理上产生共鸣,从而控制自己的言行,让每个成员明白团队、集体这些概念,也更好促进他们形成集体荣誉感,明确自己的责任与担当。

  3.整合作用。它能够建立社团与成员之间相互信任与依存的关系并有机结合在一起,凝聚成一股合力,为排舞社团的目标而努力,从而促进学校文化良性发展。

  (三)突显校园排舞文化

  校园排舞能让学生身体更加健康、心理更加完美,气质更加姣好;学生通过长期的训练,可以领略不同舞种的美,提高自身的审美能力,也会促进自身形体的变化。只要参加校园排舞学习,久而久之,学生就能培养一种自信之美,在学习中不断提高自己,肯定自己,同时给予别人正确的评价,教师应搭建这样的拓展平台。

  1.内部思想交流。最基本的就是例会了,其他的活动还包括整个学生会的社团联欢会、社团娱乐活动等,除了社团文化展示之外,重在彼此的思想交流。让所有会员了解排舞社团文化,尊重排舞社团。

2.汲取经验创新发展。加强与其他社团联系、沟通,汲取他人经验。社团创新发展可以尝试开展"部门规划大赛""策划大赛"等活动,重在思维突破,形成新的社团文化。对参加过的活动、研讨过的主题,都应该加以整理、总结,汲取经验,促进创新。

3.品牌活动建设。根据学校的特色规划,结合社团特点发挥长处。围绕社团宗旨,重点打造特色品牌建设,需要把活动从各个方面进行完善,注重服务过程,立足学生发展,扩大品牌影响力。做到这些要求,才能够达到"上层次、办特色、创品牌、抓质量、求发展"的五句三字方针。

对于一个社团的建设来说,进行有效的管理是必需的。如果能够使社团管理的经验和社团活动的成果逐渐形成社团的文化,那么,这对社团的可持续发展是有着极为重要意义的,对于社团文化也起着基础性的推动作用。

第二节 校园排舞竞赛规划

学校教育的终极目标是促进学生全面发展,因此,教师要积极为学生的发展提供平台,把握机会,促进发展。校园排舞竞赛是根据一段完整的歌曲或创编的音乐,以有氧运动为基础,旨在增强团队精神、促进和谐关系和反映学生健康向上面貌的一种竞赛方式。开展校园排舞竞赛,能促进学生综合能力全面的发展,具有特殊的意义。从事排舞推广的老师们,务必了解并熟悉年度的竞赛日程安排,结合学校实际情况,组织学生参与各个层次的竞赛。

一、赛程拓展——把握机会

(一)赛程介绍

1.全国总决赛。国家排舞推广中心每年会在多个省市举办排舞分站赛,分站赛取得较好成绩的,经各个省市排舞分中心推荐,参加每年十月份在杭州举办的全国总决赛。全国总决赛已经连续举办4年,是由国家体操运动管理中心直接分管,全国排舞推广中心主办的赛事。与全国啦啦操总决赛(南京)、全国有氧健身操总决赛(青岛)同等级别。

2.各省分站赛。分站赛的目的也是促进当地的排舞发展,并为全国赛做一次选拔,比赛时间一般安排在上半年。截至2018年,福建省已经举办了五届排舞大赛,举办地分别为厦门、三明、泉州等地。

3.地市锦标赛。地市锦标赛应该是一项比较广泛、容易开展的比赛。也是各地市为了促进当地的排舞发展,协同体育局举办的排舞锦标赛。据调查,厦门体育局已经连续举办三届厦门市排舞锦标赛。

4.其他比赛。各区、县的排舞协会,都是为了促进参与者的兴趣爱好和体质的发展、推广排舞项目而举行比赛的。

作为推广者,要了解这些赛事,并呈报学校,让学校支持我们参赛;有参赛,学生就有锻炼的机会,是打造学校排舞队的最佳机会,也是学校对外宣传的窗口。

(二)校级比赛

各级比赛都有专门的组织机构,本节主要阐述校级的排舞比赛,这个环节需要排舞推广学校自行组织。本节主要结合笔者学校多年举办的校级排舞大赛的一些经验来阐述。

1.第一阶段

(1)制订计划:先与德育处沟通,确定比赛时间。很多学校上半学期都会开田径运动会,俗称秋季运动会。这些年,为了促进学生体质发展,很多学校也举办春季运动会。排舞比赛可以放在春季运动会进行。但是,要考虑到春天是个多雨的季节,又是各项考试进行的阶段。所以,在时间上,要跟学校沟通好。

(2)确定时间之后,再开始制定比赛规程。比赛可以分规定曲目、自选曲目两部分。可以提议男生参与有加分。要规定比赛曲目时间,让学生们准备起来心中有数。

(3)宣传、报名。这项工作也要做好与德育处的沟通,让德育处做好宣传,学生会也可以参与进来。报名时,各个班级确定好一名队长。参与人数也要做好规定。为了效果及影响力,可以鼓励男生参与。

2.第二阶段

(1)教师统一组织队长学习,教会队长怎么教学;然后由队长进行本班级的排舞教学。

完成基本动作教学,形成班级核心,实现有效组织管理。学习过程中会遇到很多问题,如学习时间的协调、动作一致性的认知、队形变换中不同的意见,教师要积极介入,积极引导。

(2)根据实际情况,让同学把组织过程中存在的问题集中起来,老师来统一分析,并针对具体的问题一一解答,让学生心里有底。同时,可以放映有关比赛的画面,看运动员如何准备比赛,如何将自己良好的竞技状态呈现出来。

教师还应依据中学生生理、心理特点,引导他们自主设置适宜的阶段学习目标,使学生在学习过程中,理论与实践相结合。

(3)经过一段学习之后,教师再进行一次统一指导,规范比赛动作要求;队长组织本班进行自编自创动作学习与研讨,统一规范整个比赛动作,将自编自创的动作和谐融入固定动作。这一阶段之后,马上要进入比赛,提升训练的效率,提高团队凝聚力,是工作的重点。

3.第三阶段

(1)教师统一安排进出场学习、彩排。队长组织本班级同学进行开场与结束2个8拍动作的学习,熟悉完整规范的比赛程序,严格按照比赛要求进行训练,准备以最好的状态迎接比赛,赛前同学会产生一些焦虑,教师要做好这方面的引导工作。

(2)教师统一组织预赛、决赛。各队长完成本班的参赛任务,展示班级自身特点,赛出风格,展现排舞的"三好四美"。我们可以清楚地认识到举办比赛的每一环节都至关重要。每一项计划都要事先考虑到,这样才能在遇到困难时沉着应对,才能知道整个过程中需要注意什么。所以说做好详细的计划,对一项赛事举办得成功与否至关重要。

(3)充分调动学生积极发言、总结。让学生进行充分的讨论,谈谈心得体会,充分认识在整个过程中存在的问题。教师讲授时要贴近学生实际、贴近排舞比赛实际,每一个知识点要多举实际例子,教学实际要生动,易于理解,避免枯燥说教。在整个总结会议中,教师都应有意识地创设愉快的环境,营造同学间相互悦纳和支持的氛围;明确重在参与的理念,塑造"胜不骄,败不馁"的竞赛氛围。

(三)问题分析

不管是外出参加比赛,还是在学校组织排舞比赛,都会遇到许多问题,作为教练或者是指导教师,要尽可能预想问题,提早考虑周全。

1.外出比赛问题分析

(1)常规问题。通知下发之后,一般都会通过学校处室转发到教练手里;从此刻开始,教练要熟读竞赛规程,并根据要求做好报名工作;然后做好训练工作,组织学生参赛。这里会出现一系列问题,如需要准备好健康证明、保险证明、身份证、学籍等证件,还有场地适应时间等问题。

(2)特别问题。外出比赛要注意行程安全、食品安全,结合主委会要求,提早买好保险,把风险降低;外出比赛,最好让学校领导带队,遇到突发问题,比较好解决;并要求学生一切行动听指挥。

(3)其他问题。赛前要关注当地的天气情况,并做好出行准备;比赛中,学生的情绪很关键,教练要做好引导,鼓励学生建立信心,积极发挥;关注对手,了解各区域参赛队水平,积极学习、比较,为下次比赛做好准备。

2.校内比赛问题分析

校内比赛遇到的问题比较容易解决,最关键在于积极沟通。如何布置制订班级活动训练计划?教师对每位学生的作业给予具体激励性评价,并结合实际掌握执行情况,并给予及时的鼓励。

(1)可运用"讨论式",充分调动学生学习的积极性、主动性。著名教育家叶圣陶先生早就提出:上课令学生讨论,由教师做主席、评判人和订正人,这是通行的办法。教师鼓励学生讨论,对学生回答多加肯定,对学生精彩见解大加赞赏,逐步提高学生思维深度和广度。例如本节课提出"如何有效进行比赛组织?""排舞大赛的程序是什么?"等题目展开讨论。在讨论进行中,有错误的给予纠正,有疏漏的给予补充,有疑问的给予阐明。

(2)在学生学习过程中,重在实践中运用,学生在运用一些组织班级小型比赛时要及时记录、整理、提倡创造性实验研究,提倡学以致用。学会理论知识是认知的先导,真正深入体会理念还要来自实践。

(3)下面一起关注笔者学校校园排舞大赛中的那些事,以2018年第九届排舞大赛过程中出现的一些小插曲为例,让学生感受比赛过程中需要注意哪些事情。

初二(1)班:这个班级想动员男生参与排舞大赛,班主任特地召开了一次"集体意识如何在日常生活中养成"的主题班会,之后全班男生踊跃报名,确保足够的参赛人数,还得到0.5的加分。班级队长时任学生会副主席,在组织训练上很有方法,很会调动同学的学习积极性,采用男女生结对子、相互帮助来解决其他班级出现的男生拖后腿的问题;队内分工合作,负责动作创编的一组,负责队形变换设计的一组,大家共同讨论,现场解决问题,提高班级学习效率。班级要想把一项活动举办得有声有色,离不开班主任的支持;队长个人能力的高低,也决定了班级队伍的整体水平。

高二(2)班:此班级队长是学校健美操队队长,该队长有很强的排舞基础,而该班队员大部分是排舞模块班的学生,于是她就安排同学在课堂上把教师教的基本动作全部掌握,专设一个同学进行辅差指导,课外时间就可以用来自编动作和变换队形。该班级在所有队长面前展示了一遍集训成果,给其他班级做了很好的表率与示范,很多班级的队长没这方面经验与实践,总在思考该怎么办?其他班级在进行自创动作学习时,该班级已经完成全部比赛动作训练,进入提高阶段。该队长利用自身的优势,在班级里建立了威信,因此她的一言一行同学都很支持,大家才能如此高效地完成训练。

高一(3)班:该班级报名之时,只有队员和人数,没有具体的名单,队长不知该怎么合理利用资源,因为全校唯独此班是所有的队员在同一个模块班上课,比赛的内容已经全部掌握,在报名人数确定上却遇到麻烦,大家缺乏一种比赛的热情,没人要报名参赛,队长成了光杆司令,比赛最佳组合是12个人,而班里共有17个人是选修排舞的。后来该队长和排舞老师达成一项协议:凡参加排舞比赛的同学,课外训练算课时,满18课时的可得1个学分。这样该队长就掌握了主动权,最后大家踊跃报名,全班12个人的名单也顺利确定下来。

二、规则解读——做好准备

学校运动队代表学校参加高级别的比赛,高级别比赛都包含彩排、开幕式、比赛、闭幕式。每个环节都是学校展示风采的机会。校级比赛,其实也可以仿照此类做法,让各个班级积极参与,活跃校园氛围。这些环节的工作,就需要老师身体力行,做到事无巨细,把规则解读到位。

(一)规则与分析

1. 规则解读

本小节包含五部分内容:比赛动作要求、音乐、服饰、安全规定、裁判扣分。

(1)了解比赛动作及编排要求。成套动作必须采用大会组委会制定的排舞舞码版本,必须在规定的音乐伴奏下完成比赛动作。根据编排的需要、风格的把握以及对曲目的理解,在不改变原舞码基本风格、基本舞步和音乐节奏的前提下,编导者可以对原排舞的前奏、上肢动作、队形,以及入场、退场等进行改编,改编部分不能离开音乐的整体风格。在一首完整的排舞音乐伴奏下,全体选手必须完成一个完整的循环。其余可做队形或方向的变化。结尾可以有不超过2个8拍脱离原舞码的编排。

可以向学生提出问题,让学生回答动作编排要注意哪些问题;在归纳、总结后可进一步让学生思考,每支排舞原舞码在什么样的情况下可以改变;教师针对此情况便可以介绍串烧表演的注意事项,以便学生了解。几首排舞串联表演称为串烧表演。每首曲目全体选手必须面对评委完成原舞码规定的一个方向的完整动作,其中组与组之间的重复动作可以进行编排。每首排舞之间要衔接流畅、过渡自然。

(2)比赛音乐。表演过程中采用的音乐,必须是本队所选表演曲目的排舞音乐。在上下场以及每首曲目衔接的过程中,不允许添加表演曲目以外的音乐。规定曲目必须是一首完整的歌曲或乐曲,未经剪辑、组合、拼接。串烧曲目可以根据情绪需要对原表演曲目音乐剪辑、组合、拼接,但不得改变原曲目音乐风格。规定曲目音乐光盘由大会组委会准备,自选曲目音乐光盘由参赛者自备。

在使用排舞串烧时,该如何进行音乐衔接?这是学生要知道和掌握的主要问题,排舞比赛很多是以串烧形式进行的。要了解此规则,可以先组织学生讨论与探究,教师给予正确的引导。

(3)比赛服装与装饰。排舞比赛要求穿着不同的服饰,比赛服饰、鞋、帽等要求符合舞蹈风格,这是至关重要的。参赛鞋要求与服装服饰搭配相适宜,带跟鞋要求安全,鞋跟高度不得超过3厘米。比赛时选手可以化妆、彩绘、花纹图案贴纸均可。可以佩戴与表演相关的饰物。但不鼓励使用道具。

(4)安全规定。编排的动作中不能出现对身体造成伤害的动作。动作的难度适合参赛者身体能力和运动水平。编排的动作不得出现抛接、翻腾、叠罗汉等危险动作或类似竞技健美操或啦啦操中的难度动作,如出现类似的动作,要进行扣分。

(5)裁判长扣分。裁判长对以下情况进行扣分,每项扣0.2分:
①参赛人数或男女比例不符合规定;
②出现超过安全规定的动作;
③改变原曲的速度和节奏;
④比赛中服装服饰头饰散落、道具掉落等;参赛曲目时间超过规定;

2.知识点

比赛除了靠自身技术之外,还要了解比赛的规则,这样才能更好地赢得比赛。排舞比赛比的是一个过程,运动员从入场准备开始,所有的举动都会影响裁判对比赛的判罚。因此,整个排舞比赛要注重细节方面的要求。排舞比赛规定对成套动作进行评分,包括以下五大因素:动作完成的质量、编排设计部分、舞曲风格及表现力、总体服饰妆容、总体完整性。

(1)参与校园排舞比赛要注意动作的编排、音乐的选择、服饰的搭配、安全事项的注意。

(2)让所有队伍明白评判的标准,以及裁判长的扣分点,做到心中有数,沉着备战。

(3)积极参加排舞活动,树立终身体育意识和社会责任意识;认真解读竞赛的规章制度,积极参与社区的体育活动。

（二）比赛注意事项

1.了解评分标准

了解比赛的评分标准与分值，有助于全方位提高自己班级的竞争力。整个比赛的评分标准是从五大方面进行制定的，有了具体的评价内容，再结合详细的评价标准与分值确定规则，班级就可以根据这些标准进行强化训练。

2.了解队伍情况

当彩排结束之后，就可以进入比赛阶段，各个班级应该把赛前存在的问题都处理好，比赛时注重强调以下几点：

（1）比赛时，各班队伍要沉着冷静对待比赛，赛出自己的风格、特点；上场前，队员们要学会相互鼓励。

（2）注意比赛时进出场要求，不做与比赛无关的任何事情，尊重对手，服从裁判，从细节上去提高自己的队伍。

（3）比赛过程中若出现运动员发挥失常情况，要及时调整比赛节奏与心态，把比赛坚持到底，赛后要给予那些在比赛中动作失误的队员以安慰，不要轻易责备。

（4）比赛过程中要注意运动员的表现力，全心投入比赛，把自己内心对动作的理解通过肢体语言表达出来，注意动作的力度与感染力，在动作幅度上要相互提醒。这些都是校级比赛队伍比较欠缺的，要多加强调、鼓励，争取赛出水平。

（5）学会宣传自己，借助班级的力量，进行队伍包装，学会利用场下的观众，给自己班级渲染气氛，使比赛现场更加富有人气，场上场下融为一体。

三、组织安排——分工合作

任何比赛都得有运动员、裁判员参与，良好有序的裁判工作，是一场比赛取得成功的前提。而高效率的组织方法，能确保组织工作事半功倍。校级的比赛，组织者一定要让学校、运动员明白比赛的目标与组织方法。而不是所有的事情都由组织者包办。因此，本小节特别强调要分工合作，让所有人都明白，一场活动，每个位置都很关键，每个人的职责都很重要，体现参与者的价值。

（一）组织策划

1.参与部门

学校的发展是以学生受益为出发点的，而学生活动离不开德育处与班主任的支持与组织。为了保证比赛有序、安全进行，后勤、保卫工作也非常重要。

基于此，一场校级排舞比赛，要涉及德育处、团委、总务处、保卫处、年段、班主任、体育组、艺术组等多个部门，每个部门的作用不一样，因此，要做好沟通与安排。

2.赛前组织

(1)宣传报名。宣传报名可以由德育处负责，再结合团委进行。应做好赛前的比赛通知，做好各方面的宣传与沟通，同时把比赛的规程下发到各个班级。强调比赛的要求及报名条件，各个班级根据具体要求，组织报名。报名以志愿为原则，当班级报名人数达不到要求时，班级可以请班主任出面协调，或者请该班级的体育教师协调。

(2)组织训练。排舞比赛，有统一的舞码和音乐，因此各个班级组织报名之后，整个队伍就要准备学习规定的舞码，熟悉比赛音乐。队长要根据班级特点制订相应的训练计划及要求，尽量利用课余时间来完成训练。组委会会统一安排教师进行规定舞码教学，班级可以派代表统一学习，再利用课余时间进行训练。班级得靠自身的力量把赛前的准备工作做好，训练过程也可以请教师去指导。规定舞码学习之后，要进行队形变化及自选动作学习，这方面的学习，班级同学可以群策群力，要遵循一个原则，即编排的动作要符合音乐风格，体现学生特点或班级文化。

3.组织比赛

(1)组委会的各成员最好能拥有不同方面的专长，这样在策划中各成员就可以依据他们的特长解决不同方面的问题，如报名表的处理、宣传、赛事编排等。而且他们很可能各自拥有一些不同的社会关系，这对于争取商业赞助至关重要。

(2)准备一份邀请草案；该草案应包括赛事的暂定日期、时间、地点(场馆)、主办方、来宾、赛事的名称以及活动的主题。尽可能让组委会其他成员以及上级主管对此项赛事的准备进度保持一致，这样可以使各方面之间协作不一致的压力降到最低，减轻自己和他人的合作压力。

(3)根据比赛规则，熟悉比赛要求，进行彩排是一项很重要且关键的步骤，对整个比赛能否取得成功至关重要。彩排就是把比赛的流程告诉参赛队伍，让大家知道该怎么进行比赛，只有这样才能确保比赛有序、高质量进行，也可以让参赛队伍知道自己欠缺什么，需要注意什么。然后抓紧时间进行最好的调整，确保比赛时赛出自身最高的水平。

彩排就是比赛的预演，对比赛队伍而言是一次经验的积累和对场地的熟悉。对组委会而言则是一次临场考验，使之更能把握整个比赛的节奏，对突发事件处理起来更加冷静。彩排也是裁判与运动员的一次对话,裁判员通过彩排就能看出一支队伍实力,在正式比赛评判中,对各支队伍的实力心中有底,也有助于比赛更加公正、公平。

(二)正式运作

根据实际情况修正赛事的日期、地点、预算、主办方以及来宾、赛事名称和活动主题并最终把草案确定下来。向组委会成员以及上级领导通报并讲解你的最终草案,以使他们明白你的计划可行性并通过计划。再次与组委会成员以及志愿者代表碰头,听取他们对某些细节的具体意见,这也是修改具体细节的最佳时机。

1.赛前细节盘点

(1)确保赛事具体时间点的实时更新,有变化的话,要第一时间通知所有部门。

(2)让德育处、总务处做好奖品及其他相关物品的准备。比如奖牌、证书、组织者的徽章,以及各种纪念品等等。

(3)对赛事计划进行总结,编写成小册子,确保组委会内部没有重大分歧,随时保持和组委会其他成员、志愿者代表以及上级领导的联络。

(4)对赛事场馆进行安排,如:桌椅、布景、麦克风、音箱、电脑、大屏幕液晶显示屏、讲台、贵宾席,以及会场的整体布置。

(5)和组委会其他成员一起考察比赛场地。给予赛事工作人员一些适当的指导,以使他们明白如何处理一些突发事件。

2.赛前倒数第二天

(1)检查所有参赛队伍的准备情况。

(2)提醒学校领导赛事开始时间。

(3)检查所有进程是否按计划有条不紊地进行。

(4)去赛事场馆检查是否所有布置都已安排妥当,准备应急的药物。

(5)做一份检查清单并带到赛场。检查是否有足够的工作人员来应对赛事的进行,否则应迅速多安排一些人员。

临近比赛时,组委会应对参赛队伍进行一次统一了解,检查各参赛队伍准备情况。特别在班级队形变换、自选动作学习上,假如准备不足,可以加快训练或调整方案,为赛前彩排做好准备。可以让有经验的班级做个示范,让其他班级参考学习,一起提高整个比赛水平。各支队伍可以把训练中存在的问题提出来,以便及时、有效地解决。有关人员还可以指导参赛队伍根据所选用的动作,进行服装方面的准备,因为好的服装能增添比赛色彩,在比赛评分中占有一定的比重。

3.赛事进行时

(1)组委会成员以及志愿者提前到达赛场,并全面检查所有的电子设备是否能正常使用。

(2)对于任何进入赛事区域的人员,都应有详细的工作安排。

(3)确保对讲台和麦克风的管理,保证音乐播放的时间和类型能够恰到好处地配合赛事的进程。

(4)确保发言者了解发言时限。

(5)安排人员对所有重要活动和场景拍照,特别是赞助商的横幅、比赛的标语及旗帜等等。

(6)清理赛场,检查所有电器设备,移除横幅,带走文件并确保已无有价值的物品遗落。

4.赛事结束后

(1)校园排舞大赛结束时,要及时总结比赛过程中的优缺点,成功的地方要及时记下来,以后继续发扬;不足的地方,要寻找出问题所在,以便加以修正。这样,就能为今后举办更高级的比赛做充分的准备。

(2)还要注意对获胜的班级进行精神奖励,有条件的可以适当进行物质奖励。设置等级奖,对所有参赛的队伍进行表彰,这样可以激励他们,奖励突出的,鼓励参与的,这样才能达到举办比赛的目的,让同学们体会"比赛第一,参与也第一"的新观念。

(3)积极宣传,让赛事取得更好的效果。

(三)组织注意事项

1.参加各级别比赛最需要注意什么?作为教练或者组织者,可以分点逐条罗列开来,并做好记录,安排对策。在每一次比赛结束之后,要及时总结,避免下次再犯类似错误。

2.校级排舞大赛需要哪些部门参与,如何做好各个部门的工作安排?切记,此项工作应由上级主管部门负责。可以由学校分管德育的副校长牵头,由德育处具体安排。工作要细致,但是,不要越级。

3.组织好一场重大比赛的决定性因素有哪些?笔者学校推广了十几年排舞,举办了十届排舞大赛。通过这些比赛,笔者认为:组织好一场比赛的决定性因素很多,但是,最关键的就是让学生自己负责。因此,怎么用人?用什么样的人?就是组织者应该考虑的事情。

实践舞台

自己编一支排舞

1.明确一支排舞有及部分组成,方向变化有几次?

2.如何编排与音乐风格相符合的动作舞码,实现动作衔接的连贯性与观赏性的有机结合?

3.前奏音乐节拍如何把握,音乐中间间奏如何处理?

附件:

2019全国排舞规则

第一节 总则

一、说明

1.项目定义:排舞(Line dance)是根据音乐风格进行舞码创编,并进行起始方向循环的一种国际健身舞蹈。

2.开展范围:排舞非常适合日常健身、工间操、课间操、全民健身展示表演及开展比赛等活动,在丰富大众文体生活、增强团队精神、促进生产力、创建和谐社会等方面具有特殊的作用和意义。

二、目的

保证全国排舞比赛的公平、公正、客观、规范。

三、比赛项目和级别

1.单人项目

(1)单人规定(男女不限)

(2)级别:初级、中级、高级

2.双人项目

(1)双人规定(男女不限)

(2)级别:初级、中级、高级

3.集体项目

(1)集体规定

(2)集体串烧(两曲连跳/三曲连跳)

(3)集体自选(民族类、现代类、抒情类)

(4)集体公开组

(5)原创排舞:(自选原创曲目和独立原创曲目)

①民族风舞曲

②流行风舞曲

四、比赛分组及参赛人数

1.比赛共分四个大组,具体如下:

(1)学生组

①幼儿组(<7岁)

②小学生乙组(1~3年级)

③小学生甲组(4~6年级)

④中学生乙组(7~9年级)

⑤中学生甲组(普通高中、职高、中师中专等)

⑥高校普通院校组(含独立学院、职业学院)

⑦高校专业院校组(含体育学院、艺术院校组)

(2)青年组(18~35岁,含35岁)

(3)中年组(36~50岁,含50岁)

(4)常青组(50岁以上)

2.参赛人数

(1)每队可报领队、随队裁判、教练、管理、队医等各1人;

(2)集体项目中公开组每队参赛人数3人以上(含3人),年龄不限,国籍不限;

(3)创编排舞项目参赛年龄不限,每队参赛人数不得少于6人,男女不限;

(4)其他集体项目每队参赛人数不得少于6人,男女不限;

(5)单人项目每队限报2名选手,报名时指定其中一名选手成绩计算团体总分;

(6)双人项目每队限报 2 对选手,报名时指定其中一对选手成绩计算团体总分。

五、出场顺序

出场顺序由比赛组委会抽签确定。

六、入场和退场

1.参赛队可以选择动态入场或造型开始动作;
2.参赛队根据音乐可选择造型结束动作或在音乐伴奏下退场;
3.退场时须向裁判员及观众行礼致意。

七、音乐时间

1.串烧曲目时间(自音乐起至音乐结束止);
2.串烧曲目 A(三曲连跳)的音乐时间为 5′00″—6′00″;
3.串烧曲目 B(两曲连跳)的音乐时间为 4′00″—5′00″;
4.规定曲目、自选曲目曲目时间为原曲时间,不得剪接与拼接,规定曲目由大赛组委会提供,自选曲目由参赛队自备;
5.原创曲目音乐时间长度不得超过 4′30″;
6.单人、双人初级曲目音乐时间为 2′30″,由大赛组委会提供;
7.单人、双人中级曲目音乐时间为 4′30″,由大赛组委会提供;
8.单人、双人高级曲目音乐时间为 5′30″,由大赛组委会提供;
9.所有参赛音乐均为高质量的 MP3 格式的音乐,不得有杂音,串烧曲目必须完整,无拼接痕迹。

八、比赛成绩、名次及奖励

1.单项名次录取,各项目比赛得分高者,名次列前;如分数相等,则名次并列。
2.团体总分、奖项设置与奖励办法按比赛规程执行。

九、服装与装饰

1.比赛服装、服饰、鞋、帽等要符合曲目风格,服装服饰搭配协调,带跟鞋要求安全,排舞项目的长裙下摆不得超过踝关节;
2.比赛时选手可化妆、使用花纹贴纸;
3.可以佩戴与表演相关的饰物;

4.获奖队代表必须着比赛服参加颁奖仪式;

5.公开组曲目和串烧曲目比赛过程中,服装服饰允许变化但不得离开身体。

十、道具的规定

比赛中可以使用道具,但不鼓励使用,道具使用应与曲目风格或主题有关联,道具不得离开身体,因使用道具出现的错误将被扣分。

十一、安全规定

1.成套动作中不得出现超出自身能力对身体造成伤害的动作(不安全动作);

2.成套动作中不得出现抛接、翻腾、叠罗汉、倒立等危险动作;

3.单双人项目中、高级项目炫技部分可以有表现个人能力的符合曲目风格特点的技巧动作。

十二、场地与设备

1.比赛场地最小应为16×16平方米适于运动的平整场地;

2.裁判席设在场地的正前方(单人项目可采用裁判移动评分)。

十三、广告标贴规定

1.组委会有赞助商统一广告标贴规定的,按照统一规定执行;

2.参赛选手赞助厂商的广告标贴,允许缝制在选手的服装上,约4平方厘米;

3.臂贴可以是方形或环绕手臂,但宽度不得超过4厘米;

4.印制在选手后背上的广告,面积不超过21×5平方厘米,成一线排列。

第二节 舞步、音乐及编排

一、排舞舞步和音乐的统一

1.全国排舞比赛的曲目由国家体育总局体操运动管理中心公布,为了保证比赛的公平公正,舞步和音乐必须使用中心公布的统一版本,使用非统一版本的舞步或音乐都将被视为错误而扣分;

2.串烧曲目中要求音乐与舞步完整对应,串烧曲目的音乐只能整段剪接不允许拆分拼接;

3.串烧曲目的音乐连接部分可以有不超过 2 个 8 拍的音效处理,都不得超过 10 秒。

二、编排要求

1.所有比赛项目都不得改变和拆分舞步;

2.在不改变曲目风格和音乐节奏的前提下,可对曲目的前奏(队员入场)、间奏、结束动作(队员退场)和舞谱描述以外的上肢动作、方向、队形等进行编排。结尾部分可以有不超过 2 个 8 拍不同于原舞步的编排,3/4 拍节的曲目可以有 8 个 3 拍不同于原舞步的编排;

3.规定曲目、自选曲目、公开组的队形变化不得少于五次,串烧曲目中的每个单曲队形变化不得少于五次;独立原创曲目选手在音乐前奏结束后必须面向裁判完成一个舞步循环(舞步循环:依次完成舞步中规定的每个方向的段落)后,方可开始队形或方向的变化;曲目中出现分组、分段或有间奏(TAG)的舞曲,编排时只需展示音乐前奏后最先出现的一组或一段完整舞步;

4.成套动作中依次或交替完成动作时,不跳舞步的选手停止时间不得超过 1 个 8 拍,3/4 拍节的曲目停止时间不得超过 3 个 8 拍;

5.队形变化或队员换位移动时,舞步的编排应遵循舞谱说明要求不得随意改变舞步,编排时只能利用方向、面的转换进行移动,体现排舞舞步的唯一性特色;

6.集体项目的编排应充分考虑场地和空间的使用;

7.成套动作中(串烧曲目中的每首曲目)允许有一次不超过 1 个 8 拍舞步小节的重复。

三、规定曲目的编排

1.全体选手在音乐前奏结束后必须面向裁判完成一个舞步循环(舞步循环:依次完成舞步中规定的每个方向的段落);

2.完成一个舞步循环之后,方可开始队形或方向的变化;

3.规定曲目中出现分组、分段或有间奏(TAG)的舞曲,编排时只需展示音乐前奏后最先出现的一组或一段完整舞步;

4.规定曲目音乐由比赛组委会提供;

5.其余编排参照本节第二条的第 2 点进行。

四、自选曲目的编排

1.全体选手必须面向裁判完成一个方向的舞步段落；
2.自选曲目必须为中心历年推广曲目；
3.其余编排参照本节第二条的第2点进行。

五、公开组曲目的编排

1.公开组曲目须为全国排舞运动推广中心历年推广曲目；
2.全体选手必须面向裁判完成一个方向的舞步段落方可队形变化，队形变化过程中不得改变原有舞步，可使用道具可改变服装也可离开身体，但不得抛出比赛场外，前奏和结束2个8拍可以自行编排；
3.自选音乐不得自行改编和剪辑，前奏和结束2个8拍可以增加音效。

六、串烧曲目的编排

1.参赛队可对原有音乐进行剪辑、组合、拼接，但不得改变音乐的速度和节奏，可对音乐之间的过渡部分做音效处理；
2.每首曲目之间的舞步衔接要流畅，动作过渡要自然；
3.全体选手在每首曲目衔接音乐后必须面向裁判完成每首曲目的一个方向的舞步段落；
4.如遇参赛曲目有ABC等多组动作，选手可只向裁判完成任一组动作一个方向的舞步段落；
5.串烧的每首曲目结尾处可以有不超过2个8拍脱离原舞步的编排；
6.同一首曲目音乐在串烧曲目中出现两次时，仅作为两曲串烧，音乐时间按两曲串烧执行；
7.串烧曲目的选曲不得选用本组别规定曲目；
8.其余编排参照本节第二条的第2点进行。

七、双人规定曲目的编排

1.前奏和结尾2个8拍可以自行编排，音乐前奏结束后选手须面向裁判循环完成所有的舞步段落；
2.初级选手不得炫技展示，不得改编舞步和方向；
3.中级选手、高级选手每个单曲可有2个8拍的炫技展示，炫技结束后要接上相应方向的舞步动作，不得改编炫技之外的原有舞步和方向。

八、单人规定曲目的编排

前奏可以自行编排,音乐前奏结束后选手须面向裁判循环完成所有的舞步段落。

九、原创曲目的编排

1.选手在音乐前奏结束后必须面向裁判完成一个舞步循环(舞步循环:依次完成舞步中规定的每个方向的段落)后,方可开始队形或方向的变化;曲目中出现分组、分段或有间奏(TAG)的舞曲,编排时只需展示音乐前奏后最先出现的一组或一段完整舞步;

2.舞步创编必须符合排舞运动的项目特色和基本要求,符合音乐风格,易于推广普及;

3.舞曲内容健康、前奏清晰易辨、循环(或段落)展示;

4.参加独立原创曲目的比赛需提交舞谱所需各项内容(包括:音乐名、作者信息、前奏、舞步拍节、方向、舞序、启动脚等);

5.自选原创曲目,成套动作除前奏和结尾外,其余可自由编排,完成一个舞步循环后可进行队形变化。

第三节 裁判法

一、大会组委会

1.大会组委会由主办与承办单位的相关领导、行政人员及各参赛队领队组成;

2.大会组委会负责大会的组织、宣传、竞赛及后勤保障工作。

二、仲裁委员会

1.仲裁委员会由本项目的专家和官员担任,一般为3~5人,负责按规则和规程等有关规定对比赛中发生的争议作出仲裁决定;

2.仲裁委员会的裁决为最终裁决。

三、裁判委员会

1.全国总决赛、全国冠军赛裁判委员会高级裁判组3~5名、裁判长1~2

名、裁判员10名、记录长1名、记录员2~3名、检录长1名,检录员3~4名、放音员1~2名、计时员1名、宣告员1~2名组成,也可根据比赛规模的大小适当增减裁判人员;

2.全国联赛分区赛、各省级比赛裁判委员会由总裁判长1名、副裁判长1~2名、裁判员10名、记录长1名、记录员2~3名、检录长1名,检录员3~4名、放音员1~2名、计时员1名、宣告员1~2名组成,也可根据比赛规模的大小适当增减裁判人员;

3.各地市、区以及基层单位比赛裁判委员会根据比赛规模自行设定。

四、裁判员资格

1.担任排舞比赛的裁判员必须参加过由国家体育总局体操运动管理中心举办的排舞裁判培训,考试合格,取得相应的证书;

2.裁判必须熟悉比赛范围内所有曲目的舞步和音乐;

3.裁判员需精通评分规则,熟悉竞赛规程,遵守裁判纪律,在评判过程中秉承"严肃、认真、公正、准确"的方针,做到独立评分。

五、裁判工作职责

1.高级裁判组工作职责

(1)全面负责竞赛裁判工作,检查赛前各项准备工作,参与处理比赛中出现的重大问题;

(2)管理裁判员队伍,组织裁判员学习,确定裁判员分工,指导裁判员观看赛前训练;

(3)主持技术会议,安排竞赛事宜,与参赛队沟通,按规则和规程解释相关问题;

(4)监督、检查裁判员对整场排舞比赛的评分情况,当评分出现严重偏差时,有权做出适当调整;

(5)对裁判员、教练员、运动员干扰比赛进程的不正当行为,有批评、教育、警告和建议取消比赛资格的权利;

(6)审核并宣布最终比赛成绩;

(7)做好竞赛工作总结。

2.裁判长职责

(1)协助高级裁判组做好竞赛工作;

(2)协助高级裁判组负责检查场地、宣告、组织编排和抽签等工作;

（3）检查登记的成绩记录，审核最后得分；
（4）调控比赛进程；发出运动员入场信号（举绿旗）。

3. 裁判员职责

（1）对比赛规程和评分规则全面学习并掌握，熟悉参赛排舞舞步；
（2）参加赛前裁判员学习，听从管理机构的指示，服从总裁判长领导；
（3）按时出席赛前的全体裁判员会议，观看赛前训练；
（4）做好各项准备工作，比赛期间统一行动，不得随意和参赛队接触；
（5）执裁期间严格按照裁判纪律要求，注意仪容、仪态端庄大方；
（6）严格按规则准确、快速、客观、公正地做出合乎道德的评判。

4. 记录长和记录员职责

（1）协助高级裁判组做好赛前准备工作，准备好出场顺序表、比赛成绩记录表等竞赛用表和裁判组评分用具；
（2）比赛中及时统计裁判员评分，排出名次和奖项等；
（3）协助裁判长做好赛前抽签工作；
（4）根据大会要求设计、制作成绩册。

5. 计时员职责

对参赛队比赛的起止时间准确计时，时间不足或超出须立即报告裁判长。

6. 检录长和检录员职责

（1）召集参赛队伍，做好入场前期准备，确保开幕式、各场各项比赛按时顺利进行；
（2）组织领奖队伍，确保领奖工作有序进行。

7. 宣告员职责

（1）在高级裁判组指导下进行赛前准备；
（2）临场介绍仲裁委员会人员、裁判委员会人员；
（3）在高级裁判组示意下宣告出场队伍，宣读裁判员评分结果和最后得分；
（4）介绍、发放与比赛相关的知识和组委会指定的宣传材料。

8. 放音员职责

收集各队比赛的音乐光盘，整理、核对、排序，准确播放各队参赛音乐，并做好保管和退回工作。

六、评分办法

1. 临场评分裁判由高级裁判组3名（2名高级综合评价和1名高级舞步评

价)、普通综合评价裁判组8名以及舞步评价2名组成;成套动作采用十分制,满分为10分,临场裁判员评分精确到0.01分,评分裁判根据评分因素要求进行评分。

2.普通综合评价裁判组:共有8名综合评价裁判员评分,分别去掉两个最高分、两个最低分,其余4名裁判分数之和的平均为综合评价分。

3.普通舞步裁判组:2名舞步裁判评分成绩之和的平均分为舞步最终得分;得分:普通综合评价裁判平均分×0.8+普通舞步裁判员平均分×0.2为该队得分。

4.高级裁判组:

(1)高级裁判组由5名成员组成(1名总负责、1名舞步评价、2名综合评价、1名轮空候补);每竞赛单元(半天计)赛前抽签决定;高级裁判组实行回避制。

(2)高级裁判组分数介入使用前提:舞步平均分和综合评价的平均分为基准分数,在任意一方的平均分处于不同分数区间(详见下表)时,普通裁判组的平均分与高级裁判组的平均分将会有一固定数值差(详见下表),若等于或超过此数值差时,高级裁判组分数介入,这时普通裁判组的平均分与高级裁判组平均分之和再取平均分。

临场得分平均分数区间	数值差不能超过
9.5及以上	0.2
9.0~9.49	0.3
8.0~8.99	0.5
7.0~7.99	0.8
6.99及以下	1.0

5.最后得分:参赛队最后得分为普通裁判组评分结合高级裁判组介入分之和的平均分。

七、曲目的评分因素与分值

1.舞步分(满分10分):裁判对下列因素出现的错误进行减分,最多扣10分。

(1)评分因素:基本舞步、舞步顺序、版本错误。

(2)对应分值:

评分因素	评分重点
基本舞步(4分)	舞步错误:最多减1分
	方向错误
	缺乏规范:最多减0.5分
	节拍错误:最多减0.5分
舞步顺序(3分)	颠倒舞步
	拆分舞步
版本错误(3分)	音乐版本错误
	舞谱版本错误

(3)舞步裁判评分提示:前奏后的舞步错误每次减0.2分;编排过程中出现的舞步方向错误每次减0.1分;左右脚错误每次减0.2分;规定循环或段落展示时第1个8拍的1、2拍和最后1个8拍的7、8拍方向错误或有队形变化减0.5分;停顿超过1个8拍每次减0.2分;不停顿跳其他舞步减0.2分;舞步裁判还负责针对舞谱有描述的动作进行评价,如:规定上肢动作未做减0.2分。

2.综合分(满分10分):裁判对下列因素出现的错误进行减分,最多扣10分。

(1)评分因素:综合评价包括完成动作的一致性、成套动作的编排、曲目风格的把握、表演效果和身体姿态的控制。

(2)对应分值(完成分与艺术编排分合并):

评分因素	评分重点
完成分(3分) 最多减1分	舞步与音乐节拍吻合
	舞步完成一致性
	上肢动作一致性
	整体队形展示的一致性与准确性
	表演技巧的一致性
	间奏部分完成情况
	结束造型和结束动作完成情况
身体姿态控制(1分)最多减0.5分	根据曲目风格控制姿态

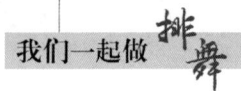

续表

评分因素	评分重点
成套编排(2分) 最多减1分	前奏、间奏、结尾的编排
	舞步移动与队形编排
	上肢动作编排
	场地空间运用
	违反规则的编排
曲目风格把握(2分) 最多减1分	动作完成与曲目风格协调
	上肢动作设计与曲目风格协调
	服饰搭配与曲目风格协调
表演效果(2分) 最多减1分	激情和表现力序者;
	美感(服饰和整体画面)和感染力
	技巧(编排技巧和表演技巧)和新颖性
	成套表演综合效果

(3)综合评价评分提示：停顿超过1个8拍每次减0.2分；躺地上超过1个8拍减0.2分；违反规则的编排最多减0.5分；开场与前奏出现错误最多减0.1分；结束动作出现错误最多减0.1分。

八、总裁判长减分

总裁判长对以下情况进行减分，每项每次减0.1分：
(1)出现不安全动作，如：空翻、抛接等；
(2)出现违反规定的广告标贴；
(3)暴露隐私部位、内衣等；
(4)比赛中服装、服饰、头发散落，头饰、道具、鞋掉落等；
(5)佩戴眼镜、珠宝、首饰、手表等私用物品；
(6)改变音乐速度；
(7)音乐时间和参赛人数不符合比赛要求；
(8)参赛选手比赛中途上、下场。

九、纪律与处罚

1. 有以下情节者,仲裁委员会有权予以处罚:
(1) 检录三次未到者;
(2) 不服从裁判者;
(3) 对比赛成绩不满,围攻、吵闹、辱骂、威胁裁判或工作人员者。
2. 处罚办法:
(1) 警告;
(2) 取消比赛资格;
(3) 取消成绩与名次。

十、特殊情况

运动员遇到以下特殊情况时,应立即停止做动作并向总裁判长反映,在问题解决后重做,在曲目音乐结束后提出的要求将不被接受。
(1) 音乐播放错误;
(2) 由于音响设备而出现的音乐问题;
(3) 由于设备问题而出现的干扰——灯光、舞台、会场等。

十一、申诉

按照国家体育总局有关规定办理。

第三节 校园排舞区域互动

笔者从事校园排舞推广长达十年之久,希望其他地区也能推广校园排舞,开发新课程资源,开设地方校本课程。因此,本节笔者从实践的角度切入,进行区域互动方法与策略的研讨,希望能取得实质性成效。

狭义的区域互动就局限于一个区域内,如:厦门市共六个区,六个区之间的车程都在半小时之内,因此,实现区域互动比较便捷。这种区域互动利用夏令营、观摩会就能实现。广义的区域互动,以市为单位(甚至不用局限于同省),每个区域之间相距较远,这样的区域互动,就得靠相对应的团队去推广。

我们一起做排舞

一、夏令营——校际交流

夏令营,是暑假期间提供予儿童及青少年集体活动的地方,参加者可从活动中寓学于乐,具有很好的教育意义。不同种类的夏令营提供不同种类的活动,例如有些提供户外拓展训练,以训练体能和团队精神为主;有些则提供语言、艺术、音乐等训练。大多数的夏令营是由教育机关所赞助的。几年的实践证明,校园排舞夏令营组织起来简单、效果良好,深受广大师生、家长的好评。

(一)夏令营简介

1.起源

1861年,夏令营起源于美国。它是将娱乐与教育结合起来的设施,目的在于使城市广大学生熟悉户外生活。早期的夏令营强调兄弟式的友爱和简朴的生活,其后又产生了许多不同形式而各有重点的夏令营。有的夏令营是学生住帐篷、自己做饭的野营;也有的夏令营备有加热房、热水淋浴、游泳池和设备齐全的运动场馆;国内大部分夏令营以学校为基地,营员食宿都在学校,便于管理。

2.意义

夏令营活动是实施素质教育的有效途径,它是提高未成年人思想道德教育的重要渠道。夏令营里几十个孩子聚在一起,同吃同住,真诚互动,这无疑是让他们体验集体生活的最佳场所,它培养了学生团结协作的精神。

(1)体验学习。夏令营活动的特点是体验,它能使学生融入社会的大课堂;在城市里长大的孩子没有体验过自然的生活环境,夏令营活动对久居都市的儿童来说是一次很好的提升自己能力的活动。

(2)真诚交流。让孩子参加夏令营活动,可以促进他们身、心的发展,让他们能够与其他孩子一起生活,并且能够更好地和他人相处;孩子从中能学到很多从书本学不到的东西,增长他们的知识,特别与周围其他人共处的方式方法。

(3)能力发展。夏令营是一种很好的思想品德教育方式,可以提高孩子的许多能力,特别是培养孩子吃苦耐劳、互相包容的精神,这是都市里很多孩子所缺乏的。

3.作用

从美国的经验和日本的变革到中国的探索,或许可以发现一个共同的规律,那就是:夏令营能实现孩子哪些领域能力的成长或者对孩子产生多大范围的影响,将成为夏令营能否成功举办的一个重要因素。换句话说,教育始终是

夏令营的灵魂,教育也是一切夏令营最本质的特征,尽管这种教育可能是隐形或者短时间无法见效的。数据显示:

(1)参加夏令营的孩子中96%的人结识了新朋友;93%的人认为通过夏令营认识了跟自己不同的人;92%的人认为在夏令营认识的朋友帮助他们发现了自己的长处,使他们对自己感到更自信;74%的人做了以前不敢做的事情,克服了平时不能克服的恐惧。

(2)夏令营参加者的父母中,70%的人认为孩子在活动中增强了自信;63%的人希望自己的孩子继续参加在夏令营接触到的新活动;69%的人说孩子和夏令营认识的朋友一直保持联系。

(二)国内发展情况

1.国内夏令营

在中国,夏令营从新中国成立后出现,经历了一段漫长的发展期。中国少先队建队之初,第一批少先队员到苏联去参加黑海夏令营,这是最早出现的中国夏令营。当时的夏令营是由国家出资的公益性活动,是免费参加的。由于经济条件所限,一般只有少数的优秀学生才能参加,具有奖励性质。

1992年,由日本方提出建议,在内蒙古草原上举办了一场中日草原探险夏令营。夏令营中暴露出来的中国独生子女在生存方面的诸多问题,被作家孙云晓所意识到,他所著的《夏令营中的较量》,引发了上百家传媒参与的大讨论。在这场大讨论逐渐淡去之后,国内夏令营的组织者不再只是学校、教委等教育部门,能参与到夏令营中的学生也逐渐增加。这时,真正意义上的大众化夏令营才开始发展,出现了大批收费低廉的夏令营活动,曾经有全校参加一个夏令营的情况出现。"吃苦"夏令营风行一时。

2.国内排舞夏令营

据了解,2010年以来,中国教育学会下属的中小学体育与课程资源开发小组,每年夏天会以新课程资源为主题,在北方一些城市举行类似排舞夏令营的项目,全国校园排舞基地都会参与该项目夏令营。这种方式,也能让参与的学生拓宽视野,增长见识,深得家长与学校的好评。

以笔者学校为例,2007年开始推广校园排舞,据调查,其为国内第一所进行全校性排舞推广与普及的学校;2009年,笔者学校举办第一届区级夏令营:来自全区的120名学生在海沧中学进行为期7天的夏令营活动,营员们在7天的学习中,感受排舞的魅力,体验夏令营的独特文化;2014年,举办厦门市排舞夏令营,来自全市的60名学生齐聚海沧中学进行为期7天的排舞夏令营活动;2016年7月,由福建省艺术教育协会排舞委员会主办,首届福建省校园排舞夏令营开营。

(三)夏令营案例分析

笔者学校,2016年7月,举办首届福建省校园排舞夏令营,此活动由福建省艺教协排舞委员会主办,海沧区教育局协办,秉着"快乐、安全、健康"的活动宗旨,组委会一如既往为中小学生营员提供一次高质量的夏令营服务,使60位来自全省各地的中小学生一生受益。

为确保活动的安全顺利,夏令营组委会全力以赴,从细节入手,做好各项安全预案。组织夏令营活动过程中,可能会遇到一些组队外出的情况。因此,笔者就以夏令营安全案例作为分析的对象。

1.临行前注意事项(由学校代组委会向营员宣读)

(1)按照学校指定统一地点、统一时间,准时出发,任何人不能影响整体行动。

(2)来校报道由家长统一送。

(3)任何时候不得离开团体单独行动,否则后果自行承担。

(4)在活动行程中树立安全意识,尤其在晚上时间。

(5)不得购买和食用街头小贩的小食品。

(6)严禁在住宿地的床铺上和窗台附近打闹。

(7)注意个人的财物安全,保管好个人财物也是夏令营对中学生的基本要求。

(8)如损坏夏令营公用物品,除受到批评外还要照价赔偿。

2.活动过程安全细节

(1)报到。

①辅导员与团队负责人提前半个小时到学校门口接站;

②到校后,报到入营,由辅导员和带队老师当场清点人数;

③辅导员培训:组委会主任对所有辅导员进行三轮安全培训和动员。

(2)活动。

①室内活动:保证秩序,如遇紧急情况辅导员及时与协调员联系,妥善处理;

②室外活动:保证安全,严禁营员打闹、攀爬高建筑物,如遇紧急情况,辅导员及时与校内协调员联系妥善处理。

(3)用餐。

①辅导员提前半个小时与食堂联系,告知就餐时间及人数,保证用餐顺畅;

②组委会监督就餐地的卫生,确定用餐菜肴,保证饮食安全。

(4)住宿。

①辅导员在营员到来之前需要在每个房间上标明营员名字,保证顺利入住;

②辅导员每天要在就寝前查房,确认每名营员均在自己的房间内;

③宿舍楼均有电话,在入住后辅导员要提醒营员与自己父母通话。

(5)外出。

①所有用于接待夏令营营员的车辆均是大型旅游公司正规营运的车辆;

②车辆在使用前必须进行检查,保证车辆完好无损;

③车辆司机均是驾龄在10年以上的专职司机,驾驶记录良好。

(6)离营。

①统一由家长来校把孩子领回家;

②学校负责有序地组织营员离校;

③出现家长没空的情况,家长要另派人来接孩子,且事先和辅导员沟通。

3.意外事故紧急应变措施

(1)出现营员受伤或生病情况。

①轻微生病者(发烧、感冒等)组委会应派专业人员陪同就诊;

②病情严重者及时通知学校领队和学生家长,应迅速医治并垫付营员在校医疗全部费用,同时向保险公司申报相关事宜。

(2)出现人员走失情况。

①安排专人在原地等待,通过宣传广播部门寻找营员;

②通知住宿地管理员,如有营员返回立刻与组委会联系;

③联系当地的派出所,做好备案,如有情况及时联系。

(3)出现食物中毒情况。

及时送往医院,垫付所有费用,与所在餐厅协商并通知保险公司。

(4)出现交通事故。

①按现场实际情况,正确判断事故责任,并酌情处理;

②严重时,了解实际情况,及时拨打120急救电话,救治受伤人员,并向学校汇报实际情况,向保险公司通报情况。

(5)出现火情。

①从所在场所的安全出口紧急疏散营员;

②工作人员使用灭火器灭火;

③及时拨打119火警电话,到主要交通路口等待消防车。

(6)出现学生丢失财物情况。

财物丢失后,辅导员协助营员调查,与相关责任人沟通,必要时可以请公安部门介入。

(7)出现其他情况。

组委会将及时酌情处理,原则是首先要保证人身安全,其次要保证夏令营安全顺利进行。

4.活动设想

(1)60人构成一个夏令营集体,设一个营长管理整个营;分设四个班长进行小班管理。

(2)每天活动结束时,每位队员记录自己当天的活动,然后交给所在的班长,由小班长统一交给营长。第二天,由营长交给辅导员,由辅导员进行公布。

(3)走进社区,到社区去交流排舞,体验社会实践。

(4)"优秀营员"评比办法

①遵守学校夏令营的各种活动规则,服从指导老师的统一指挥;

②积极发扬互帮互助、团结协作精神,主动帮助在活动中有困难的同伴;

③认真参加各项活动,主动协助指导老师,团结同学,做全体队员学习的榜样;

④按15%的比例进行评比,共评出9位"优秀营员";

⑤评比方法:在活动结束前,由带队老师组织同学民主讨论,进行评选。

二、专委会——区域拓展

专委会,是协会下属的二级机构,专门承接协会的分支工作,是协会工作的延续与发展,也是项目得以专业发展并进一步规范的表现。一个项目倘若能借助相关平台,对自身的发展,将起到更加积极的作用。

以福建省艺术教育协会排舞委员会的成立为例。2015年7月,笔者跟福建省艺术教育协会进行沟通:全省排舞要想更好地发展,需要做强做大校园排舞,建议成立一个专门的委员会。几经沟通与协商,终于在2016年3月,成立了福建省艺术教育协会排舞委员会。以此为范例,我们来看看专委会为何要成立以及怎么成立。

(一)意义与作用

1.意义。成立排舞委员会,主要是为了更好开展排舞区域互动,集合广大排舞爱好者的力量,大家齐心协力为排舞的发展做贡献。专委会为推广、普及福建各中小学、大专院校排舞,促进、推动福建校园排舞发展,丰富福建中小学阳光体育活动内涵而努力。

2.作用。成立专委会,就是为了把专业的事情交给专业的人士来完成。

专委会可以进行排舞创编与开发,组织全省排舞培训、推广及学术文化交流,组织全省校园排舞活动和比赛,组织有关教练、裁判培训、咨询服务;搭建科研平台,组织有关学术成果评奖,借助报纸、电视、网络和其他媒体宣传全省校园排舞示范校,维护本专业人士的权益,承担有关研究项目。

(二) 了解章程

构建团队,制定章程,是专委会成立的前提条件。很多人会为了加入协会而加入,不了解协会宗旨,盲目加入,起不到真正的作用。笔者建议,专委会的成立,要让会员了解章程。具体的程序、步骤如下:

1.确定委员会名称的中文全称,如"某某协会排舞委员会",简称"某某排舞委员会"。

2.本委员会的性质及管理。本委员会是依托协会所属的专业委员会,委员会接受依托协会的业务管理,服从协会的人事任免决定,接受协会的财务管理与审查,在依托协会领导下自主地开展非营利性的与本专业相关的各项活动。

3.委员会的宗旨是推动校园排舞全面发展,协助协会,为社会主义精神文明建设服务。

4.委员会的人员由排舞领域有相当成就的学者、专家,有影响的体育界代表人物和其他相关人员组成。

5.委员会的基本任务是每年1月底前向依托协会提交当年工作计划,每年12月底前提交当年工作总结;委员会举办的全省性排舞或相关学术活动和其他大型活动,须事先向依托协会申报,获得批准后方可举办。

6.委员会的任职和产生:委员会设顾问若干名、名誉主任一名、名誉副主任若干名。以上人员由依托的协会审批、聘任。

7.委员会设主任一名、副主任若干名、秘书长一名、副秘书长若干名,以上人员均由主任提名推荐,报请依托的协会审批、聘任。

8.委员会设常务委员、执行委员,常务委员、执行委员均由主任提名推荐,报请依托协会审批、聘任。本委员会的委员为聘任制,年龄不超过70岁,五年一届。

9.委员会成员的权利与义务如下:

(1) 有执行委员会决议的义务;

(2) 有维护委员会合法权益的义务;

(3) 有完成委员会交办工作的义务;

(4) 有义务向委员会反映情况,提供有关材料;

(5) 有义务支持排舞事业的发展;

(6)有权参加委员会组织的各项学术活动;

(7)有权对委员会的工作提出批评和建议,提出辞去委员会的有关职务,但应在一个月前书面通知秘书处,并交回有关证书;

10.委员退会应书面通知本专业委员会,并交回有关证书,委员如果一年不参加本团体的活动,视为自动退会。

(三)专委会构建

1.部门和人员介绍

各职能部门和各地分会的设立、人员的聘任、工作任务的实施方案等,须报依托协会审批、备案。委员会可发展委员,经顾问、名誉主任、主任、常务委员、执行委员提名,这些人员才可获得推荐,经常务委员会审批,并报请依托协会聘任、备案。

(1)顾问或名誉主任。为整个团队添彩,增加影响力、凝聚力,可以由当地有影响力的人担任;确定之前,要做好沟通工作,以便工作的开展。

(2)主任。专委会主任是整个团队的负责人,是团队运作的关键人物,要由有一定的影响力的人出任。

(3)秘书长。秘书长是主任的得力助手,精通业务,并擅长各项工作。

(4)常务委员。由致力于项目的发展,又热心于公益事业的人担任。

(5)执行委员会。由执行委员构成,为本委员会的业务管理机构和行政执行机构。可以分设秘书处、策划部、后勤部、宣传部、外联部、教学部、科研部等部门。

2.执行委员部门职责

在专委会中,执行委员会可以说是最重要的机构,因此在这里对它的部门职责做进一步介绍。

(1)秘书处

秘书处完成整个委员会工作的部署与传达。也是专委会与执行委员沟通的桥梁。秘书处由秘书长领导秘书处开展各项工作。

(2)策划部

①专门制定团队发展目标,规划团队发展方向、发展定位,构建团队文化,着手品牌建设。

②策划年度活动计划、推广区域。

③策划好如何拉赞助,如何帮别人构建企业文化。

(3)后勤部

①保障各部门工作正常开展所需要的物资等工作的准备。

②会员管理、会员手册的制作。

③会费管理。

(4)宣传部

①活动推广,策划先行。策划之后,就需要宣传部门进行前期的造势宣传。

②收集活动中的材料,为今后的宣传积累素材。活动结束后要及时总结、宣传。

③配合策划部的企业联盟,做好宣传以及团队宣传片的制作。

(5)外联部

①外联部主要结合策划部与宣传部的工作,进行任务落实。如区域推广,需要联络谁,外联部要提前、主动做好工作对接。

②团队发展、品牌建设,需要经费做保障,需要相关成员充分利用个人人脉资源,为团队拉赞助。这需要整个团队的人一起努力,由外联部负责去落实。

③吸纳会员。发展会员,收取会费,才能确保活动经费,因此,吸收各地的会员,也是外联部工作内容之一。

(6)教学部

①创编符合本团队的主题排舞。

②学习参考其他团队创编的排舞。

③进行排舞教学、推广。

(7)科研部

①落实教师专业发展规划。搭建各种论文发表、课题研究等的渠道。

②确定专题讲座主题,定期举办主题沙龙、论坛。

③进行团队文化建设、凝练理念。

附件:

福建省艺教协排舞委员会组织机构

顾　问:

陈丽红(福建省教育厅体卫艺处副处长)

朱海燕(国际标准舞排舞运动联合会亚太区执行秘书长、上海排舞协会会长)

周　燕(华东师范大学教授、中国健美操技术委员会副主任)

王子朴(首都体育大学教授、《体育教学》副主编)

方熙嫦(福建师范大学教授、福建省啦啦操委员会主任)
洪建军(厦门市教育局体卫处处长)
高楚兰(集美大学体育学院院长)
杜　薇(国家排舞推广中心副主任、福建分中心主任)
洪　颖(厦门市社会体育指导中心主任)
名誉主任：宋超美　张伟斌
名誉副主任：梁　颖　梁　斌　李江华　柳惠斌　林建华
　　　　　　余銮钦　陆艳芳　王　淳　李安海　林国忠
主　任：连仁都　　　　　副主任：高　蕾　余　乐　郭国谨
秘书长：蔡鹏姿　　　　　副秘书长：林　琼　廖惠萍　张丽华

福建省艺术教育协会排舞委员会
2016年3月28日

三、协会——品牌创办

协会中最重要也是最难的就是团队建设问题。一个团体要想充分发挥其力量,团结是最重要的。协会成员有了强烈的归属感、认同感、荣誉感、责任感才能够紧紧地围绕在以会长为核心的"动力圈"内。

(一)团队构建

1.建立协会章程

章程是一个协会行为的标准,是一个具有组织性的协会最重要的基础。一般来说,协会章程应该包括总则、成员、组织机构、职能、制度、考核等。

(1)总则应该包括协会性质、指导思想、工作理念、工作目标、工作任务等。

(2)成员应该包括成员资格、成员权利、成员义务等。

(3)组织机构应该包括名誉会长、协会领导层、各部门、会员等。

(4)职能应该包括组织机构各层的职能,可以分为部门职能和名誉会长、会长、副会长、秘书长、部长、副部长、主任、副主任、干事、会员等各职位的职能。

(5)制度应该包括会议活动规范、考核标准、任免等,会议活动规范是尤为重要的。

(6)考核包括干部、干事、会员的考核以及部门的考核,考核标准可以包括活动会议规范、任务执行、精神风貌、团结创新、自我评价等方面,考核时按照一定比例进行评分,做出奖惩,任免制度包括对干事的选拔和对干部的提拔,通过面试、竞选等方式进行，对于严重有损协会形象的会员将进行罢免处理。

2.建立资料体系

完善的协会资料体系指协会的办公室应该具备各种资料。资料包含制度资料、会员资料、文化资料、活动资料等。有利于促进内部文化建设的资料有协会制度、宗旨、会员资料、会议资料等；促进外部建设的资料有活动宣传资料、外界对协会有价值的报道资料等。

（1）协会的制度资料包含各项章程，协会发展宗旨及目标，每个部门及负责人的职责与义务。

（2）协会会员资料包括联系名片、通讯录、协会成员名单；做好会员的管理，为会员服务，协会才有生命力，特别是要充分发挥不同会员的长处。

（3）协会文化资料包含协会徽标、协会发展史简介、人才资源库、协会各种活动相册等资料；协会文化也是协会对外展示的一种软实力。

（4）活动资料包括召开的会议及举办过的各项活动的资料。包括工作安排表、策划书、宣传资料、活动照片、活动报道、活动总结、服务反馈表以及外界有价值的报道。

3.选拔出色的领导阶层

对于一个协会来说，名誉会长是协会发展的名片，他能对协会的运行加以正确的引导和帮助，引导协会树立正确的目标，帮助协会解决活动中所遇到的种种问题。会长是一个协会最重要的领导职务。会长的形象直接影响协会的形象，所以会长要以身作则，严格要求自己，多进行"自我总结自我反思"。协会的领导阶层是一个协会的核心，要做到"知人善任、拥有远见卓识、多谋善断、恢宏气量、充满人格魅力、常省吾身"。

（1）作为一个领导，最主要的是把工作的大局抓好，掌握好方向，然后再合理安排各部门的工作，协调好它们之间的关系，让它们各尽其职，不能让工作出现空隙，各部门统一合作，相互衔接好。各部门的领导，其工作能力（计划、组织、领导、控制）、个人魅力、个人思想境界都会直接影响到协会的发展。

（2）要充分发挥干部阶层的主体作用，全面领导、规划、部署协会的日常工作开展；各部长分工明确，各尽其职，充分发挥他们的智慧和潜能，让协会日益生辉。

（3）一个优秀的协会，应当能够吸引人才自愿加入协会，参与协会活动，紧密地与协会联系在一起，由"归属感"发展为"认同感"，由"认同感"发展为"荣誉感"，由"荣誉感"发展为对集体的"责任感"；同时，一个优秀的协会在成员中倡导的价值观应当能够潜移默化地影响成员的心灵。

(二)品牌发展

成立协会是团队构建的第一步,品牌建设才是协会发展的重点。品牌建设关键要靠人,要务实做事,要积极宣传,要注重细节提升。

1.建立良好的外联

对于一个协会来说,要清楚地了解自己的外部环境,明确自己的定位,寻求突破。

(1)首先要了解协会的制度、文化,包括各个部门的发展任务及特点。

(2)在此基础上需要加强对外联系,寻求合作发展。所有的活动都要围绕为协会服务来进行,建立良好的对外关系,要寻求新的思路,开展一系列对外发展项目,建立二级协会或者专委会。

2.定期开展活动

协会的活动可以分为促进内部文化建设和外部文化建设的活动。为了稳定与发展,做好团队内部文化建设是重中之重。

(1)召开例会。召开例会主要是为了了解工作常态,了解各个部门的最新工作思路。工作中存在的问题,最好在例会中拿出来讨论,形成民主的氛围,大家一起商讨对策,直至解决问题。

(2)解读章程。认真解读协会章程,章程是协会行动的指南。目前协会以公益性的居多,大家做事都是凭着对协会的热爱,凭着对项目的热爱。因此,要认真解读章程,志同道合的人才能一起走得更远。

(3)创新规划。对各个部门的了解,是开展活动的基础;走访其他协会,汲取别人的长处,也能促进协会发展。有了这些基础,再进行创新规划,才能实现跨越。可以利用劳动节、教师节、国庆节等传统节日,开展相对应的活动。

定期举办活动,有利于协会自身的进步,提高管理者及会员的综合素质,使他们提高思想政治觉悟,突破思想束缚,开阔视野,拥有远见卓识,时刻保持先进性,坚持与时俱进。

3.品牌发展规划

一个项目品牌的发展与建设,要靠团队的集体智慧来完成。品牌的规划与塑造重在细节的完善。

(1)明确问题。如今各个学校都在抓自身的品牌建设,打造品牌建设是一件困难的事情。现实中会存在这些问题:品牌发展可行性问题、特色性问题、落实活动的质量问题、经费问题等等。

(2)确定方向。明确问题之后,就要朝既定的方向努力,打造品牌,要有项目作为载体,再寻找文化依托,提出项目的发展宗旨。

(3)具体落实。有了方向之后,就要马上去落实。要依托良好的对外联系基础,加上强大的组织,配合高质量的宣传。活动的开展,要立足服务师生,服务校园,服务社会,同时打造协会品牌活动,结合办学特色,形成鲜明的品牌文化。

4.细节提升

协会的品牌发展要靠每位会员共同努力,俗话说:细节决定成败,细心决定协会发展的高度。

(1)协会的形象建设一直是协会比较重视的一个环节,个人的形象是集体形象的基础,建立良好的团队形象得靠大家齐心协力。因此,要形成一种向心力,让大家明白协会的荣辱与自己息息相关。

(2)积极提升个人的素质修养,尤其是公益性协会的成员,更应该乐于助人。正式活动时需要注意穿戴,尽量做到统一,这样既体现了良好的团队文化,又给他人一个好的印象,同时也能对自己的行为进行约束。

(三)宣传与辐射

一个优秀的协会需要定期开展活动,高质量的宣传资料、丰富的宣传方式和广泛的宣传渠道是必需的。宣传,单独成一块来阐述,是有它本身重要的意义的,宣传需要抓,而且要狠抓。

1.宣传

宣传是一场活动极为重要的一个环节,可以分为前期的宣传和后期的宣传。试想一下,一场活动没有前期的计划和后期的总结、宣传,那么这样一个活动必定不能形成规模,也不能够形成影响。

(1)宣传的作用。我们经常忽略了宣传的重要性,很多人觉得只要把活动办起来就是成功的,这样的认识是不够的。活动前期的宣传非常重要,没有前期的宣传,那么必定不能形成一定规模,参与的人也会很少,是有局限性的;一个活动有了良好的宣传,势必会有更加深远的意义,更能够在人们心中留下深刻的印象。

(2)宣传资源。现在的网络媒体非常发达,可以利用的宣传资源更加丰富,要养成收集材料的习惯,并第一时间做宣传。我们可以把活动的策划、报道、过程、总结、感想拍成相片或者做成视频。

(3)宣传方式。宣传可以有贴海报(手绘和 ps 制作等)、发传单、制折页、拉横幅、挂展板、发名片等方式;宣传的渠道有上门、定点等"广告式"的宣传,也有通过报纸、广播、网站等媒介宣传;还可以利用微信、公众号、推特等快速的宣传方式。

2.辐射

一切宣传都是为了促进工作的进一步开展。项目特色品牌的打造,除了扎实做事、增加宣传之外,更多要形成对外的辐射。对于一个品牌的形成来说,要明白对外辐射的意义与方式。只有这样,一切活动的开展才能有的放矢,事半功倍。

(1)意义

①通过宣传,让外界更加清晰地明白协会举办过的活动。举办过的活动若没有宣传,会让人感觉活动完成得不到位,通俗地说就是做了就扔了,没有很好的后续性,不利于持续发展,也不利于对本协会的认识和理解,更别说对品牌的塑造。

②通过宣传,让各个部门知道自己的职责与义务。这会让成员在协会这个大家庭中觉得自己有事情做,这样能够激发他们的主人翁意识,增加他们对协会的一份归属感和责任感。

③通过宣传,扩大团队的影响力,让团队形成更强大的辐射力,有助于学校特色品牌的建设,有助于协会今后活动的开展。

(2)方式

①协会每次活动都要建立"协会事迹记录本",将它制作成"协会事迹PPT展"。对于一个优秀的协会来说,举办一次出众的图片展,针对图片,配上相应的文字说明,能够让这种展示更加有吸引力。

②定期完善"协会事迹电子杂志",配合加上"协会章程""协会发展简介""协会人才资源库""协会活动相册"进行制作。并配合宣传部进行定期宣传。

③举办具有建设性意义的论坛或者文化沙龙,促进大家积极参与。让整个协会多元化呈现,这样的方式会形成更积极的辐射。

④将活动DV摄像的内容加工后制作成的光盘,这种材料比较珍贵,制作起来比较复杂,需要多花时间与精力;制作好之后,要利用多个渠道进行宣传。

⑤保留的反馈单以及外界对活动的提议都可以转化为宣传资料进行制作,这一过程,要注意材料的积累与整理。并通过适当的形式反馈给对方,这样会产生积极的效果。

第五章　校园排舞特色建设

本章结合海沧中学的案例，从宏观层面开始阐述，再到项目的具体落实。先谈学校层面的宏观规划，然后谈校园排舞的特色建设，最后谈校园排舞的文化建设。层层展开，让整个发展脉络清晰。项目推广者，要有大局观，开展好学校特色工作，需从顶层设计开始并逐层落实。

第一节　学校办学特色建设

每个体育人最大的梦想就是挖掘自身学校的传统体育项目，通过自身的努力，把一个体育项目变为特色项目，乃至学校的办学特色。本节从学校层面先讲，讲特色建设的三性要求；再到体育学科特色建设的策略研讨；最后阐述排舞特色项目的构建。三个层次，层层递减，目标与操作越来越具体化。从历届省一级达标高中申报条件来看，一个项目要达到学校的办学特色需要同时达到三个要求。

一、学校特色——三性要求

（一）独特与继承性

从字面上我们不难解读出一个项目应该具备自身的独特性与继承性才能被规划或开发成学校特色项目。笔者所在学校，在十几年的"校园舞·武"特色形成过程中，实现了女生会排舞、男生会武术，人人都有一项能带得走的运动技能的传统。

1.笔者学校地处历史上有名的"武术之乡"，武术作为中华文化的国粹之一，具有鲜明的特点，海沧中学"五祖拳"所倡导的习武人应该具备的坚忍不拔、创新自主、稳扎稳打、发奋图强等精神在学生身上体现得淋漓尽致，也将项目的继承性完好地延续下去。

2.2007年，校园排舞在海沧中学率先推广，走在全国最前沿，学校的校园

排舞以"人无我有、人有我精、人精我特"的发展方针进行推广与运用,让学生在"三好四美"的发展目标中受益,校园排舞很好地形成了自己独特的风格,排舞、武术两个项目实现了传统与时尚的有机结合,最终形成了海沧中学的"校园舞·武"办学特色。

(二)借鉴与稳定性

海沧中学"校园舞·武"是对厦门市非物质文化遗产新垵"五祖拳"的一种传承,也实现了对现代时尚元素的一种融合,实现了学校师生强身健体的"体育梦"。俗话说:百年树木,十年树人。要做到一个项目开展的稳定性,在时间上要给予保证。

1.初中、高中每三年可以形成一个循环,十年对于项目来讲可以实现三个循环周期,三个周期可以让一个项目历经开始、提高、成熟三个阶段。在发展中实现项目的稳定性,在发展中进行文化、内涵的吸收与借鉴,最终达到特色办学第二要求。

2.海沧中学的武术已经发展了五十几年,校园排舞也发展了十年,因此,"校园舞·武"办学特色已成为一张稳定、成熟的名片。学校在初中开设排舞、武术校本课程,每学年有200位学生参与;在高中开展"校园舞·武"模块教学,每学年高中三个年段有600多位学生选修;"校园舞·武"已成为学校大课间的常态,每年春季运动会"校园舞·武"大赛也成为学校一道亮丽的风景。

(三)时代与创新性

时代不断往前发展,学校教育也应该与时俱进,学校的办学特色更应该呈现出时代性与创新性。科技日新月异,已经可以实现"声、光、电"三位一体的融合与提升。除了传统的课堂教学之外,也可以从其他渠道让学生参与特色建设。

1.海沧中学提出:"让每个女生会排舞,变得更柔美;让每个男生会武术,变得更阳刚"。将其作为"校园舞·武"发展目标。构建"舞风·武德"特色理念,把特色理念融入学校办学,让特色理念引领学校阳光体育的开展,在多年的推广中逐渐形成特色理念辐射校园文化建设的格局。

2.凝练项目文化,彰显特色办学的时代性与创新性,学校组建两支团队进行特色开发——以品牌教师(特级教师、专家型教师、学科带头人等)为一组的项目文化提炼团队,以专业骨干(三个省级以上的骨干教师)为一组的项目推广团队,实现理念引领项目发展的局面。

二、体育特色——建设策略

(一)寻找项目传统文化

根据上述办学特色要求,我们可以看到:一个项目要成为学校的办学特色,需要进行时间与空间两个维度的共同考量。因此,我们在定位自身项目特色发展时,要考量项目的发展脉络及传统文化内涵。

1.致力专用教室文化宣传

专用教室是学生学习的场所,也是呈现办学特色的文化阵地。要按照项目特点进行文化布置,重点突出特色项目的内在风格,让学生在学好专业技术动作的同时,了解特色文化发展状况。特色文化凝练是从特色项目到特色校的转变。开发一个项目比较简单,要在项目中提炼出符合本校文化发展的特色内涵,就需要开发者在不断实践推广中反思、总结。开发者可以提出课程理念、特色内涵、发展目标等,当然这些理念、内涵、目标要符合学校文化发展的要求,最好能作为体育文化的亮点,推动学校文化发展。

2.打造校园体育文化长廊

学校体育是学校形象对外展示的窗口。学校着力发展校园体育文化,打造体育文化长廊,可以通过图片、音像设备来传播。可以辟一块宣传栏,专门宣传体育发展史、体育作用与健身价值、体育保健常识、学校体育发展概况等。学校体育能够外显的比较多,大课间展示、课堂教学组织、运动训练、竞技比赛,这些都是外显性的,但是学校体育文化是内在的东西,需要长期的凝练、宣传。学校体育发展至今,已经成为学校办学重要的一环,我们体育人有责任与义务把学校体育做好,打造学校体育长廊,让师生真正明白"健康第一""成长比成才更重要"的育人理念,也让特色文化引领、促进学校文化发展。

(二)谋划学校品牌发展

打造一个学校的特色品牌,一定是学校发展大事,要立足于学校长远发展,做好五年规划,学校应该延承过去的发展历史,结合今天的发展情况,提出适合学校发展的办学特色。从今天学校教育状况来看,有这方面能力的体育教师要主动作为,跟学校积极沟通。大部分学校还是以高考为中心,不会花太多时间与精力去考虑这方面的发展。倘若体育教师有自己的设想与规划,可以大胆提出来,争取学校的支持,为自己项目的发展赢得未来。

海沧中学于2015年3月正式被福建省教育厅授予"福建省一级达标高中"称号。学校领导班子提出未来五年规划,遵循"树人为本、质量为根、师德为先、特色为翼"的办学理念,恪守"崇德尚学"校训,打造有品位、有特色、现代化、规范化的地方名校;并提出"幸福教育"的办学宗旨,以发展"五个校园"为办学目标,努力打造"女生炫舞,个个更柔美;男生习武,个个更阳刚"的活力校园。

1. 构建一支专业团队

(1)教育骨干提升内涵。务实是教育骨干的工作作风,学校近些年潜心于通过推广"校园舞·武"的发展目标和"舞风·武德"的特色理念来提升学生的精神文化内涵,为此,学校特色办学发展小组成立由校长、特级教师、专家型教师、学科带头人共同组成的导师团队,提炼"舞风·武德"的特色理念,宣讲"舞风塑行·舞韵健心"的排舞内涵;突显"武德修身·武行树人"的武术精髓,对学生人格、品质的发展形成积极的影响。

(2)教学骨干提高效益。效益是教学骨干的代名词,两位骨干教师坚持走"幸福教育,特色发展"的阳光体育之路,取得显著的成效。以这两位体育教师为主,协同整个体育组,以"舞·武"为龙头,发展学校阳光体育,并取得丰硕的成果。

2. 开辟一条发展路径

教学与发展的规律是辩证统一的,海沧中学的"校园舞·武"建立在教育学、教育美学、心理学等相关学科的理论基础上,相互渗透,促进学生健康活泼地发展,以构建"舞风·武德"为特色理念。

(1)学校通过课堂教学、大课间分享、课外提高、夏令营辐射、公开课、阳光体育展示、国际交流等途径来提升和发展学生的特长,培养出一批批非常优秀的人才,使得"舞·武"拓展更加多元化。校园排舞以"舞风·舞韵"为发展宗旨,学生们带着学会的排舞,走进大学,走进社区,实现他们的"排舞梦"。

(2)学校每年举办一次校园排舞大赛,让学生自己进行组队、训练、创编队形、音乐剪辑、造型构建等综合实践,实现学生的全面成长。此外,学校还组队参加全国、全省排舞比赛,实现学生专业技能的提升。

(三)锤炼一方特色精品

教育部提出了构建"一校一精品"的口号,海沧中学致力于打造"校园舞·武"办学特色。以阳光体育为媒介,以"校园舞·武"为载体,全面实现学校师生强身健体的"体育梦"。

1. 打造一门精品课程

学校应以办学特色的建设为契机,构建教师校本教研、课题研究和校本课程平台,理念上促使教师思维创新,从而影响课堂教学,使学生受益。

(1)幸福教育。笔者学校以"幸福教育"为办学宗旨,开设了"体育校本、人文校本、综合校本"三大主题。活力校园又以"舞·武"为龙头,其他项目为辅助,来实现活力校园。学校致力于精品课程的打造与开发,力争让学生们享受"校园舞·武"真实魅力,体验"幸福课程"的全部真谛。

(2)课程设置。女生排舞,男生武术,初中开展校本课程、高中开展模块教学;专家团队专门针对"校园舞·武"的办学理念,进行学生能力的辅导与跟踪,学生的人格和品质在名师引领下得到发展。

2.提升大课间品牌

通过多项目的融合,大课间活动已成为学校办学一道靓丽的风景。海沧中学就是以校园排舞、传统武术为主体,花样跳绳、跑操、才艺展示为依托,形成了丰富多彩的大课间活动形式。

(1)让大课间活动成为一种常态。集合速度、入场形式、项目轮换、评价模式、退场方式这些都应该花大力气来提升。学校每年都会举行好几场防火、地震之类的演练,这些都是生命与时间赛跑的演练,我们应该从平日的教学中强调学生的生命观,在进退场中要讲究规则,突出先后次序。

(2)让大课间成为展示校园文化的场所。体育文化、体育礼仪、校园文化都可以考虑通过大课间来呈现。体育可以让人学会团队协作,学会个人探究,学会与人交往;培养出胜不骄、败不馁,敢于面对失败,正确处理挫折的健康心态。

以科研带动人文,以教育带动教学发展,海沧中学"校园舞·武"历时十几年,彰显学校办学的独特性,也逐渐成为地区的特色品牌,学校致力于将特色办学打造成厦门市乃至福建省的特色品牌,在推广过程中锤炼自己,凝练出富有区域特征的学校文化。

三、排舞特色——辐射影响

以厦门市海沧中学为例,在七十载办学历程中,学校积极探索适合学生成长的办学之路,秉承"树人为本、质量为根、师德为先、特色为翼"的办学理念,校园排舞通过课题引领、校本开发来实现课堂教学、大课间共享、课外提升的校内横向发展;再通过区级夏令营宣传、市级比赛、全省推广、全国阳光体育展示、国际研讨交流等活动,实现纵向发展。通过纵横发展,校园排舞已经打造成学校的体育特色,成为校园体育文化的重要内容。

(一)特色为翼

1.完善制度建设

2010年,为了进一步做好特色项目开展工作,学校坚持"特色为翼"的办学理念,用科学发展观统领体育工作,重视校本研训,加强对模块教学的研究,成立了校园排舞特色开发工作领导小组,校长任组长,副校长任副组长,科室负责人和年段长、班主任、体育教师为成员,具体落实各项工作。

学校从制度上把校园排舞纳入发展规划和年度工作计划之内,具体规定如下:

(1)每年5月定期举办校园排舞大赛,打造校园排舞体育文化,并纳入每学年各班级阳光体育考核;将"特色为翼"作为学校发展理念,全面贯彻国家教育方针,重视校园排舞特色建设,达到我校毕业的女生人人会跳排舞的水平。

(2)从课程管理的高度来发展校园排舞特色项目,采用必修与选修课程相结合的体育教学模式:从初一年开始,每周开设一节校本课程;高中实行模块选修,高一则开设必修课程,来确保项目的普及与提升。

(3)学校完善各项制度,确保"每天锻炼一小时"的阳光体育目标,成立阳光体育工作小组,确保在校生利用大课间、体育课和下午第4节课的时间,积极练习排舞。

2.培育德育特色

树立"育人为本,德育为首"理念,通过举办校园排舞大型展示会、校园排舞大赛,确定一个主题,注重活动引领和实践体验,培养学生的综合素质及兴趣爱好,发挥学生的个性特长,提高学生的行为规范,完成体育塑造学生综合素质的特殊使命,促进校风、教风、学风向良好的方向发展,形成德育特色。

(1)相互学习。要秉承"三人行,必有我师"的求学态度,让每个学习排舞的人都受益。比如,有人比较擅长动作的学习,有人更善于表现音乐所体现出来的各种情绪变化。每个人都有闪光的一面,我们要倡导相互学习的氛围。学习他人的长处,弥补自己的短板,达到共同进步。

(2)相互尊重。俗话说:三百六十行,行行出状元。我们倡导用包容的心态、谦虚的品德、务实的行动加入校园排舞学习。尊重别人,才能获得别人的尊敬。特别外出竞赛时,要学会尊重对手,向对手学习。

(3)相互帮助。排舞,属于技能项目,是一种肢体语言。在学习过程中,进步一定会有先后,悟性高的同学一定要学会帮助别人,把自己对动作掌握的心得告诉同伴,整个团队的成员之间要能够相互帮助。

3.完善特色条件

(1)硬件设备。要求学校体育设施设备均达到省一级达标学校标准,能满足校园排舞特色项目创建及课外活动体育特长生专业训练的需要。

(2)经费投入。学校每年设立专项经费5万,支持校园排舞特色项目发展。专项经费用于训练、比赛、服装、科研,提供特色教师外出培训,扩大专业教室、活动场所,增加仪器、设备等,以满足校园排舞特色项目创建及课外活动规模不断增长的需要。

(3)环境建设。做好学校环境绿化、美化工作,能确保校园排舞特色项目得到快速发展。笔者学校已经建成运动场浮雕,把校园排舞经典造型树立在操场周边;学校还积极进行校园环境的布局、规划,把校园环境与特色项目的建设有机结合,使校园环境与校园排舞一起彰显着学校特色。

(二)科研引领

学校的职责在于教书育人,校园排舞的开展要立足于学生、教师、学校同步发展。体育项目五花八门,很多学校也在推广排舞,但是要完成校园排舞的特色建设,最重要一环就是科研引领。一个项目要让学生喜欢,要不断挖掘项目本身所具备的内涵,以促进学校体育文化发展为导向。

1.心得撰写

如果说课题研究比较"高深",笔者建议排舞推广中要立足于心得撰写。心得撰写包含课后反思、项目开展小结,在此基础上再进一步提升成科研论文。

(1)寻找问题。笔者立足于校园排舞课堂教学、大课间推广、课后训练竞赛,延伸出一系列问题,并撰写了相关的论文,如:《校园排舞的推广及运用可行性研究》、《学校发展特色为翼的策略分析》、《校园排舞大赛学生行为变化的行动研究》、《校园排舞校本建设思路研究》等等。

(2)积极交流。问题梳理清楚之后,要立刻动笔写,写好之后要参与交流。笔者建议大家可以参与各地市的论文汇编、评比;也可以参与《中国学校体育》每年都会举行的科学论文报告会;努力提升论文等级,力求在《中国学校体育》、《体育教学》等刊物上发表。

2.问题研究

问题即课题,在项目推广的过程中,会遇到形形色色的问题,把遇到的问题和解决问题的整个过程梳理清楚,就是课题研究。

(1)积极提升。课题研究主要是为了解决当下项目开展过程遇到的问题,笔者建议广大体育人积极反思。把写过的论文,结合课题研究方法,积极提升,把它整合成一个课题,然后向有关部门申请立项,进行研究。课题研究,要实际,要有计划,每个阶段按照预先规划的任务去完成;为了快速成长,最好让有经验的专家指导整个课题。

(2)寻找主题。课题研究,在立足实际的同时,要注重创新。要积极结合时下热点政策,寻找课题主题:2009—2010年,中国教育学会"十一五"中小学

"体育与健康新课程资源利用与开发"的课题研究,笔者立足新课程资源的利用与开发,结合学校实际进行课题研究,并已结题;2010—2012年,海沧区推出"校本课程推广与运用"课题的研究,笔者又结合校园排舞的课程建设,进行校本课程推广与运用的课题研究,亦已结题;2012—2014年,中国教育学会"十二五"厦门地区"阳光体育·体育美育校本特色带动区域特色持续发展的实践研究",笔者又积极介入,把排舞与美育结合起来,进行校园排舞美育功能的课题研究。

3.资源整合

(1)校本建设。课题引领特色发展,开发校本课程,可以以科研推动特色教育工作的创新。要把校本课程建设与特色建设工作有机结合,充分挖掘校内外教育资源,建设校园排舞特色校本课程。把这些思路结合在一起,笔者于2010年,完成了校园排舞校本课程编写,经过近5年的推广与运用,《校园排舞》教师用书与学生用书两册分别印刷了2000册。

(2)专著出版。2011年,笔者又将《校园排舞》教师用书与学生用书进行整合,撰写《校园排舞》专著。那时国内还没有系统、全面的排舞理论书籍。借此机会,笔者潜心专著撰写研究,于2014年在厦门大学出版社出版。

(三)社会影响

校园排舞目前在海沧中学已经尽人皆知,学校除了将其作为体育特色项目发展之外,还致力于将校园排舞打造成能影响学校文化的一个特色项目。扩大社会影响,是排舞推广者的使命。当然,也离不开学校师生及社会的支持。

1.成果影响

通过参加各类竞赛,获取好成绩,是形成社会影响的有效途径之一。成果的获得包含学生竞赛与教师竞赛两种,每一种都会形成良好的社会影响力。推广者要力争通过这些渠道创造较好的成果。

(1)运动竞赛。每年都有各个层次、级别的比赛,推广者要做好这些赛事的准备。只要有赛事,学校领导、分管的处室就会关注日常训练;参加了比赛,对手也会关注我们的团队。日积月累,就会形成一定的社会影响。海沧中学排舞队成立近十年,参赛屡获佳绩。2012年10月,参加全国有氧健身操总决赛(青岛),2015年7月,参加全国啦啦操总决赛(南京),都获得优异的成绩。这些优异的成绩,会成为学校对外宣传的素材,成为同事对推广者和参与者认可的理由。

(2)项目竞赛。运动竞赛要取得好成绩主要靠学生去争取,而项目竞赛的成绩主要靠教师自己去创造。近几年的优质课、录像课、阳光体育活动案例、论文等等评比的结果,很多都会通过教育行政部门在相应的网站公示,这无疑能增强社会对学校的关注度。如笔者2008年5月,获福建省第二届录像课评比二等奖;2009年7月,"校园排舞"课例获全国十城市评比二等奖;2012年5月,"校园排舞"参加福建省阳光体育运动优秀案例评比,获福建省"优秀奖",全国"入围奖";2012年7月,学校因开展校园排舞等被教育部评为"全国特色学校";2013年3月,"街舞青春"组合动作录像课获全省一等奖;2018年,被省教育厅授予"优质学科课程"基地校;2019年,校园排舞被省教育厅评为"精品课程"。

2.媒体宣传

媒体宣传的影响面非常广,包含电视、报纸、杂志、微信、公众号等多种方式。但是,宣传的前提条件是要先把事情做好。要结合学校活动寻找宣传的亮点,让媒体宣传效果成倍放大。以海沧中学为例,通过多场次、不同层次的社会活动,再结合媒体宣传,取得了良好的社会影响。

(1)杂志宣传。2010年4月,《中国学校体育》杂志社专访海沧中学,并对海沧中学校园排舞做了专题报道,学校大课间女生集体跳排舞的场景荣登该杂志第六期封面;2010年6月4日,《体育教学》主编王子朴先生观看了海沧中学排舞大赛并做了《学校发展特色为翼》专题报道;2014年3月,《福建基础教育研究》专版介绍海沧中学的特色办学情况;2016年4月,《福建基础教育研究》专题报道"八闽排舞"。

(2)其他媒体播报。2010年12月29日,海沧中学举办声势浩大的全国阳光体育展示会,2010年12月30日,《海峡导报》专版报道了这次阳光体育展示会盛况。2011年1月11日,厦视新闻"十分关注"栏目报道了海沧中学阳光体育校园排舞开展盛况;2012年5月25日,《海峡导报》又专版报道海沧中学校园排舞发展情况;2012年6月4日,厦门卫视"我爱闽南话"栏目专题报道了海沧中学校园排舞;学校还将大课间跳排舞做成了视频专辑(链接为http://v.youku.com/v_show/id_XNDA4MjE0MTY4.html)。

3.国内外交流

活动交流具有最生动的社会影响力,推广者要规划好交流活动的前期工作。来宾或者同行通过现场观摩,再通过他们的口口相传,形成的影响力比媒体杂志更加直接。

(1)国内交流。2010年12月29日,中国教育学会在海沧中学举办现场会,全校2 000多名学生现场展示校园排舞。省教育厅体卫艺处江仁虎处长、市教育局任勇副局长、总课题组王建秘书长出席现场会并给予了高度的评价。

2014 至 2016 年,来自北京、辽宁、重庆的教育观摩团先后观摩了大课间"舞·武"展示。[现场会情况见 http://v.youku.com/v_show/id_XNDAwMTU1NDgw.html。]

(2)国际交流。2010 年 11 月,美国密歇根州牛津学区教育总监威廉博士访问海沧中学共商合作办学事宜,对该校学生练排舞表示极大的赞赏;2011 年 6 月,新加坡女皇道中学师生一行 30 多人到海沧中学学习交流,学校向他们展示了校园排舞校本课程,让他们感受了校园排舞的魅力与风采。

4.品牌塑造

把项目塑造成学校的特色,学校就会通过不同渠道去宣传它,项目的影响力就会得到提升。有了这一基础,再来创设特色品牌,就找对了方向,会达到事半功倍的效果。海沧中学通过多年的努力,最终形成了区域特色品牌。

(1)案例创设。2012 年 3 月,应福建教育学院邀请,笔者走进"名师课堂"做校园排舞专题讲座,把学校的体育教学成果与八闽地区乃至大江南北的教师分享;2012 年 5 月 4 日,海沧区进修学校以海沧中学校园排舞为特色成果,举办区级艺体校本课程建设示范课,来校观摩的有福建教育学院、厦门市教科院专家领导,他们高度评价了海沧中学校园排舞校本课程建设成果。随后我们将开展校园排舞 5 年以来的成果制成视频专辑(链接为 http://v.youku.com/v_show/id_XNDAwMTU1NDgw.html)。

(2)协会成立。2016 年 3 月 28 日,在福建省教育厅、厦门市教育局、海沧区教育局三级教育行政部门大力支持下,成立了福建省艺术教育协会排舞委员会暨海沧区教育学会排舞委员会。来自全省九个地市的 100 多位会员齐聚厦门,共商八闽排舞发展大计,会上提出"八闽排舞,因你而精彩!"的口号。

综上所述,校园排舞已成为海沧中学特色发展的翅膀,借着阳光体育这缕阳光,我们将竭力打造体育组特色团队建设;以发展学生身体健康为己任,吹响每天在校生活动一小时的运动号角,打造学生健康的体育人生;努力营造校园排舞特色校园文化,培养学生带得走的能力,构造良好、健康的运动文化;用心、用情打造属于学校特色发展的校园排舞区域品牌。

第二节　校园排舞学科建设

俗话说万事开头难。笔者坚信体育人从入职那天开始,都心怀梦想,想把自己的教育梦想付诸实践。现实的学校环境曾经让体育学科逐渐边缘化,一些体育教师也放弃了自己对体育梦想的追求,随着时间的流逝,事业心渐淡,也开始"随波逐流"。但是随着国家的政策调整,学校体育发展迎来新的春天:"大课间""每天运动一小时""体艺2+1""一校一球一操"等等举措都给我们构建了广阔的平台,体育教师们应抓住这次契机,重拾体育人的事业梦,刚加入的年轻教师更要借此机遇构筑自己的体育梦,把学校体育工作当成自己的事业来做,相信有志者事竟成。

一、做好自己——人无我有

很多老师经常抱怨英雄无用武之地,埋怨学校不给他们施展才华的空间,这些抱怨其实都无济于事,要想改变自己必须先从"心"做起。要有一颗做事的心,一颗吃苦的心,一颗敢于改变自己的心。校园排舞,近几年刚起步,属于新课程资源范畴,很多学校还没有开展,因此,有兴趣的老师可以与时俱进,把校园排舞做起来。从无到有要怎么走,这是事业起步的关键。笔者把自己实现校园排舞从无到有的发展历程,凝练成了以下几点。

(一)三个积极

1.积极改变。全校那么多学科都想要发展,而升学的压力迫使校长向文化学科倾斜。因此体育教师一定要认清自己,给自己寻找发展的空间与机会。俗话说:天道酬勤,只有辛苦付出才能有所作为,才能得到别人的尊重。体育人要先做好自己,要从认识、态度上积极改变自己。

2.积极做事。学校每年都举办秋季运动会、春季运动会,有了这个平台,你就可以进行更大范围的校园排舞推广。秋季运动会的开幕式就是学生展现校园排舞风采的最大舞台,利用这个平台可以让全校师生认识排舞,建立对校园排舞的认同;很多学校以体育节来举办春、秋季运动会,但比较偏远的地方也许根本就没有这些活动,在这种情况下,体育教师就要主动策划春、秋季运动会,从行动上改变自己。大部分校长对此是持肯定态度的。

3.积极积累。运动会之后,要把参与展示的视频、图片保存起来,利用学校的电子屏幕、宣传板进行宣传。宣传这一块要注重平时素材的积累,很多体育教师只会做事情不懂得宣传,这是我们体育人的短板,事情轰轰烈烈做了,却没什么人知道。宣传不要怕麻烦,很多事情都是事在人为,要注意过程的积累。

(二)三个加强

1.加强沟通。假如你是一名普通的体育教师,最好能得到教研组长的支持,这样开展工作会比较顺利。若遇到不作为的组长,最好也跟他沟通,不要让这个问题成为做事情的障碍。假如组长能全力支持,就可以以组长为核心建立一个团队进行分工协作。校园排舞特色发展必须要靠团队协作,可以分为教学组、宣传组、科研组,也可以把这几个小组统筹在一起。

2.加强配合。做事的过程切莫心急,要多听取团队成员的意见。应消化各方面收到的信息,有助于排舞推广的意见要虚心接受并发扬光大,无助于排舞推广的意见也可以听取,剖析这些不同意见存在的原因,寻找破解问题的方法,减少做事过程的阻力。

3.加强业务能力。做好自己就是要提升自己的业务水平,加强自己的业务素质。业务素质高了,很多工作开展起来就得心应手,也会赢得领导、同事对你的尊重。教师的业务范畴很多,如:上课基本功、大课间组织、对教材的了解程度、教材重难点把握、训练技巧、竞赛指挥、沟通交流、言语表达等等。

(三)三个坚持

1.坚持细节。从无到有不单是技术层面的无与有,更多是意识层面的,做强、做大校园排舞要学会关注细节,学会换位思考。坚持关注细节会获得不同的思维方式,取得不同的效果。

2.坚持课堂。从无到有要立足课堂,树立自己的课堂理念,形成自己的课堂风格,把自己的课堂教学做好,为下一步从有到精做铺垫,为今后形成项目品牌做准备。

3.坚持自己。从无到有要做好自己,舍得付出;不要太在乎别人的评价,坚持自己,这样有助于今后发展。从无到有最关键的一步就是让身边的同事、学生知道排舞这个概念,并明确练排舞有助于健身或者提升学生的"三好四美"。

学校体育发展到今天还有很多传统的、富有地方特色的体育项目未被挖掘,人无我有在于创新,在于挖掘;确定好方向之后要立刻付诸行动,持之以恒。

二、坚持创新——人有我精

万丈高楼平地起,随着校园排舞走出了第一步——从无到有,想在事业上有所建树的教师们可以更加有耐心去把校园排舞做精。如何从有过渡到精,笔者认为要立足于创新,做课堂创新的有心人。人有我精这一层面应该包括教师团队的精及学生专业水平的提升。

(一)学校层面建设

从有到精,除了团队更加专业化之外,很多工作要从学校做起。学校的宏观设计能保证项目的长久发展,也是项目得以创新的制度保障。

1.发展规划。要从制度上保证学校发展规划能涵盖项目发展,需要项目发展能给学校发展加分,从而得到学校的认可。这就涉及从无到有过程中项目如何提升影响力,如何做好发展规划。

2.课程设置。想把排舞做精,最好在高中开设排舞模块,模块教学能确保由点及面的展开;初中可以"2+1"的模式进行排舞专项教学。

3.提升工会作用。项目发展到这一步,除了有理念上的认识之外,项目推广团队应该积极把对排舞有兴趣的教师纳入学习范围,积极利用工会组织让教师的业余生活更加丰富多彩,利用元旦、五一等机会让教师队伍出彩,这样也有利于项目特色口碑的进一步形成。

(二)专业技术层面创新

1.队伍建设

学校特色发展领导小组站在发展的角度来规划校园排舞特色教师队伍建设,设立专项经费确保特色教师队伍建设能顺利进行。通过专业培训、名师建设、专家引领等渠道来打造特色教师队伍,基本形成一支具备一定教育理论素质、能胜任特色创建工作需要的骨干教师队伍。

(1)名师建设

海沧中学邱志刚老师成为北京奥运会火炬手,连仁都老师被评为"全国特色教育优秀教师"。学校体育组利用"名师效应"组建名师工作室,打造优秀体育团队,形成了以老带新阶梯式发展的模式,确保了学校特色体育的稳步发展。

(2)专家引领

为了不断提高学校教师教学基本功,海沧中学结合实际在全体教师自学的基础上安排专家进行培训,先后邀请了厦门市教科院特级教师宋超美、集美中学校长、特级教师刘卫平等专家到校开讲座。发挥学校特级教师、省(市)学科带头人和厦门市专家型教师的引领作用,通过专题讲座和示范课等形式,不断提升教师整体水平。

2.专业提升

(1)专业师资培训。打造一支精干的队伍,相关工作才能在面上铺开。教师要接受更加专业的培训,走教学、裁判两条路,把专业教学融入比赛,这样更能显现教师的专业水平。教师的专业化发展是提升项目水平的关键,只有不断地学习、创新,才能有效促进项目发展。积极有效开展团队内的创新研讨也是提升项目发展的有效手段之一。

(2)大课间课程化。专业提升的另外一个"战场"就是大课间。大课间主要进行面的扩展,进行一些理念与简单概念的宣传。笔者提出大课间管理课程化就是为了实现更好的专业发展。大课间是学校体育的窗口,能从侧面反映学校德育、体育的发展状况,为了能得到学校的认可,体育人务必抓好大课间常规,做好大课间课程化管理。

3.学生发展

(1)大课间的排舞教学宜采用一些简单易学的舞曲。每个班级可以先派一名代表来学习,然后由代表回自己班级组织教学,大课间时再统一进行复习、强化。大课间是海选队员最佳时机,一个学生若能在大课间表现出自己的水平,今后参加比赛应该不成问题。

(2)通过队员海选组建一支较专业的队伍。高水平的运动队能够起到点带面的作用,有助于激发同学的整体学习兴趣,也是使项目往高水平发展的有效途径;积极有效地进行课外训练还能提升学生综合水平发展。

(三)推广渠道创新

1.举办高级别公开课。公开课是检验教师综合素质的一个很好的舞台,也是提升项目影响力的一次机会,教师要抓住这个机会积极对外拓展。高级别公开课会形成更高层次的影响,不管对教师个人专业发展还是项目对外辐射效果都会更好。开高级别的公开课可以把有经验的教师或者名师请进来指导,提升项目的对外影响。

2.参加各级别比赛。竞赛是检验运动队成果的一种手段,也是提升学校影响力的绝佳机会,项目推广者要抓住这样的机会认真备战。比赛完之后要积极宣传,跟着重大赛事走可以让队伍处于不断的创新发展中。

3.举办专题讲座。随着项目推广的深入,会得到项目开展影响学生及学校体育文化等方面的数据,教师应该积极整理、总结、提升这些数据,把经验内化、提炼为总结或者论文,再结合实际形成具有项目特色的专题讲座。

"人有我精"这一阶段,是体育人从事体育工作发展的瓶颈。如何突破这个瓶颈需要各位体育人的智慧与坚持。笔者认为要立足于学校层面建设,抓紧提升课堂理念建设,把运动队作为拓宽学校影响的主要渠道。一支声誉良好的队伍对内、对外都有一种积极的影响,要做好金字塔的"拔尖"工程,之所以称之为"工程",是因为这一过程是艰辛、漫长的。

三、锲而不舍——人精我特

走过前面两步,校园排舞会迎来另一个春天,如何在这个春天里播种、收获更多,笔者认为要走出一条特色之路,即把校园排舞做成"从精到特"。一个项目在学校要达到"精"的层面,基本上要能体现该项目的优势;要达到"特",则是需要时间与空间多方面积累才能够实现的。如何达到"特"?怎么做?这些问题是本部分讨论的重点。

(一)稳定性

每一阶段的发展按笔者所在学校的进程基本控制在两到三年左右,学校若能大力支持,基本上在第六年就可以考虑项目往特色方向发展。项目推广者应该具备长远的眼光——把项目做成学校特色。从特色项目到学校特色还要历经三年五载,稳定性旨在要求学校要长期重视,教师要长期坚持不懈地推广并在各级各类赛事中取得一定的成果;稳定性的另外一层含义就是要有固定的学习时间和稳定的推广制度。

1.时间上的稳定。每周大课间至少要进行2次排舞教学,若能结合其他项目共同开展效果会更好。很多体育教师不知该如何让学校重视排舞或者其他体育项目,大课间是很多人关注的时间段,抓好大课间活动是获得学校认可的第一步。

2.打造自己的赛事。每年运动会都要坚持举办校级排舞大赛,形成固定的校园文化,让班级、年段积极组队,把比赛当成展示自己最好的机会。排舞团队打造自己的赛事,形成自己的节日文化,在时间上要相对固定,让全校师生把排舞赛事当成一项常规赛事。

3.每年开展活动。活动可以先从校级开始,要求每个班级派出2~3名的学生参加,这就相当于班级种子选手的培养;夏令营主要是让外校的学生进来学习交流,除了把项目做精之外还提升对外影响力。夏令营集中学习可以让学生在短时间内较全面地了解校园排舞。当然,要举办夏令营需要德育部门负责牵头,而做好学生的宣传工作是拓宽项目影响力的重要手段之一。

(二)全面性

全面性,顾名思义就是要全面开展,包括从学校的宏观规划,到部门的整体计划,最后到体育教研组的行动措施。

1.全方位推广。项目包含教学、训练、竞赛、展示、文化、科研、辐射、影响力等全方位的特色。除了时间上的全面性之外,有条件的学校要尽量做到空间上的全面性,通过举办有影响力的展示、参加重要级别的比赛来扩大社会影响。

2.人员参与的全面性。师生都参与是全面性的根本,要做到这一步,需要学校各部门的大力配合。每个班级可以先组建班级排舞队,实行队长负责制;各个班级取个队名形成自己的队伍文化,选择适合自己队伍的标志,确保学生参与的全面性。可以与学校工会对接,安排教师参与,但要考虑教师参与的时间。

3.运动队建设的全面性。从各个班级选拔人员组成年段队,各个年段都要有一批拔尖的队员参与年段队训练,这也是保证校园排舞不断更新的有效途径。年段队需要具体的老师直接负责,这对队风的形成与团队文化的形成都非常有效。最后通过选拔,让学生积极加入校队并以此为荣。在服装、形象包装上要让校队的队员有明显的风格,特别是在重大节日演出、展示时让他们能感受到学校的重视,感受到排舞给他们带来的自豪感。

(三)先进性

先进性,这一要求是三点里面对校园特色文化的一个提升。项目开发如何体现先进性?先进性的载体、依托点是什么?这是值得好好思考的。每个学校都在构建自己的办学特色,什么样的特色能够让学生受益?什么样的特色能够让人交口称赞?体育项目特色容易呈现,但是,提升到学校办学特色的层次就需要通过学校各个处室围绕特色开展工作,以及团队形成的文化来体现。学校办学特色先进性可以从以下几个方面来凸显:

1.构建特色开发小组

特色开发可以从提炼项目发展宗旨、发展目标、推广理念、特色口号、特色雕塑等等入手。项目特色发展,一定需要团队来完成;一个项目的发展,若离开了理念、离开了校园文化,就会成为无本之木。所以,校园排舞特色开发小组可以分为技术推广小组、文化内涵提炼小组。

(1)技术推广小组。技术推广,一般是靠体育教师或者艺术教师。目前的大专院校还没有形成系统的技术推广理论,体育院校有健美操、啦啦操专业,而体育舞蹈专业却比较少;而艺术院校的舞蹈专业主要往音乐专业方向发展。因此,一个项目的推广要做好体育教师与音乐教师的融合,一起把项目做好。

(2)文化内涵凝练小组。以福建省一级达标高中申报为例,大部分学校都有一两项特色项目,但是能得到评审组认可的少之又少,究其原因就是没有文化支撑,即一个项目的特色无法对学校文化产生促进作用,对学生无法产生特别的影响。因此,文化凝练应该立足于学生是否受益,学生的能力是否得到提升,校园文化是否得到促进、得到拓宽与延伸,教师个人的专业理论是否得到提升等根本性问题。

2.搭建文化宣传渠道

特色文化应该积极利用各个平台进行宣传,把项目先进性的载体、依托点宣传出去。

（1）开展主题班会。让排舞发展人人参与，形成班班有主题，有口号，有发展计划。各种目标、口号、理念都可以让班级提出，最终看看哪些更符合学校特色。各类口号一旦确定就要通过学校文件形式，由德育处组织把项目提炼形成的文化，凝练成文字或者图案通过班级黑板报进行宣传，这样有助于进一步加强全校师生的共识。

（2）国旗下讲话。利用国旗下讲话让校领导对学校发展规划做一次全面阐述，让学生明白项目发展的科学性与计划性。国旗下讲话彰显项目发展的严谨，每个师生都有义务与责任为项目的发展献计献策。

（3）校刊征稿。为了项目发展更加有内容，可以拟定一些主题或者方向让全校师生通过校刊征文形式积极参与。把想法付诸文字，为项目文化的提升积累材料。

3.连接家校社沟通平台

（1）校园网络平台。网络媒体为今天的信息传递提供了很多便捷，架起了家校社的沟通渠道。每一次活动都要第一时间通过学校办公室进行微信宣传，让全校师生、家长、社会知道并关注学校的特色活动。

（2）发展主题明确。学校每年都会举办与特色办学相关的各种活动，如：全校师生大会、年段家长会、元旦文艺汇演、校庆及其他有主题的活动。先进性表现在这些活动一定要跟学校的特色办学紧密联系在一起，在会场布置、文化宣传上让师生、家长、社会知道这些活动的主题。

（3）评优评先。学校每年要积极评选出对特色项目发展有重大贡献的师生、家长、社会其他人士。班级、年段、学校都可以评选校园排舞推广十佳班级、十佳学员、十佳教工等等。因为此项工作的开展会涉及很多部门、很多人员的参与，特别是对社会人士的表彰可以结合新闻媒体进行报道，这样的宣传效果就更好了。

"人精我特"就是要站在区域的发展前列，要敢于挑战自己，探索新的发展方向。一个项目的特色发展不仅需要一个团队的精诚合作，还需要引领者的执着与坚持。

第三节　校园排舞文化建设

经过岁月的洗礼与提炼，校园排舞在展现自身魅力的同时，也形成自身的文化内涵。海沧中学全校女生跳排舞，男生打武术，已成为一种时尚，这种时尚搭乘着阳光体育的快车,开启并引领了校园排舞健身的热潮。校园排舞打造出"舞风·舞韵"独特的校园体育文化。该文化显然已成为海沧中学学校文化的重要组成部分,并引领学校特色发展,我们将携手全校师生,让特色文化突显于校园文化之中。《国家中长期教育改革和发展规划纲要(2010—2020)》提出,要"推动普通高中多样化发展"和"鼓励普通高中办出特色"。根据这一精神,学校在总结办学经验时,通过兴趣诱导、课程开发、专家论证、集体智慧等步骤,确立以"校园舞·武"作为学校的办学特色,积极倡导"舞风·舞韵"的文化立人思想,突显学校办学特色的文化品位,构建包含精神价值和生活方式的生态共同体。

一、特色文化——理念引领

素养是一个人所拥有的知识、水平和正确的待人处事态度。学生的核心素养是学生通过学科课程学习所形成最基本、最重要的素养,包括知识与技能、过程与方法、情感态度与价值观等方面的表现。核心素养注重做人与做事的综合培养,即处理危机和繁杂事物的综合能力,我们可以构建以校园排舞为载体的自主健身,它既是素养之一,也是能力之一。自主健身的核心能力主要是由运动认知能力、健身实践能力、社会适应能力构成的。

海沧中学以校长为组长进行的办学特色顶层设计就是一个很好的例子。将学校"崇德尚学"中的"德"全面融入"舞风·舞韵"教育中;始终秉承"幸福教育·活力校园"的办学宗旨,让孩子享受幸福的教育,实现女生人人会排舞,会编排舞蹈,变得更加柔美,男生个个会武术,一身正气,变得更加阳刚的目标。使特色项目与学校幸福教育融合在一起,让老师享受教育的幸福,树立终身体育意识,每天运动一小时,健康工作三十年,幸福生活一辈子。

学校为了实现"幸福教育"的办学宗旨,开设了幸福课程,以"活力校园"为依托,聚焦核心素养。幸福教育的特色文化,通过物质、行为、精神三个层面来落实。

(一)工作室文化打造

工作室是专用教室的文化提升,工作室就是特色文化制度先行的物质层面。学校规划的幸福课程包括排舞、武术、软陶、书法、生态园等一系列课程,涉及体育、文学、艺术等领域。学校打造这些幸福课程专用教室,在专用教室里,呈现课程理念,聚焦核心素养。专用教室凸显项目的特色文化,把学生训练的图片附上文字,聚焦比赛的精彩片刻,稍作说明,这些都能将过去的存在转化为文化的记忆储存起来。

(二)制度文化实践

海沧中学秉承"崇德尚学"的校训,恪守"树人为本、质量为根、师德为先、特色为翼"的办学理念,确立"阳光教育"思想,根据省教育厅有关达标高中内涵建设的精神,全面实施素质教育,全面提高教育现代化水平,办人民满意的教育,为实现教育强区目标,为基本实现教育现代化和建设人力资源强市做贡献。学校在继承和发扬办学传统的基础上,将校园排舞作为学校的办学特色,制定出台了《厦门市海沧中学办学特色建设方案》,把校园排舞纳入学校发展规划和创建"省一级达标高中"发展规划,努力实现以构建阳光校园、阳光教师、阳光学生、阳光课程、阳光课堂和阳光管理为核心的"阳光教育"目标,形成"一生一特长,一个都不能少"的办学特色,"鼓励和支持学校形成各自的办学特色,给学生更多的选择和个性发展的机会"。

(三)核心素养引领

新一轮课程改革高举核心素养的旗帜,体育学科核心素养最突出和最主要的就是学生在学习过程中掌握体育技能,形成健康的行为习惯,通过各种措施与学生自身的认识提升体育品德。其核心内涵就是新课程标准倡导的"三维目标",校园排舞提倡的"三好四美"。学生体育技能怎么掌握?教师通过什么手段传授?如何形成健康行为让学生的内驱力得以启动,如何促使他们健康成长?体育品德又如何在多元的社会文化中脱颖而出?这些都是校园排舞文化建设应该关注的重点。为此,学校提出"做好人、读好书、身体好"的新三好生标准,提出成长比成才更重要的育人观,在学校活动参与中提出关注体育精神,通过"舞风·舞韵"来落实学生的运动价值观。组建幸福课程领导小组,让课程落到实处。为了达到办学效果,学校从课程、工作量方面来确保,让参与课程建设的教师行动积极,心态阳光。这些制度就是核心素养的行为文化,有了这个层面的保证,今后的工作就会得到长远的发展。

二、"舞风·舞韵"——品德为上

学校将"舞风·舞韵"文化建设作为实施新课程改革的重要内容之一。组建建设团队,挖掘课程资源,开发校本课程,开展研究性学习,使"舞风·舞韵"文化建设为学生人格品质的提升提供扶持和帮助。学校在初中开设排舞校本课程,实施初中课堂"2+1"模式,每学年有200名学生参与;在高中开设校园排舞模块教学,每学年有600多名学生选修。校园排舞已成为学校大课间的常态,也成为海沧中学大课间分享、市区夏令营、全国阳光体育展示和国际教育交流的一道亮丽风景。通过培养阳光、快乐、向上的优秀学生,扩大了学校的区域影响力和辐射力。

(一)"舞风·舞韵"文化建设

1.舞风塑行

(1)舞风:每个人都会跳排舞,形成自己的风格;每天运动一小时,形成自我锻炼的风气;德智体全面发展,形成良好的风度。21世纪要求发展学生的核心素养,核心素养就是强调孩子在复杂的环境中处理问题的能力。除了能塑造学生健康的身体之外,校园排舞运动还能增强参与者的团队协作能力,使参与者的体质、气质、运动习惯越来越好。

(2)塑行:通过强化"舞风"目标,改变、规范、提升学生的行为与品行;打造阳光课堂,锻炼学生健美的体格和良好的外形。学生的行为规范要靠教师去引导,课堂常规要常抓不懈;对于课堂中学生的行为养成,教师要善于记录并强化、宣传,让其形成正能量,进一步促进学生健身的行为。对于学生的外形,教师要做正确的引导,让他们认识到:不应过分追求身材,要注意锻炼与营养的合理搭配。针对肥胖或瘦弱的学生,要加强思想沟通并制定科学的运动处方,让他们形成科学的锻炼习惯并持之以恒。

2.舞韵健心

(1)舞韵:排舞可以使人们深切感到生命的鲜活与灵动,更能在保证康健的基础上,提升气质、塑造形体、陶冶情操。排舞学习者应内外兼修,达到身心健康,内涵充实,舞韵是对舞风内涵的延续,也是对健心的补充,起到承上启下,进一步提升校园排舞文化内涵的作用。

(2)健心:《周易》提出:天行健,君子以自强不息。实践证明,排舞运动能实现"三好四美"的发展目标,使学习者最终达到身体良好、心理完好、气质姣好的"三好"以及感受舞美、促进形美、提升神美、塑造心美的"四美"。我们要求排舞学习者,应像"天"一样,自我力求进步,刚毅坚卓,发愤图强;在动态的学习过程中使学生真正感受不同元素的美感,这是一种艺术的体验过程,也能提高学生的审美能力,提升学生对神态的把握,提升自身的气质与内涵。

(二)特色文化建设感悟

新一轮课程改革高举以人为本的旗帜,最突出和最主要的就是"改革课程过于注重知识传授的倾向,强调形成积极主动的学习态度,使获得基础知识与基本技能的过程同时成为学会学习和形成正确价值观的过程"。其核心内涵就是新课程标准倡导的"三维目标"。学生主动学习的态度来自何处,如何让他们的内驱力得以启动,如何促使他们健康成长,这是"校园排舞"办学特色建设必须关注的重点。

1.在活动中感悟生命的光华。每一个学生都是一个鲜活的生命体,都拥有热切的生命期待和强烈的生命追求,都渴望获得真切的生命关怀。只要给点阳光,就会无比灿烂。为此,我们把生命教育融入"舞风·舞韵"文化建设之中,实施"扬长教育",以学生个体的长处为核心,以长促长,以长促全,引导学生通过学习排舞,不断发现和积累自己的优点和长处,体验生命自由成长的喜悦,找到属于他们的快乐与幸福。在学习过程中,没有失败的颓丧,只有教师悉心的教导、同学真诚的帮助和音乐带来的无穷快乐。同学们在生命体验的过程中学会克服困难、不畏挫折、迎接挑战,体验运动的激情,感受生命的快乐,品味生活的美好。排舞使他们放松情绪、学会自信、无忧无虑,能够尽情舒展身姿,收获快乐,感悟生命活力。

2.在活动中发现自己的潜能。在参与排舞的过程中,伴随着变幻的音乐旋律和舞动的身姿,许多原本性格内向的同学会逐渐变得阳光,学会与他人交往、交流信息、合作学习、解决问题和创新创造的技能。学校每年举办一次校园排舞大赛,让学生自己组队训练、创编队形,并进行音乐剪辑、造型构建等,实现学生的全面发展。我们还将校园排舞列入校本课程开发的范畴,成立特色项目发展小组,开设高中模块和初中校本课程,由两位教师联手在学校大课间、兴趣小组活动、全国阳光体育活动和国际来宾中进行交流展示,引导学生借助每一次展示的机会,把他们的创新有机地融入排舞动作编排之中,彰显自己特殊的才能,让每一个学生都体验到成功的喜悦。

3.在活动中纯洁自己的情感。学校践行"舞风·舞韵"的文化教育,就是要传递和渗透积极、健康、愉悦、审美等正能量,抵制和消除庸俗低下、消极悲观、逃避推卸、急功近利等负能量。"舞风·舞韵"文化要求孩子们将传统与现代有机结合,遵守排舞学习的道德原则,在活动中不断反省自我、改造自我、完善自我,融德、智、体、美于一体,使心灵美、语言美、行为美、环境美等尚美因素蕴含其中,不仅体现人的天性,更体现人生的完美境界。让他们在不断激活内驱力和超越自我中获得快乐体验,积极参加构建工作有声有色、学习有张有弛、生活有滋有味、做人有情有义的学校文化氛围,努力把自己培养成智高、体健、品端、身正的新世纪人才,共同打造具有人文关怀、发展潜能、深情厚谊的活力校园。

(三)特色建设前景展望

海沧中学以"舞风·舞韵"文化为内涵的学校办学特色,是学校文化建设的一项长期而又艰巨的工程,也是学校全体师生在长期的教育实践中逐步创造和形成的具有独特凝聚力与稳定性的思想观念和行为方式,特色文化是学校的精神生命和灵魂。而我们推广排舞,在这项长期的系统工程中,需要推广者根据学校自身的特点与学校文化来凝练项目特色内涵。以生为本,充分了解校园排舞可挖掘的内涵,推广者要努力,不回避存在问题,做到思想重视、大胆探索、不断实践,为创设学校的排舞特色文化而不懈努力。

1.学生体质发展的需要。体育作为国家未来教育发展战略,关乎民生。学生体质的强弱,也关乎国运。体育作为学校发展的重点,特色建设赋予了学校新的发展使命,学生的体质在特色项目开展中一定受益匪浅。

2.教师业务发展的需要。传统的中小学体育教师,俗称"万金油",什么项目都要会,但什么项目都不精。特色建设就是让体育教师实现一专多能。学校特色发展制度为教师提供专业发展的保障,教师要抓住机会进行特色项目建设。

3.学校发展的需要。国家综合实力不断向前发展,全民健身也成为百姓的追求。特色建设是学校追求品牌、质量的一个渠道。因此,特色建设给学校带来巨大的发展机遇。大课间成为学校对外宣传的窗口,很多学校都在改革大课间,实践证明,校园排舞可以有效地丰富大课间的选择。

三、核心素养——聚焦校园

《国家中长期教育改革与发展规划纲要》明确指出:把教育摆在优先发展的战略地位;全国卫生与健康大会明确指出:只有全民身心的健康发展,才能称得上全面的小康社会;因此,发展学校体育将成为今后教育发展的首要任务。还有,社会发展需要复合型人才,而当下的大学毕业生很多却满足不了或者达不到用人单位的用人要求。我们的教育到底要培养什么样的学生?要怎么培养?这些都是我们教育工作者要面对的问题。此外,据统计,2018年全国中小学在校生中农村留守儿童达697万,面对这个庞大的群体,我们作为一线的教师,特别是中小学体育教师,更应该对上述问题进行认真思考。

(一)概念分析

1.学生核心素养:核心素养是指学生在不同阶段的学校教育中,个人逐渐掌握应对复杂社会的能力,以及作为一名学生应该具备的体育技能、健康行为、体育品德。在核心素养大背景下,各校研究的重点不一样:学生核心素养评价、教师专业素养发展、学校学科素养建设等,这几个维度都可以阐述。要使核心素养顺利落地,除了关注学生自身素养发展之外,抓好教师专业素养发展,显得尤其重要。

2.体育学科素养:体育学科素养指集广大教师的热情与智慧,积极组建团队,以增强学生体质,促进学生综合能力发展,完善健全人格塑造;同时积极关注教师自身成长,并制定教师发展规划;积极开展学校体育,提升学校体育文化的一种能力。应通过"体育学科素养"建设把体育教师专业发展与团队建设结合起来,实现体育教师的专业发展,促进体育队伍的建设发展。

3.校园排舞素养:校园排舞素养包含学生、音乐、舞蹈、诗意。校园排舞写在发展的旅途,是一种记载;留在心中的诗意,是一种永恒的健康理念。悦耳的音乐,绚丽的舞姿——这就是校园排舞诗意校园的终极目标。校园排舞是形体艺术,是一种美妙的肢体语言,能给人完美、和谐的视觉感受,让学生学习与生活联动起来,让快乐与健康流动起来。

(二)策略解读

为了更好地实现学生核心素养全面发展,学校依托体育学科素养来实现教师的专业素养发展及团队建设。我们开展学校体育教学研究,力图通过教师培训,使体育教师在教学管理、科研探索、团队意识等方面促使教师专业发展。厦门市农村学校的学生主要是农民工的孩子,因此条件制约,导致很大一部分体育教师不知道该怎么发展自己。农村学校办学条件不及城市学校,因此我们要善于因地制宜,根据学校自身的特点和农村体育教师自身的闪光点,促进农村体育教师专业素养发展。

1.教师专业发展:核心素养提出要培养符合社会发展需求的综合性人才,这就要求教师的专业发展要满足学生发展的需要。农村体育教师的专业发展旨在通过参与体育学科素养建设,让教师在教、研、组三方面都有所提升,能更好地教育农村留守儿童。教师要怎样发展?从认识发展来看,多数情况是在教育反思中提出问题、解决问题。

基本思路:结合本校的实际情况,通过校本教研来实现教师专业素养的提升;搭建校本教研平台,让教师展示自我、提升自己;通过专家引领、名师指导,创建校本科研模式,组织大家进行课题研究、校本课程建设,寻找学校体育特色来促进教师个人的专业发展。

2.教研组团队建设:个人的发展离不开集体这个大环境。教研组顾名思义要注重教学、研究、组织三个领域建设。体育教研组建设通过提升教师课堂教学理念,搭建教研平台及科研模式,构建队伍文化及体育特色三个方式来完成教研组建设。

基本思路:由学校组织竞聘选拔一名有责任心的组长,再由组长确定团队口号及发展目标,以一定的目标和理念来组建体育教师共同体,形成团队文化;再设若干个备课组协助教研组完成各项工作。

3.体育学科素养建设:体育学科素养发展主要是团队建设,而团队发展即要求有"人、口、才"几个基本要素,充分挖掘各教师的长处,形成团队合力,实现体育学科素养利益最大化。体育学科素养建设的具体内容包括课堂教学与运动训练提升、教师科研模式的研究、体育教研组文化的构建三个方面。

基本思路:由教研组统一制定学科发展目标、口号,形成团队文化;每位教师提供一张生活照,每张照片下配上教师的毕业学校、专项、特长,以及取得哪些教育教学成果;结合每位教师的发展规划,再写上每位教师的工作信念与对教师职业生涯的发展愿景,形成学科素养文化。

(三)特色历程

1.项目热爱,倾情奉献

(1)推广教师,执着追求。春来秋往,遥想十年前的那个夏天,学校派笔者到大连参加会议,机缘巧合地选择了排舞。笔者把自己交付给教育,以排舞勾勒梦想,书写校园美丽的诗思,一路探寻自己的心灵深处。让我们一起走进校园排舞教室,开启浪漫的开端,捕捉一张张欢乐的笑颜。

(2)十年如一日,学校坚持把"培养学生带得走的能力"放在首位,打造校园排舞特色发展。通过高中模块建设、初中校本课程推广,辅以各级各类的公开课、示范课,校园排舞概念逐渐得以确立、清晰,同时也完成了"人无我有"项目构建。2009年起,学校以课题、校本课程开发为契机,并在福建教育学院组织下,实现了多次全省排舞推广,并举办全国阳光体育展示,开启了"人有我精"项目发展模式。2014年,随着专著出版、特色内涵提炼、校级比赛和夏令营举办、一级达标高中验收等活动的展开与深入,全校师生逐渐形成共识,实现了"人精我特"的特色发展模式;2019年,通过一级达标高中复查及70周年校庆活动,将校园排舞办学特色打造成区域品牌,实现了"人特我卓"的精品发展模式。

2.家校师生,真心反馈

(1)师生心声。老师说:在沉思中才发现,四季流光涤荡,学生毕业走远了,他们已成记忆;训练场上的欢笑,在心中却留下真正的回味。德莱顿说:舞蹈是脚步的诗歌,让我们沿着诗歌曲径通幽,抵达学生的心灵深处。学生说:我们天天与排舞做伴,忘却各种烦恼;排舞让人成长,品味成功的喜悦;排舞让我们今后的生活更加多彩;我们用舞步写诗,用心灵舞蹈,来书写校园排舞,成就我们的舞者梦想;只要心中有排舞,每一个春天都会有蓬勃的诗情;排舞让我们相遇了友情,让我们更加自信。

(2)家长赞叹:我的孩子,因为有了排舞,欢喜多了,忧愁少了,不知疲倦,与快乐同行!那些参加排舞比赛的选手的表情,诠释了青春的色彩,虽略显羞涩,裹着青草的味道,其实青涩的青春培育出青涩的果子,这就是希望!让我们以排舞的名义,读懂孩子的心语,去触摸其心灵上的那些深深浅浅的纹路。

(3)领导肯定:校园排舞是活力校园中最活跃的元素。岁月在春光中苏醒,我们的孩子在"舞风·舞韵"文化的熏陶下,从心里到外形都舒展开了。大家感受校园排舞的"三好四美",和着校园的阳光雨露行走于舞蹈灵魂之上。在各级各类大赛上频频折桂,硕果累累。2008年,开启各级各类的竞赛征程,我们感受了比赛的酸甜苦辣;在训练场上,以汗水为墨,书写出青春的色彩。

3.校园排舞,展望未来

(1)校园排舞,辐射四方。校园排舞就是行走的诗歌,它以细碎的舞步、动听的音乐、轻云般慢移或旋风般疾转,炫出校园的纯真色彩。在厦门市教科院多次组织下,来自北京、天津、重庆、辽宁等省市的专家学者多次前来海沧中学观摩"舞·武"表演,北京教育学院院长的评价是:"男生很阳刚,女生很柔美,孩子在这里读书很幸福!"

(2)2016年3月28日,在海沧中学成立福建省艺术教育协会排舞委员会暨海沧区教育学会排舞委员会,来自省、市、区的教育行政领导都莅临现场,学校借此机会,开启"校园舞·武"办学特色发展新篇章。八闽排舞,因你而精彩!

年华有限,诗意无穷。在有限的生命中享受校园里的这份诗意,徜徉在校园排舞的诗意与现实中,感受教学生涯中存在这份温情与诗意。让我们伴随婉转悠扬的鼓浪屿之声,沿着波涛万顷的九龙江之水,以福建省艺术教育社团排舞专委会和海沧区教育学会排舞专委会为载体,构建闽台基因传承平台,实现两岸文化合作,为最终实现伟大的教育梦而不懈奋斗!

第六章　校园排舞科研提升

第一节　校本课程开发策略

一、校本概述——意识渗透

校本课程是相对于国家课程和地方课程而言的,是指以某所学校为基地而开发的课程,学校和教师是课程开发和决策的主体。校本课程开发是20世纪70年代在英美等发达国家中开始受到广泛重视的一种与国家课程开发相对应的课程开发策略。校本课程开发从其本质上说是学校教育共同体在学校一级对课程的规划、设计、实施与评价进行的所有活动。校本课程是国家基础教育课程设置实验方案中的一个部分,指学校自行规划、设计、实施的课程。其基本定位是非学术性或者说是兴趣性的,以发展学生个性为目标指向,课程开发的主体是教师而不是专家。

(一)三级课程介绍

三级课程管理体系是权力和责任的再分配,通过三级权力主体来构建。对教科书的管理主要有两个制度:一是编写资格认定制度;二是教科书审定制度,给出教科书目录。

1.国家课程。国家课程的职责主要是编制国家基础教育课程;审议省级上报的课程推广方案;评估全国范围内的课程质量。

2.地方课程。开发地方课程,指导省、市、区(县)的课程,使之符合当地特色文化发展需求;是地方经济文化的体现。

3.学校课程。以学校为主体,学校的教师自行开发符合学校特色的课程,丰富地方课程资源,实现学校课程的完美补充。

(二)课程开发作用

校本课程开发是我国基础教育三级课程管理的重要内容。它是在中小学多年来实施活动课、选修课和兴趣小组活动的基础上继承和发展而来的课程开发体系,是学校根据自己的办学理念和实际情况自主开发的一部分课程,目的是更好地满足学生的实际发展需要。国家课程因其自身的特点与局限,无法充分考虑各地方、各学校的实际,更不可能照顾众多学习者的认知背景及其学习特点,亦无力在学法指导与策略教学方面采取相应的、有针对性的措施。这恰恰是校本课程开发的意义所在,也是当今时代赋予学校教育的重要使命。[①] 它有以下几方面好处:

1.教师根据自身的特长,结合学校实际积极参与课程的开发与研究。

2.课程是学校的特色或者长期开展的,因此,非常符合学生的认知背景与需要。

3.有助于学生课程选择,有利于教师拓宽课程意识,也丰富了学校的课程设置。

4.凸现学校自身特色,并有助于教师一专多能全面发展。

校本课程开发是社会进步、科技发展、教育变革的客观要求,课程体系必须对此作出相应的调整与重构。

(三)校本课程开发

体育校本课程开发不可能像语文、数学一样以系统知识为主,它是一门以健身为手段,提升学生核心素养的课程。课程应该融入健康的理念、健身的方法、保养的意识。如何开设一门符合学校特色,满足学生需求,促进教师专业提升,又有别于之前所开之课的综合实践课程,可以从权限、设计、理念上进行规划。

1.从权限上来看,校本课程是学校自主开发设计的课程;而综合实践活动课则是国家规定的必修课程;因此,在课程设置上,我们可以考虑学校实际情况,根据学生需求与教师实际配备来开设。

2.从设计上来讲,综合实践活动课是达到国家规定基本教育目标的课程,特别强调学生基本学习能力的培养;校本课程也考虑学生的个性发展,但更考虑学校办学理念和学校特色,因此,在面的普及以及点的提升上都容易操作,特别是体育课程,可以结合大课间、课外运动进行训练。

3.设计过程不一样,综合实践活动课是根据学生核心素养的培养方向来设计的;校本课程是学校层面根据学校办学理念与学校实际开发与设计的,因此更多地考虑到了学生自身的特点与能力。

---

① 董翠香.体育校本课程导论[M].北京体育大学出版社,2006:50.

二、开发分析——抓住机遇

（一）背景分析

1.课程改革需要。有关方面2006年9月启动高中课改。新一轮体育课改的启动,对体育学科是一个机遇也是一种挑战。体育学科走在课改前沿,以模块教学引领高中体育选修课的开展,教师有了相当的自主权,教师可根据学校特点,自己选择教材,以满足新课程改革的需求。2009年3月,《国家基础教育课程改革纲要》提出大力发展符合学校地方特色的校本课程,让地方、学校课程丰富学校的课程结构,因此校园排舞校本课程的开设正好适应、满足了课程改革的发展需要。

2.学校发展需要。开发校本课程,其意义不仅在于改变自上而下的长周期课程开发模式,使课程迅速适应社会、经济发展的需要,更重要的是建立一种以学校教育的直接实施者(教师)和受教育者(学生)为本位、为主体的课程开发决策机制,使课程能够多层次满足社会发展和学生需求。

（二）为何开发

1.实践课程开发。校本课程是由学校针对学生的兴趣和需要,结合学校的传统和优势,充分利用学校和社区的课程资源,自主开发和实施的课程。"校本课程"这个概念,应包含两层含义:一是使国家课程和地方课程校本化、个性化,即学校和教师通过选择、改编、整合、补充、拓展等方式,对国家课程和地方课程进行再加工、再创造,使之更符合学生、学校和社区的特点和需要;二是学校设计开发新的课程,即学校在对本校学生的需求进行科学的评估,并在充分考虑当地社区和学校课程资源的基础上,以学校和教师为主体,开发旨在发展学生个性特长的、多样的、可供学生选择的课程。通过排舞校本课程开发的实践探索,我们感到校本课程就在我们身边。

2.满足学生需求。校本课程不仅是学生学习内容及其进程的总和,更是对学生学习经验和个性品质的改造;不仅是学生学习的"跑道",更是学生"奔跑"的过程。课程应是开放的、动态的、民主的、科学的,而不应是封闭的、静态的、专制的、经验的。所以,应以学校为基础开发校本课程,学校的所有成员以及学生家长和社区群众都可以参与到校本课程中来,应充分发挥社区的作用,将课程开出学校,开至社区,开到现实生活中去;开发的目的是尽可能发挥每个学生的个性和特长,开发的理念是尊重学生个体的独特性和差异性,是学生本位而不是知识本位,它应重视学生自身独立的生命价值,而不应过多地强调人的工具性价值。

(三)怎么开发

1.关注资源。开发校本课程要充分利用校内外各类资源,形成多样化的校本课程资源系统,要不断地进行课程资源的积累和课程特色的培育;校本课程的规划要根据学生的课程需要来制订;要选择贴近时代特点、社会发展与学生实际的课程内容,要变革教学方式和学习方式,充分发挥师生的独立性、自主性和创造性,引导学生在实践和研究中学习;校本课程的实施要打破班级之间、年级之间、学校与社会之间的界限,形成开放的课程实施空间;校本课程的评价要着眼于学生的个性发展和能力提高,要从指导思想、课程意识、课程能力、师生参与程度出发,从师生创造性的发挥、学校特色等方面对校本课程进行全面的评价。

2.关注个人。校本课程的实施注重主体性、开放性、自主性和个别性。不应是"教师说了算",而应是以学生为活动主体,要鼓励学生提出异议;不应局限于知识层面的理解和记忆,而应重视过程探索;不应是为了学生暂时知识的获得,而应重视培养学生的核心素养,为他们的终身发展打下基础。

3.关注评价。校本课程实施中的评价不应该是一组组僵硬的数字,应该是通过对学科活动的有关知识和能力等方面的评价,促进学生整体素质的提高和特长的发展,从量的评价转向质的评价;不应该是终结性评价,而应该注重对学生学习过程中的个性化展现的评价,以尊重学生、鼓励学生为基本前提,帮助学生克服缺点和不足,使评价成为学生认识自我、发展自我、激励自我的手段和机会。校本课程的开发就是要使课程发挥出最大的育人功能,让每一个学生的潜能都获得充分和谐的发展。

三、措施解读——策略分析

下面以笔者学校开展的校园排舞校本课程为案例,进行校本课程策略构建分析。课程无小事,应把实践与理论有机结合起来,形成富有地方特色的校本课程。第一步从校本课程实施管理模式入手,完成了队伍建设之后,第二步从开展模式入手,特别是体育学科,有很多渠道可以开展,第三步是融入项目的评价,第四步是结合课程展望,完成校本课程的实施措施。

(一)课程管理模式

1.成立组织机构

组长:张伟斌

副组长:林枝示、徐建明

组员:陈腾杰、连仁都

校长任组长,分管教学的副校长任副组长,教研室主任与推广教师任组员,成立三级机构实施课程的开发、规划、指导、监督、评估等工作。

2.成立校本课程中心研究组

组　　长:陈腾杰

副组长:连仁都

组　　员:团委、年段长、各班主任、体育教师

教研室主任任组长,推广教师任副组长,学校其他处室人员任组员协助,一起进行校本课程的研讨、编制、推广、分享等工作。

(二)课程开展模式

以"体验学习—领悟认识—团队合作—多元体验—自我实践—做中学—总结分享—运用推广"的体验式学习圈作为校园排舞校本课程推广普及的途径,让学生在体验中产生自我认识,然后再以自我为中心的学习模式进行自主学习,在学习中观察反思,保证课程的顺利实施。

1.课程管理模式

校本课程管理分为三种模式:课堂教学—大课间—课外训练。这三种模式相辅相成,共同促进校园排舞校本化朝更合理、科学的方向发展。只有实现三种模式有效统一,才能达到校本课程顺利实施,才能最终实现校本发展理念及课程目标。

(1)课堂教学管理

初中部采用"基础加特长"的方式进行排舞教学,高中部采用模块选修教学。教师要明确好初级班—中级班—高级班每个层次之间的关联与承接,制订好考核标准及评价标准;学生若想在不同层次班级里继续学习,允许其重修18课时。

(2)大课间校本化管理

大课间主要以学生体验排舞为主要活动,在体验中学习排舞。教师统一讲解,学生代表示范,共同学习,中间穿插教师纠错指导,实现大课间排舞的有效推广。大课间上初中与高中部的班级要有互动,让高中部排舞骨干到初中部去任小组长,组织教学。

(3)课外兴趣小组的训练管理

成立校排舞运动队和排舞社团。从学校排舞队的骨干分子中选出有排舞潜能的部分学生,组成校排舞运动队进行专业训练,培养精英。做好训练计划与总结,抓好训练常规与考勤,树立排舞队这面独特的旗帜,展现个人与团队风采,使校园排舞"三好四美"课程目标得以有效实现。

2.课程交流模式

(1)纵向交流以学校之间的交流为主,把专家请到学校来指导,保证交流的高层次,跟着课程最新动向走。请进来指导能使校园排舞保持它的时尚化、多样化,请进来的战略很关键,直接决定了课程的发展后劲及动力元素。

(2)横向交流是指学校内部之间,如年段、社团之间的交流。可以利用年级展示、校园排舞大赛、节日表演等确保排舞始终保持动感,扩大影响力。各班自行组织编创,促进班级交流;要引导学生积累经验、丰富业余生活,促进学生综合素质全面发展。

(三)课程评价解析

校园排舞作为校本特色来开展,课程评价显得尤其重要。因此,评价是否合理、有效,关系到课程目标能否顺利实现,也关系到学生学习排舞的积极性能否被有效调动。

1.评价模式确立

排舞课程学习成绩评价要突破只重视基本技能的评价,而更强调对学生的学习态度、情意表现、合作精神和出勤表现的评价,强化评价的激励和发展功能;既重视教师的评价,也重视学生的自我评价和相互评价;既重视定量评价和终结性评价,也重视定性评价和过程性评价。

2.评价的作用

通过课程评价促进学生采用多种方式去学习,通过多种模式体验学习,感受排舞舞美,产生学习的兴趣,促成自主学习,在学习中与他人进行探究合作,在合作学习中学会分析,学会自创;通过课程评价,同学的管理意识得到增强,组织能力得到很大的提高;再结合一系列的比赛,大大提高了学生创新、自编能力,还提高了学生艺术鉴赏能力,使其树立终身排舞的意识。

(四)课程效果展望

1.培养了学生兴趣

记得有一位学生说过:"原本以为舞蹈今生于我无缘,自从接触了排舞后,我终于发现舞蹈其实就在身边。"简单的一句点评,却道出校园排舞在培养学生兴趣上有其独特的魅力。因为校园排舞动作难度循序渐进,不但舞曲好听,而且在学习排舞过程中可以认识很多朋友,又可以健身,因此很多人喜欢上了它。

2.实践了"三好四美"

基于排舞运动自身的特点,在开展过程中要注重"三好四美"。排舞是有氧运动,一般是多人齐跳,大家在学习时会尽力保持队伍的整齐,动作的规范,通过一学期或者更长时间的训练之后,学生会加深对排舞的理解,会提升对音

乐节奏的把握;也会通过同学之间相互比较,促使自己追求个人的形体美;最后通过评价观察,使综合素质得到有效提高,也能够提升自己发现美的能力,发现自己的美,发现他人的美。

3.形成学校办学特色

通过排舞课堂教学、大课间分享等形式,学校涌现出一批批排舞爱好者;排舞运动队出去参加一系列比赛,取得优异成绩,通过宣传,大家学习的积极性更高,整个校园学习排舞蔚然成风;通过举办校园排舞大赛、排舞概念、排舞内涵、排舞文化专题讲座、主题班会等促使项目文化的形成;通过时间的积累和全校师生的努力,就可以形成"特色为翼"的办学特色。

第二节　校本课程实施简介

本节以海沧中学为例,简要介绍校本课程的实施。

一、课程背景——传承发扬

(一)背景分析

2006年12月23日,教育部部长周济在全国学校体育工作会议上指出,在素质教育当中,体育占有非常重要的位置,要把体育作为全面推进素质教育的重要突破口和切入点,作为工作的主要方面。笔者学校恪守"树人为本、质量为根、师德为先、特色为翼"的办学理念,体育教师也开展与学校发展相适应的配套工作,而校园排舞、武术作为学校特色发展的两翼,大大促进了学校特色发展。

1.校园排舞产生的背景

2006年9月高中课改启动,其中,新一轮体育课改的启动,对体育学科是一种机遇也是一种挑战,体育学科走在课改前沿,以模块教学引领高中体育选修课的开展。

(1)新课程改革的使然

2007年8月,海沧中学派笔者到大连参加全国体育教研会议,在会议期间,接触了排舞,也从那时起和排舞结下了不解之缘。2007年9月,高一开设排舞模块选修,一个年段一学期学习人数大概100多人,至今高中女生几乎都选修过排舞。

(2)新课程资源百花齐放

经过几年的实践,各地把传统的地方特色变成校本课程;把新课程资源也引进了校园,如:定向越野、软式棒球、室外旱冰、校园排舞等等。2010年初,笔者学校进入排舞推广阶段,实现大课间全校跳排舞。

2. 校园排舞发展简介

排舞是个新兴项目,是流行于西方乡村的一种舞蹈,近年来开始在我国流行起来。笔者学校在完成了国家体育新课程标准要求的基础上,在体育课程内容方面增加了校园排舞,并将校园排舞作为学校体育的特色项目,经过几年的努力,初步形成了以校园排舞为特色的校本课程模式。笔者学校推出校园排舞"三好四美"发展目标,可以强健学生的体格,塑造他们的人格,具有很强的教育性和引导性,便于学校特色教学的发展。

(1) 校园排舞起航

①模块教学。2007年9月,在高一年段开设排舞模块作为实验班,男生女生都踊跃报名,同学们怀着对项目的期待,成为校园排舞起航的第一批"水手"。在2007年10月份的校运动会上,高一年段承担了排舞表演,年段长积极配合,开幕式表演取得非常好的效果,也正是从那时起,全校师生有了校园排舞这个概念,为今后推广排舞奠定了基础。

②公开课。2008年5月,在厦门市教科院宋超美老师的支持下,笔者参加福建省录像课评比,并举办了第一次厦门市公开课。从此校园排舞这艘船渐渐起航。2008年12月,为了给厦门市国际马拉松比赛喝彩,我校组队参加啦啦操表演,获得了厦门市团体总分第五名,这些啦啦操队员就是我校排舞队的同学。通过这一次喝彩,大家认识了海沧中学,也开始关注我们这支队伍,关注校园排舞。

③课题研究。2009年3月,我校开始启动大课间排舞活动,同时也承接了国家十一五课题"校园排舞推广及运用"的研究,真正意义上把校园排舞作为一项课题来研究,课题组教师大量研读国内外排舞开展情况的资料,利用问卷调查、专家访谈、数据分析等方法来实施排舞课题。加上校领导大力支持,他们时刻关注课题的进展情况,在经费上给予大力支持,使得课题组教师有机会出去培训学习,确保课题正常进行。

通过两年多的努力,校园排舞项目启动了,这一阶段的教学才真正将排舞融入课堂教学中。因为录像课拍摄需要良好的视觉效果,需要很好有效地进行教学组织,在队形变换、教法学法上都得动脑筋。动头脑就需要体育组共同备课、教研,也真正把排舞的运用提到课堂教学议程上来考虑,一次次研讨提升了排舞课堂教学的运用水平。

(2) 校园排舞远航

①调研确定方向。2010年3月,省教育学院体育与艺术研修部曾广林老师到海沧中学参观之后,对笔者学校高中部实施的排舞模块教学给予很高的评价。4月份中国学校体育杂志社李兵老师来学校参观调研时提出"人无我有,人有我精,人精我特"的十二字方针,为排舞走向校本课程提供了可努力的方向。就在这个时期,校园排舞得到区教育局、校领导的重视,把校园排舞规划为海沧中学重点实施的校本课程之一。

②全国阳光体育展示。2010年12月,由厦门市教科院主办,来自全国各地300多名专家、同行观摩了笔者学校阳光体育展示,多家媒体也对这一盛况进行报道、直播,开启了校园排舞启航的序幕。

③全国特色学校。2010年至2012年,美国、新加坡教育团队前后三次来访,进行"校园舞·武"的学习交流。2012年8月,海沧中学因"校园舞·武"被教育部教师发展基金会授予"全国特色学校"。

经过第二阶段的发展,校园排舞已经得到外界的认可;学校也筹划申报"高中一级达标校",学校正式把"校园舞·武"列为办学特色,学校从硬件入手,建设了校园排舞专用教室,开始项目内涵的提炼,进一步推进了校园排舞特色品牌的形成。

(3)校园排舞领航

①专著出版。2014年4月,《校园排舞》在厦门大学出版社正式出版;2015年3月,笔者学校被福建省教育厅授予"省一级达标校","校园舞·武"特色获得专家评审团的一致认可。

②全国赛大放异彩。2012年参加全国有氧健身操总决赛(青岛),获得中学四级健美操规定套路一等奖;2015年参加全国啦啦操总决赛(南京),获得街舞自选动作第一名,规定动作第二名,啦啦操第三名的优异成绩;2019年参加全国啦啦操比赛(石狮),获得初中花球规定套路第一名。

③专业委员会成立。2016年3月,在笔者学校成立了福建省艺教协排舞委员会、厦门市海沧区教育学会排舞委员会;福建省教育厅体卫艺处陈丽红处长、华东师范大学周燕教授、福建师范大学方熙嫦教授等领导、专家出席了会议。

经过十几年的发展,校园排舞正式领航学校新课程资源开发与运用。笔者学校也成为校园排舞示范基地、研发中心。

3.校园排舞开发条件

海沧中学已经在高中部推广模块教学十几年,取得非常好的"群众基础",大课间已经推广近十年的排舞,排舞概念也深得"民心"。排舞能让人变得更加柔美,更加灵性,结合"阳光体育"这一背景,校园排舞开发具备了天时、地利、人和三大条件。

(1)天时

①时代发展的需要。2001年,初中课程改革拉开帷幕;2006年,高中课改也步入轨道。学校体育迎来发展的春天,学校也开始重视学生体质发展,并提出为了学生的健康,加强运动锻炼,每天运动一小时的构想。

②明确的办学理念。海沧中学建校70年以来,学校恪守"树人为本、质量为根、师德为先、特色为翼"的办学理念。排舞近年来的开展得到区、校领导的肯定与支持,把排舞作为学校特色来发展,符合"特色为翼"的办学理念。通过多年的排舞教学及大课间推广,排舞已经深入全校师生之中。课外时间学习排舞已经蔚然成风,学校排舞特色也逐渐显露出来。

③地方教育的大环境。海沧区近几年来花巨资进行校园基础设施建设,校园软硬件建设已经走在厦门前列。以党的十八大精神为指导,全面贯彻党的教育方针,以发展学生核心素养为使命,坚持"素质引领、均衡发展、管理创新、特色立校"的工作理念,狠抓学校内涵提升,强化教学常规管理,全面提高教育教学质量,扎实推进素质教育,促进全区各级各类教育持续协调健康发展。创新教研形式,重视校本研训,加强对模块教学的研究。

(2)地利

①良好的教学环境。学校拥有标准8道田径场一个,标准足球场一座,专门的舞蹈厅两间,室内馆多间。学校良好的场地能确保排舞推广正常进行,天气好时或进行较大型的推广就选择室外,这样就能扩大排舞影响力;天气不好或需要小班化教学时,就选择室内进行,保证校园排舞能随时随地开展。

②社区的条件。2007年9月,笔者学校开始在高中实施排舞模块选修。2008年8月厦门健美操社团对厦门各社区进行义务排舞推广,使得各个社区排舞运动得到快速推广。因此良好的社区环境,为学校实现学校到社区的交流提供可能。这无形中促进了校园排舞校本课程的开发。2018以来,学校周边社区经常邀请排舞队去展示,提升社区文化。

③显著的成绩。运动队参加各级别比赛,成绩显著,获得全校师生的支持,在全国有氧健身操总决赛、啦啦操总决赛、排舞总决赛上,几乎都能获得优异成绩;排舞系列的论文已经在公开刊物发表7篇,相关课题获得立项并顺利结题;《校园排舞》专著出版,并获得好评。

(3)人和

①全校师生同心。举办校园排舞大赛,得到学校领导、各处室、团委、年段、班级的大力支持,并取得圆满成功。因此全校师生对排舞有亲切感,易于

今后校本课程的开发与实施。学校领导重视,每年会选派参与校本开发的教师出去深造,掌握排舞最新动态。各体育教师爱岗敬业,并能为排舞的推广出谋划策,大部分体育教师参与国家十一五课题"校园排舞推广及运用"的研究,已具备一定的理论基础与推广经验。一个优秀的体育团队,能确保学校体育校本课程的顺利开展。

②家长的支持与参与。良好的社区环境,决定了家长也站在学习新潮排舞的最前沿。厦门是个经济特区,是个开放的城市,因此家长也具备开放城市的心态,能积极支持孩子学习排舞,自己也积极参与排舞学习,使得校园、社区、家庭三位一体,形成一个良性循环。

③领导的大力支持。经过几年来的推广,校园排舞概念深入人心。校园排舞参加校、区运动会开幕展示,参加各种大型会演(为马拉松喝彩、为校庆喝彩、为厦门检察院系统篮球赛喝彩)都得到各级领导的称赞。市教科院宋超美老师对我校排舞推广及建设付出很多心血,在他的组织下,省教科院负责中学体育教研的领导来我校视导,《中国学校体育》《体育教学》杂志社专家来我校参观指导,并对学校开展排舞情况进行宣传报道。校领导把我校近年来推广排舞所取得的成绩向区领导汇报,把排舞作为校本课程来开发,得到区领导的肯定,拨专款为校园排舞的发展提供经费保障。

(二)传承发扬

1.传承过去

(1)运动习惯。将学生课外体育活动纳入教学计划,形成制度。认真组织实施"校园排舞课外文体活动工程",大力丰富课外体育活动的形式,积极创建以排舞为主的"快乐体育园地",加强学生"体育社团"和"体育俱乐部"建设,使之养成良好的运动习惯。

(2)精彩课堂。全面培养学生的核心素养,聚焦课堂。校园排舞校本课程以培养学生的体育技能为使命;培养学生健康行为的养成,帮助他们形成热爱运动的习惯、坚持每天活动一小时的终身体育意识;积极引导学生树立正确的体育品德,培育健全的人格。

(3)精神上扬。学校把开展推广校园排舞作为阳光体育运动的主要工作来抓,全面推进素质教育,提高全体学生体质健康水平,认真组织实施校园排舞训练。动员全校师生积极组织开展排舞运动,在校园里掀起校园排舞阳光体育运动的热潮,形成全员参与体育锻炼的良好风气。

2.展望未来

积极开展校园排舞阳光体育运动,以"健康快乐同发展"为理念。确保学生每天锻炼一小时,制定校园排舞普及计划,保证每位女生掌握至少3~5套排舞技能,到毕业时做到人人会跳排舞,为终身体育打下良好的基础。

(1) 阳光排舞进校园。高中开设排舞模块,供学生自行选修;初中采用"基础加特长"模式开课,即2节体育课上基础课,1节体育课上体育校本特色课(校园排舞、校园足球、五祖拳等等)。这样就能确保学生有足够的时间来学习校园排舞,确保阳光体育政策落到实处。通过体育教学,引导学生更加积极参加阳光体育运动。

(2) 每天运动一小时。通过广泛开展校园排舞大赛活动,开展以学生自主学习、自我管理为特点的课外体育活动,保证阳光体育政策落到实处。建立综合评价制度,对在阳光体育运动中取得优异成绩的班级、年段及个人给予表彰,吸引家庭和社会力量共同支持阳光体育运动的开展。

(3) 积极进行活动宣传。通过多种形式,大力宣传校园排舞阳光体育运动,宣传排舞的功能特点,宣传"三好四美"的排舞目标;使"运动健康""健康第一""快乐校本""绽放青春""每天锻炼一小时,健康工作五十年,幸福生活一辈子"等口号家喻户晓,构建校园排舞概念。

二、课程规划——学生为本

快乐是兴趣的源泉,兴趣是学习的动力。学生能感受到学习排舞给他们带来的快乐,因此会产生浓厚的兴趣。有了兴趣引导,学生就能融入各种各样的排舞学习。就会驱动自己去了解排舞,变"要我学"为"我要学",全身心投入排舞学习中并积极运用、推广它。我们倡导"健康与快乐同发展"的理念,以促进学生核心素养发展为终极目标,通过校园排舞校本课程的开发和研究,确立具体的总目标。

(一) 目标规划

1. 树立"三好四美"概念。我们注重培养学生吃苦耐劳及团队协作的精神,兼顾学生的学习积极性和创新精神。将"促进学生健康,为了每一个孩子的终身发展"作为校园排舞项目开展的"核心目标",并以此为目标设计科学的排舞校本课程结构和体系。通过项目的开展,形成正确的健康观及品德观,进一步引导他们树立健康的体魄应包含肢体健康、心理健康、气质优雅在内的"三维"观念;树立正确的审美追求,让学生明白在学校里应该学习什么,追求什么样的美。

2. 校园排舞校本化。有利于学校课程实施特色化、潮流化,不断提高教师业务素质和科研水平,拓展学校办学理念。排舞动作简单易学,这就要求教师不能故步自封,而要不断自我提高、学习,不断进行排舞创编,这样就能保持排舞的潮流化,也能真正促使学校特色教学持续创新地发展。

3.核心素养培养。引导学生利用课余时间走向社会,让学生关注社会,提升社会实践能力;在课堂上让学生通过体验式学习,结合探索、思考、总结、共享,学会初步组织训练、创编排舞、评价自己和他人;让学生树立"终身排舞"意识,学会尊重他人,学会帮助别人;通过排舞学习获得认知,把这种经验迁移至其他学科学习,促进自身素质的全面提高;通过排舞学习形成良好的个性与健康的情感、积极的态度、正确的价值观等,最终实现核心素养全面发展。

(二)内容设置

为了使学生的运动技能得到提高,实现教学专业化,各层次设置以18课时为学习单位,每18课时设置一个层次,每一个层次都确定教学目标、评价模式。让学生根据自身的能力和兴趣来选修,制订出学生选修不同层次的依据和标准。

1.层次设置

初级班:初级班的学生喜欢排舞运动,却没有舞蹈基础。他们主要学习简单的队形变换,了解排舞特点,感受音乐节奏就可以了。

中级班:中级班的学生已经掌握了基础班的内容。主要学习各种复杂的动作,根据音乐节奏跳排舞。

高级班:高级班的学生已经掌握了提高班的内容。他们主要学习排舞编排技术,探索如何寻找适合的音乐,进行简单的创编。

2.内容安排

表6-1 校园排舞各层次内容安排

层次班级	内容	教学元素	重点舞步	教学课时
初级班	查尔斯顿牛仔	共2个8拍,4个方向	牛仔步	4
	5678	共8个8拍,4个方向	扭胯步	4
	小精灵	共3大段,6个动作元素	扭胯	5
	一起共舞	共6个8拍,2个方向	踢腿步	5
中级班	林间漫步	共4个8拍,4个方向	爵士方形步	4
	昆力奔驰	共4个8拍,4个方向	恰恰步	4
	功夫熊猫	共3大段,12个动作元素	交叉步	5
	拍拍手	共8个8拍,2个方向	扭胯步	5

续表

层次班级	内容	教学元素	重点舞步	教学课时
高级班	读你	共4个8拍,2个方向	恰恰步	5
	柔声细语	共4个8拍,4个方向	螺旋步	4
	快乐列车	共4个8拍,4个方向	交叉步	4
	华尔兹期待	共2大段,32个动作元素	华尔兹	5

三、课程运用——实践推广

校园排舞近年来在我们国家流行起来,但是国内外目前没有系统的排舞教学理论,只存在零星的排舞教学片段。目前全世界排舞曲目已有6 000多支,但都没有统一的课程指导,因此急需有专门的理论依据作为该项目发展的理论支撑。为了帮助体育教师理解校本课程,贯彻《国家基础教育课程改革纲要》的精神,使体育教师创造性地进行校本课程教学和指导学生自主学习、合作学习、探究学习,我们在课程开发过程中,力图把新的教育理念融合到校园排舞校本课程的研究建设之中,同时注重与教学实际相结合,力求使课程开发对教师的教学具有可操作性并达到可借鉴、有启发、方便实用的目的。

(一)校本课程开发需要解决的问题

这里主要解决的问题是校本课程的开发及运用。如何开发出一门人人喜欢的课程,人人受用的校本课程,这就是课题组所要解决的主要问题。

表6-2 希望开设什么样的校园排舞校本课程及所占比率

希望开设什么样的校本课程	比率(%)(占比)
1.能让学生真正学会如何跳排舞	30.5
2.让学生更轻松、快乐地感受校本课程带来的美好	6.4
3.校本课程与体育课分开上	21.3
4.多提供一些机会,让学生进行创造性学习	18.1
5.老师多教几套排舞,让学生选择性接受	6.3
6.对学生的评价要关注过程,不能只看终结性考试	7.3
7.老师在课堂上多与学生互动,创造同学之间互动的机会	6.2
8.其他	3.9

此问卷调查是针对全校师生进行的,共发放1 200份,回收1 168份,回收率达97.3%,其中有效问卷1 102份。调查结果提供的数据为今后的课程设置提供了参考依据,也为实施有效的课堂教学提供了可努力的方向。想在课程中学会跳排舞的占30.5%,说明大部分人都希望通过开设的课程学有所成;21.3%的师生希望体育课与校本课程分开,这样师生才能全心投入排舞课堂的教与学,这就需要学校教务部门在校本课程开设时给予支持;18.1%的人希望能在课堂学习中学会创造性学习,只有学会怎么创编排舞,才有实现"终身排舞"的可能。

课程开设要从教师与学生两方面同时去考虑。不仅要考虑教师如何教,还要思考教师会不会进行创新性地教学,只有好的课程设置才能让教师深深爱上这门课程,才会促使教师自己钻进去研究;此外,还要考虑学生会不会接受学校所开设的课程,以及学生如何接受,学生是课程参与的主体,课程本身设置要有很强的吸引力,才能确保校本课程得到发展与延续。

(二)校本课程开发研究的内容

我们对本校248名教师进行问卷调查,给出校本课程所要开发的内容,然后根据各项的认可情况来决定校本课程开发的内容。

表6-3 校本课程开发内容设置及认可比率

校本课程开发内容范围	N(人数)	占比(%)
1.校园排舞概述	231	95.1
2.校园排舞课程标准	243	100
3.校本课程发展概论	115	47.3
4.校园排舞课程管理及评价	243	100
5.校园排舞比赛规则及组织方法	182	74.9
6.校园排舞实施案例分析	176	72.4
7.校园排舞校本课程对学生的影响与作用	124	51.0

对本校教师发放问卷248份,回收245份,回收率98.8%,其中有效问卷243份,调查结果显示:校园排舞概述、课程标准、课程管理及评价、比赛规则及组织方法、实施个案分析,这五项内容赞成开设的比重大。其中校园排舞课程标准及校园排舞课程管理及评价赞成开设的比率为100%。设置这五项内容主要是提供给教师参考,教师可以多了解一些排舞的发展现状及普及方法,知道怎么教,如何教?前面四项内容也可以提供给学生参考,学生要了解一些

排舞理论,学会如何跳排舞,如何自己组织排舞比赛。总之在内容设置上要考虑教师与学生各自所需。

(三)校本课程开发研究的思路

1.校本课程理论研究开发

我们在课程开发过程中,力图把新的教育理念融合到校园排舞的教学过程之中,以"三维理论"作为校园排舞的理论基础进行课程设计。让课程发展目标、发展理念、发展方向构成校园排舞"三维理论";让师生共同验证"三维理论"的合理性与正确的逻辑性。通过开发校本课程的理论研究,为本校高中段研究性学习和初中段校本课程的开设构建理论基础。同时激发学生创新意识,提高理论水平和教师治学能力的途径和方法。

以"三维理论""三好四美""三位一体"等特有概念为载体构建校本课程的理论基础,这样有利于倡导师生主动参与、乐于接受、自主选择、勤于动手的教学组织形式,还能培养学生积极参加社会实践、搜集和处理信息、获取新知识、分析和解决问题以及分享和合作的能力并掌握具体方法;通过开发校本课程的理论研究,探索并尝试建立以教师专业发展和学生成长为评价内容的自我评价与同伴评价相结合、过程性评价与终结性评价相协调、以发展性评价为主的评价体系。可以开设有关校园排舞校本课程的专题讲座,并接受学生的咨询,用多媒体播放有关校园排舞大赛的录像,使学生对排舞与校园文化之间的关系有一个初步的了解,以引导学生主动学习、探究理论知识。

2.校本课程实践研究开发

实践研究开发旨在突破原有的单一性、继承性为主的传统课程模式,开发具有综合性、社会性、实践性的校本课程,培养学生的自主参与意识、排舞素养和实践能力,促进学生的全面发展。通过课堂教学、大课间实践、课外提高"三位一体"模式进行排舞实践开发,让学生在实践过程中理解掌握校园排舞"三好四美"的发展目标,了解校园排舞校本课程的发展理念、发展目标、发展方向的"三维理论"。

通过问卷调查、各校区实地考察,探索排舞对学生"三好四美"的影响,让学生在参与排舞过程中获得直接经验,掌握培养"三好四美"的基本方法,提高学生解决实际问题的能力;从发展发散性思维等方面培养学生的比较、鉴别、反思、感悟能力,让学生收集、整理、欣赏有关世界排舞的专题材料,对有关校园集体舞的编排进行研究,在自主学习、主动探究、合作分享的过程中,完成校园排舞的实践研究,树立终身排舞意识,提高审美情趣,培养学生乐于合作、乐于竞争的良好品质。

根据新一轮课程改革的要求,笔者学校实施校园排舞校本课程的教学,课时为每周一节,将校本课程实践内容划分为理论研究、知识拓展、材料整合三大部分。校本课程在教学内容上的整合,有利于培养学生的学习兴趣,进一步促进了师生对国家、地方、学校"三级课程"的理解。

(四)做法策略

校本课程是学校自主决定的课程,它的开发主体是教师。教师开发课程的模式是实践—评估—开发,教师在实践中对自己所面对的情景进行分析,对学生的需要做出评估,确定目标,选择与组织内容,决定实施与评价的方式。

1.做法策略

在校本课程开发研究中,我们要勇于尝试,只有不断尝试,才能体会出校本课程设置哪些是合理的?哪些是需要改进的?只有多实践才能开发出校本课程的新空间。

(1)课程开发组教师要精诚团结,共同学习,进行有效的教研跟踪。制订出校园排舞校本课程开发与研究计划并有效、合理地进行。

(2)应着手培养一批优秀实验教师,加强教师专业素质的进修与提高。要让校园排舞校本课程得到开发,应让教师个人这个"点"得到提高,只有教师个人业务素质得到提高,才能更有效地进行校本课程研究开发。

(3)建立和完善校本课程设置,学校教务处、教研室应积极开设校本课程,这样能够有助于进一步进行实践探索,发现问题,解决问题。

2.开发策略

校本课程的开发,主要是针对国家课程开发而言的,它以学校为基地,进行地方性、特色性等课程的开发,实现课程决策民主化。国家在安排课程计划时应该把一部分权力下放给学校,强调学校、地方一级的课程运作,让学校的教师、学生、学生家长、社区代表等参与课程的决策。校本课程开发是学校课程管理的组成部分,它需要有领导的支持、专家的指导、教师的努力和参与,需要得到全社会的理解、支持和评价。总体上说,校本课程开发的程序主要有四个阶段:

(1)构建评估体系。评估是设计校本课程时首先必须做的研究性工作。先要明确学校的培养目标,再对学校的发展需要、学校及社区发展的需求进行评估,分析学校与社区的课程资源等。在此基础上,学校形成一份完整的校本课程开发方案;教师在课程实施过程中或之后,写出自己承担课程的课程纲要。

(2)确定开发目标。确定目标是学校对校本课程所做出的价值定位。它是在分析与研究需要评估的内容和项目的基础上,通过学校课程审议委员会的审议,确定校本课程的总体目标,制定校本课程的大致结构等。

(3)组织与实施。根据校本课程的总体目标与课程结构,制定校本《课程开发指南》;对教师进行培训,让教师申报课程;学校课程审议委员会根据校本课程的总体目标与教师的课程开发能力,对教师申报的课程进行审议;审议通过后,编入《学生选修课目录与课程介绍》;学生根据自己的志愿选课,选课人数达到一定的数量后,才准许开课。

(4)反思与评价。评价是指校本课程开发过程中的一系列价值判断活动,它包括《课程纲要》的评价、学生学业成绩的评定、教师课程实施过程评定以及《校本课程开发方案》的评价与改进建议等,评价的结果应向有关人员或社会公布。

第三节　校园排舞行动研究

行动研究是一种适合于广大体育教育实际工作者的研究方法。它既是一种方法技术,也是一种新的科研理念、研究类型。行动研究是从实际工作需要中寻找课题,在实际工作过程中进行研究,由实际工作者与研究者共同参与,使研究成果为实际工作者所理解、掌握和应用,从而达到解决问题、改变社会行为的目的的研究方法。它是一种理论与实践相结合,通过资料收集、合作探讨、自我反省、多方总结最后解决问题的方法;一种主题明确、思路清晰的解决问题的方法。以下结合笔者和海沧中学的实际情况,探讨校园排舞行动研究。

一、案例研究——心态追求

这个案例是笔者结合校园排舞十几年成长历程的行动研究。在行动过程中,如何克服自身的职业倦怠,如何找到自己的事业方向,如何实现个人的规划成长,如何将排舞做强、做大,以及如何处理校园排舞在具体实践中遇到的方方面面的问题。笔者结合课题,运用行动研究法成功地解决了这些问题,对学生行为变化做了一系列行动研究。

(一)研究背景

1.追问自己

(1)笔者2001年入职,在第一个五年,觉得体育老师没有未来,没有机会展示自己,自己又不想在这平凡的岗位碌碌无为,于是整天就在这种焦虑的状态下过日子,不停地追问自己,自己的体育梦在哪里?

(2)关注学生体质。近几年网络得到飞速发展,很多学生沉迷于上网玩游戏,深陷于网络的虚拟世界中,他们长期缺乏运动,体质急速下降;面对大课间的广播操也呈现出类似"磨洋工"的状态,锻炼的效果非常差,导致他们的体质进一步下降。青少年是国家的未来,他们的健康直接关乎国运,体育教师是学生体质好坏的直接推手,我们必须担负起体育人的使命。

(3)纠正教师认识的误区。当前,很多教师都十分关心学生的全面成长,树立了育人为本的思想,但也有部分教师受传统教育观念的负面影响,认为教师是教书的,他们只关心自己承担的课程的教学任务,学生的德智体美全面发展似乎都与己无关。在教师中,这种只教书不育人,只管教不管导的现象并不少见。作为教师,首先应摆正自己的位置,把师德放在首位,把教书育人作为自己的使命,把教育当作事业来做。

2.抓住机遇

(1)高中课改启动。2007年,笔者被派去参加全国体育高级研修班,会议期间学习了排舞。同年9月,开展排舞模块选修教学,整个年段近200人选修了排舞;2008年,排舞模块班参加福建省录像课评比,获得全省第二名;2008年,参加全国十城市案例评比,获得全国二等奖;2008年12月底,参加厦门市为国际马拉松喝彩啦啦操比赛,获得厦门市团体总分第五名的好成绩。这几年还参加了校、区运动会,校庆等开幕表演,较大范围地推广了校园排舞,为今后更大范围内进行排舞的推广做了良好的准备。

(2)课题研究启动。2009年3月,笔者学校承接国家"十一五"重点课题"校园排舞推广及运用"的研究。笔者学校已经有了两年的实际推广排舞的基础,再加上大课间全校师生的踊跃参与,全校跳排舞已蔚然成风;同年5月,又承接了海沧区"校园排舞推广及运用"课题,全校体育组教师大部分参与课题研究,在如何推广及普及上群策群力,特别是在教师职业规划上做了研讨。

(3)打造校园联赛。2010年3月,笔者学校大课间开始普及排舞,全校女生大课间一起跳排舞,《中国学校体育》杂志专家到我校进行采访,并作了宣传报道。为了真正落实排舞的推广普及,笔者学校举办校园排舞大赛,每个班级组队参赛,人数不得少于8人,超过12人的或有男生参加的班级预赛时总分加0.5分。在学校德育处宣传支持下,班主任积极落实,各班踊跃报名,非毕业班30个班级全部参与,报名人数达到400人。在这样的背景下,我们进行了校园排舞大赛对学生行为影响的行动研究。

3.明确方向

(1)体育迎来历史上最好的发展机遇。2007年中央7号文件支持开展

"全国亿万学生阳光体育运动",2016年4月,国务院下发文件要求学生"每天锻炼一小时"。这些文件体现了我们国家的意志,学校领导与我们广大体育教师,要充分利用这个机遇,为广大中小学生的健康谋福祉,我们不能辜负党和人民对我们的期望,要用实际行动来证实我们自己。

(2)要有一颗做事业的心。让学生树立健康第一的思想,站在新起点,以新视野、高度的责任感和事业心来完成自己的使命,真正理解为学生的健康而奋斗,而并非为教材而教学。要积极培养学生终身体育意识,帮助学生在学习中检视和反思自我,明确学到了什么并在学习中提升学生的综合能力,对学习过程、结果进行评价并构建充满生命力的课堂教学。

(3)体育人做事必须持之以恒。教师所从事的工作就是为学生走上社会发展负责,为整个社会的进步奠基。历史的使命感和责任感需要每位教师树立矢志不渝、终身从教的理想,鼓励自己不断攀登个人潜能的高峰。人的一生无论从事什么职业,都需要有高远的志向来引导。教育无小事,事事为育人,须持之以恒,锲而不舍;教师无小节,节节皆楷模,教师的人格,就是教育的一切。

(二)确立课题

以笔者学校为例,行动研究主要是以打造学校自己的联赛为目标,对校园排舞大赛中存在的问题以及如何解决问题的整个过程进行研究。从发布通知到比赛结束,这一期间出现了不同的问题,学生在行为上发生了很多变化,有积极的、消极的,课题的确立要从发现问题、分析问题开始。

1.发现问题

由于是第一次举办校园排舞大赛,各方面工作经验都比较欠缺,宣传也不到位,有些班主任落实工作不到位,导致在班级同学参与报名的态度、学生自身对比赛重视的程度上,产生了下列问题:

(1)班级没有核心队员,无法组队参赛。
(2)有些班级女生人数达不到规定人数,要动员班级男生参与又有难度。
(3)核心队员组织管理能力不强,导致各个班级水平参差不齐。

2.分析问题

(1)班级若没有核心队员,组队参赛就会显得困难重重,也会影响排舞比赛的正常进行。班级组队参赛,便要以班级为单位,一切靠班级自身力量。比赛要先选出班级队长,队长参加全校固定舞码培训,再回到班级统一教学。一旦班级里面没有这方面有基础的队员,就很难挑选出核心队员,勉强推选出来的核心队员,也很难在管理、组织方面形成一股凝聚力。班级队长要由综合能力比较强的同学来担任,由排舞教师专门辅导,以提高其专业技术水平。

(2)排舞比赛要面向全校,争取全校师生共同参与。高中理科班每班女生人数大部分在3~5人左右,达不到规定的8人,而要动员男生参与又有难度,因为大课间也只针对女生进行排舞推广,男生没有基础,就影响了男生参与的积极性。几年前选修排舞模块还有男生,后来终究因为学校大环境影响(我校男子篮球、足球、武术都开展得很好),导致越来越少男生选修排舞。评分标准也针对这一问题进行了加分考虑,后来在班主任、班级同学再三动员之下这一问题终于得到解决。

(3)核心队员组织管理能力不强,会导致各个班级水平参差不齐。这次举办校园排舞大赛除了进行排舞推广普及之外,更重要的是要提高班级凝聚力,实现个人素质的全面提升,达到排舞"三好四美"的发展目标。班级比赛最后是班级综合实力的比赛,要进出场考量、要队形变换、要自创动作编排,这些都要靠班级集体力量完成,集体力量要靠核心队员的组织与管理来提升。针对前期出现的参赛队伍水平明显参差不齐的情况,我们经过分析,发现主要是核心队员组织管理能力不强导致的。为此,我们就如何组织、管理本班同学,如何进行队伍的编排,自创动作如何协调融入等问题,专门组织会议,召集各班级队长探讨,大家共同解决。

(三)研究方向

1.查阅文献

(1)如何培养核心队员?核心队员的作用是什么?这些方面的研究很多,通过查阅文献,我们认为:主要是从培养学生的组织管理能力入手,明确培养学生作为体育骨干要注意哪些事项。培养体育骨干对提高教学质量具有重要作用,培养体育骨干首先要选好培养对象。有关树立体育骨干的威信的研究是做得较成功的。

(2)如何提高核心队员的组织领导能力,特别是学生参加这种竞赛活动,在行为上会发生哪些变化的研究,关于这方面的研究成果很少。相关文献的主要观点是:核心队员要学会组织管理本班级参赛队,要在技术、领导能力方面要胜人一筹,以身作则;队员要学会服从管理,学会尊重别人,理解个人与团队的区别,体会集体意识。

(3)关于校园排舞具体目标如何实现,这方面的研究目前还是一片空白。笔者学校在2007年9月开始在高中实施排舞模块教学之后,还没有发现哪个地区把排舞引进校园全面推广。一些社区、俱乐部虽然在推广排舞教学,但真正意义上的校园排舞,笔者学校走在全省,乃至全国最前列,因此也是摸着石头过河,边走边学。

2.制订行动计划

(1)排舞大赛比赛目标

通过排舞大赛,树立校园排舞"三好四美"概念,提升学生的综合素质,挖掘学生自身潜能。让学生通过体验式学习,结合探索、思考、总结、共享,学会初步组织训练、创编排舞、评价自己和他人;并在排舞学习过程中体会探究学习、自主学习和合作学习,真正体会这三种学法的实质与关系;让学生通过校园排舞掌握一些其他课堂学不到的知识和方法;让学生树立自主学习的意识,学会尊重他人、帮助别人;通过排舞学习获得认知,把这种经验用到其他学科学习中,促进自身素质的全面提高。

(2)总体计划和具体计划表

表 6-4 校园排舞行动研究计划表

项目	计 划	预期目标
总计划	第一阶段:教师统一组织队长学习,教会队长怎么教学;然后由队长统一进行本班级的排舞教学。	完成基本舞码教学,形成班级核心,实现有效组织管理。
总计划	第二阶段:教师进行统一指导,规范比赛动作要求;队长组织本班进行自编自创动作的学习与研讨。	统一规范整个比赛动作,自编自创动作和谐融入固定动作。
总计划	第三阶段:教师统一安排进出场动作、彩排;队长负责统一进行本班级开场与结束 2 个 8 拍动作的学习。	掌握完整规范的比赛程序,严格按照比赛要求进行组织。
总计划	第四阶段:教师统一组织预赛、决赛、总结;各队长组织完成本班的参赛任务。	展示班级自身特点,赛出风格,展现排舞的"三好四美"。
具体计划	3月份第1周:发布通知,组队报名,确定队长。	确定举办校园排舞大赛,培养核心人物。
具体计划	3月份第2周:队长先统一学习。	掌握比赛技术动作,学会班级组织与管理。
具体计划	3月份第3周至4月份第1周:各班级自行组织学习。	各班参赛同学掌握比赛技术动作,构建和谐团队。
具体计划	4月份第2周:统一学习规定的舞码动作。	规范比赛动作,明白比赛要求,理解比赛目标。
具体计划	4月份第3周至第4周:进行自编动作学习。	在合作学习中体会创编学习,培养创新意识。
具体计划	5月份第1周:根据比赛音乐,完成6次以上的动作队形变换。	在排舞教学中提高自己,实现探究式学习的发展。

续表

项目	计 划	预期目标
	5月份第2周:进出场学习、彩排;指出需要改进的地方。	理解"三好四美"比赛目标,增强班级集体意识
	5月份第3周:预赛,公布决赛名单。	体现年段特色,比出联赛风采,实践舞台经验。
	5月份第4周:预赛小结,准备决赛。	总结各个班级的优缺点,扬长避短,争取更好成绩。
	6月份第1周:决赛,公布最后成绩。	展现本班特色,提升各个班级综合能力。
	6月份第2周:表彰总结。	总结整个比赛过程,丰富"三好四美"内涵与实质。

(3) 研究涉及的人

表6-5 校园排舞行动研究任务表

大赛阶段安排	涉及人员与部门及问题安排
准备阶段	校长:知道整个排舞比赛计划,全力支持整个活动安排 德育处:负责宣传、落实,并督促各班报名 教务处:做好课时安排与调整 组委会:负责整个比赛策划、组织等工作的运作,做好与各个部门的协调与沟通,确保比赛按计划进行
报名阶段	班主任:鼓励学生积极参与,做好报名工作 年段长:做好年段整体工作,配合组委会举办好本年段的预赛
训练阶段	体育教师:负责整个比赛的训练与彩排等技术性工作 班主任:观察训练情况,鼓励本班队伍,做好后勤保障
比赛阶段	组委会:做好赛前准备,负责整场比赛的开展 团委:负责协助组委会,开展排舞比赛工作
总结阶段	德育处:负责表彰奖励工作 组委会:总结整个比赛的成败与得失。

二、实施记录——挖掘细节

校园排舞大赛是国家"十一五""校园排舞推广及运用"课题在校园的具体推广模式之一,海沧中学对排舞大赛非常支持,专门成立排舞大赛组委会,负责大赛的一切事宜。为了比赛能如期进行,达到预期的目标,经过周密的计划与安排,组委会从表6-6~表6-8的几方面对行动进行观察和记录,搜集有关资料,以便了解行动的实施情况,进而对行动进行客观的分析评价。

(一)观察法

表6-6 校园排舞行动研究班级活动记录

观察对象	时间地点	观察内容	观察记录
初二1班	组队前班级组队后操场	如何组织男女生一起训练	这个班级想动员班级男生参与排舞大赛,班主任特地召开一次"集体意识如何在日常生活中养成"的主题班会,之后全班男生踊跃报名,人数足够,还得到0.5的加分。 　　班级队长时任学生会副主席,在组织训练上很有方法,很会调动同学学习积极性,采用男女生结对子,相互帮助,解决了其他班级常见的男生拖后腿的问题;队内分工合作,擅长动作创编的负责动作,擅长队形变换的负责变换队形,然后一起实践,大家共同讨论,现场解决问题,提高班级学习效率。 　　这两个案例说明:班级要想把一项活动举办的有声有色,离不开班主任的支持;而队长个人能力的高度,决定了班级队伍成长的高度。
高二2班	组队后操场	如何高效率完成训练	此班级队长是学校排舞队队长,该队长有扎实的排舞基础,而本班队员大部分是排舞模块的学生,于是她就安排同学在课堂上把教师教的基本动作全部掌握,专派一个同学进行辅差指导,课外时间就可以用来自编动作和队形变化。该班级在所有队长面前展示了一遍,给其他班级做了很好的表率与示范。很多班级的队长没这方面经验与实践,都是摸着石头过河,其他班级在进行自创动作学习时,该班级已经全部完成比赛要求动作,进入比赛提高阶段。 　　该案例说明:该队长利用自身的优势,在班级里建立威望,因此她的一言一行同学们都很支持,所以才能如此高效率完成训练。
高一3班	体育课舞蹈室	如何利用课题资源提高班级资源合理配置	该班级当初报名之后,只有队名和人数,没有具体的名单,起初队长和排舞老师沟通,说不知该怎么合理利用这些资源,因为全校唯独此班所有的队员是在同一个模块上课,比赛的内容已经全部掌握,因此在报名人数确定上遇到麻烦,大家就是缺乏一种比赛的斗志,没人报名参赛,队长成了光杆司令。比赛最佳组合是12个人,而该班参加排舞学习班的共有17个人。该队长和排舞老师最后商定:凡参加排舞比赛的同学,期末考总分加10分,这样该队长掌握了主动权,最后大家踊跃报名,全班12个人的名额顺利确定下来。 　　这一案例考验了队长的智慧,在这样的情况下该如何利用相关的资源配置,队长起了至关重要的作用。

(二)访谈法

此次访谈以三个人物为代表:校长、班主任、学生。他们是校园排舞大赛的核心人物。没有其中任何一方的支持,校园排舞大赛都不可能圆满举办。

表6-7 校园排舞行动研究访谈记录

访谈对象	访谈内容	访谈记录
校长	校园排舞的发展,希望能为学校特色教育贡献力量。	排舞教师:谢谢校长对排舞大赛的支持! 校长:什么话,谢谢你们对学校工作的支持! 排舞教师:应该,应该! 校长:学校特色教学,排舞引领学校往前迈出一大步,希望能取得更好的成绩,只要你们肯做事,我将全力支持你们。 排舞教师:谢谢校长,我们会努力的。 校长:辛苦了!放心去干吧! 反思:从与校长的对话中,可以体会到学校体育工作的开展得到了很多领导的支持。作为体育教师,应该理解校长的一片苦心,理解"甘为孺子牛育英才"的真实含义。作为排舞教师,应该和其他部门处室多沟通,一起为学校的体育工作做贡献。
班主任	谢谢各位班主任的支持。	排舞教师:今天很荣幸参加班主任会议,在此要感谢德育处给我这次机会,来表达对各位班主任的感激之情。 德育主任:你们看,老师太客气了。大家都是在尽力为学校的体育文化建设服务。 班主任代表:其实我们很支持学校体育工作,也希望你们体贴我们班主任的工作,作为班主任,我们义无反顾地支持你们的工作。 反思:从简单的对话中可以看出,其实全校教师都很支持学校的体育工作,大家都在为学校的体育工作奉献自己。作为排舞教师,应该充分认识其他教师的奉献精神,只有理解这种精神,全校体育工作才能开展得有条不紊。
学生	"大家掌握、理解'三好四美'吗?"	排舞教师:今天在此感谢所有参加这次排舞比赛的同学们,有你们的参与,校园排舞的"三好四美"才能真正得到体现。 学生代表:感谢学校给我们这次机会,感谢排舞老师给我们搭建了展示自己的舞台,作为这个学校的学生,为能参加这次排舞大赛感到荣幸。在此谢谢各位老师,你们辛苦了!

（三）问卷调查法

表 6-8　校园排舞行动研究问卷调查表

问卷对象	问卷记录
家长	您了解排舞这项运动吗？ 您的孩子参加校园排舞，您支持吗？ 校园排舞可以丰富孩子的课余文化生活，您赞同吗？ 假如孩子要求您参与校园排舞，你参加吗？
学生	你了解排舞这项运动吗？ 你参加校园排舞吗？ 校园排舞"三好四美"你了解吗？ 你会选择排舞作为你的课余运动项目吗？

（四）日记法

表 6-9　校园排舞行动研究日记表

时间	参与者背景	日记素材
发布通知前	排舞队队员	教师：学校准备在这学期举办校园排舞大赛，你们要踊跃报名，积极参加。 学生：老师，我觉得很难组织，干脆不要举办了，班主任也反对我们参加这些活动。 反思：为什么有学生会不想参加，班主任难道会把学生的课余时间都占用了吗？还是沟通出了问题？需要和班主任好好交流。 措施：后来和该班主任交流了，班主任说出了缘由，最终还是举双手支持学生参加。学生那边有了班主任支持，就很积极组队，参加训练了。
发布通知后	参赛队队员	学生：老师，我们班可不可以不要组 10 人，6 人可以吗？其他人都不想参加。 教师：你们人数不够吗？我看你们班单单女生就快 20 人了，组成 12 人的队伍有这么困难吗？回去和同学多加沟通沟通，也可以让班主任出来做工作。 反思：后来到该班级去看了，还真的发现了问题的"严重性"，这个班级很多女生都中性化了，留着男生式的短发，穿着打扮都男性化，她们竟然说：她们不喜欢这些扭来扭去的舞，喜欢打篮球。 措施：后来找班主任还有该班体育老师沟通，让同学明白参加这次比赛的重要性和意义，明白参加排舞大赛的学生，可以提高自身能力。

续表

时间	参与者背景	日记素材
预赛后	冠军队	学生甲:老师,我们可以弃权吗? 老师:为什么?预赛你们全校第一名,今天要弃权,出什么事情了? 学生甲:因为队里出现了不同意见,另外几个不想参加了。 学生乙:不是我们不参加,是她们要把预赛时的动作全部放弃,要到外面聘请专业的老师来编排,离决赛还有一周,时间上来不及的,再说校园排舞展示的是我们自己的风格,没必要请外面的老师。 老师:哦,原来是这么回事,我来做工作。 反思:后来了解,是因为该班级预赛得了第一,就希望在决赛也得第一,因此打算在这方面投入更多,希望到时候一鸣惊人。学生这种追求第一的精神值得表扬,但还是应该尊重学生乙的说法,校园排舞锻炼的是自己的能力,不要靠外力。 措施:后来,通过交流,让双方沟通了一下,再加上班主任的协调,问题解决了,就在原来的基础上,提高动作质量,靠自己的智慧解决。

三、评价反思——科研提升

（一）行动反思与评价

表 6-10　校园排舞行动研究反思与评价

阶段过程	反思总结	效果的评价
开始阶段	反思:开始阶段由于没有与班主任沟通到位,使得报名出现一些小问题,有些学生从一开始就不愿意参加,这需要从日常宣传开始进行引导。 总结:开始阶段总体还是很顺利,比想象的要好。后面由于各个班级都主动报名、训练,形成一种良性的循环,大家都不甘落后,形成你追我赶的学习场面。	此阶段,出了一些问题,但通过沟通,问题都得以顺利解决。学生、老师在这一过程中都学到了新东西,也提高了这种组织大型活动的经验,特别体会到齐心协力的含义,各个部门一起做事,事情才能较圆满地解决。

续表

阶段过程	反思总结	效果的评价
行动过程	反思：由于各班队长能力不一样，各班组织训练、管理效果都不一样，导致相应的差距。在进行创编、队形变换这一环节上，由于大部分人没经验，都是边看边学，有些班级的东西被"盗走"，引起同学之间的不满。 总结：这一阶段时间比较长，学生对动作从不会到会，从无到有，到自创自编。这一路过来，都是同学们学习的结果，不管效果怎么样，至少大家都努力了，知道了该如何进行排舞比赛，该如何组织训练。当出现本班自创动作被"盗走"时，教师告诉同学要学会保护自己，学会无私奉献些，只要能提高整个比赛的精彩效果，被"盗走"也是一种奉献。	此阶段真正让人感动，校园热闹了，大课间、下午第四节，操场上、走廊里都有学生跳排舞的身影。很多学生还拉着老师一起跳，这种相互感染的氛围很美。午间校园广播站里播放着排舞音乐，大家听着音乐就有跳跃的冲动。这一阶段才让人真正感受到什么叫校园文化建设，什么叫丰富学生课余文化生活，这就是活生生的例子。学生这种自发、自觉的行为实在让人感动。这一过程其实比结果更重要，每天中午学生会自己组织训练，体育课会要求体育教师指导，一切都是为了排舞大赛，这一过程学生学了很多东西，提高自身综合素质。
结束阶段	反思：30个班级，4个年段，到最后变成整个初二年段表现比较好，最终八个班级入围全校决赛。初二后来居上，8 支入围队伍占了 3 支，这和年段的配合有关系，和学生自身努力有关系。 总结：四个年段，初一只有一支队伍进入决赛，由于初一年在自创、自编上逊色于其他年段，但初一年段整个年段推广普及速度最快，从最初整个年段都不会跳，到后来成为跳的最好的一个年段，就是一种进步。	决赛结束那一刻，才真正发现"三好四美"发生质的变化。决赛时邀请很多上级领导来观看，大家给予的评价都很高。比赛从开始到结束前后经历了三个月，学生在这个过程中学会了组织管理、自编自创、探究合作，培养了集体主义意识。纵观整个比赛，当初的预期目标基本实现，此次比赛很有价值，提高了教师专业意识，加深了教师对整个比赛过程的理解，提高了教师解决问题的能力。

(二)行动研究报告

表 6-11 校园排舞行动研究报告

行为总类	赛前表现	赛后表现
组织管理能力	组织、管理能力一般，没什么经验、方法	组织、管理能力得到明显的提升：能快速有效地进行队伍调动，能有效组织本班级顺利参加比赛。
自律相互尊重	自我约束意识不强，相互尊重感没那么强烈	训练过程表现，同学之间的自律行为意识增强了，不再只考虑个人想法，更多的是考虑队伍、班级的需要；通过比赛，大家发现每个同学都不可或缺，因此会产生彼此相互尊重的意识，大家能在相互学习过程中互帮互助，共同提高。

续表

行为总类	赛前表现	赛后表现
学习创新能力	自觉学习意识不够,创新能力无从谈起,没有这方面的舞台	这次比赛以班级自主学习为主,还渗透了合作学习、探究学习,这些行为意识都是一种自觉的行为;比赛中的动作创编、队形变换给学生提供了研讨、创新的平台;通过比赛之后,这些创新思维意识发生了积极的变化,这种变换是这次比赛最好的行为意识。
排舞认识比赛流程	对排舞认识还只是建立在表层认识上	通过这次比赛,学生真正体会到了排舞,理解了排舞"三好四美";了解整个比赛流程,从彩排到预赛,再到后来的决赛,每一次都把自己最精彩的一面留在舞台上。
师生沟通交流	缺乏沟通,不敢、不愿进行沟通交流	这次比赛到了最关键时刻,必须与老师进行沟通交流,很多动作不理解,必须和老师沟通;很多创编不理想,必须和老师沟通;很多程序不会,也必须和老师沟通。比赛中的很多必须,造就了学生与老师之间的沟通习惯,由此促进了师生间的了解和本班级的进步。
自身综合素质	综合素质一般,体现不明显	通过这次比赛,队员们最明显的变化是交际意识的提升,全校4个年段400多名的参赛选手,大家一起训练,一起彩排,相互认识,相互了解,建立了友情;各个年段都抽出代表做裁判,这让大家学到了更多知识,提升了参赛人员的综合素质;队长要负责组织管理,队员要负责学习、创新、创编、交流,一切的行为都在学习、比赛过程中体现。整个比赛完成后,变化最大的就是学生个体的气质形象,走在学校里,一看就知道是参加过排舞比赛的。经过简单的三个月学习,大家的言谈举止也发生了改变,一切向着积极的方向发展。

课题组所提出的主要研究报告认为:校园排舞大赛对学生行为的影响是积极的。学生在排舞大赛中在组织、管理行为上取得了进步;在自律、相互尊重行为上发生了改变;在学习、创新行为上发生了变化;在对排舞认识及比赛流程等行为上发生变化;在师生交流沟通上发生变化,自身综合素质行为意识上发生变化。变化是一种层次递进的过程,有些是发生质的改变,将已有的优点提高了一个层次;有些是已经有意识要往好的方向走。总之,校园排舞大赛对学生的行为影响是积极的、良性的,是向上促进的,是能将学生行为意识往好的方向引导的一种活动。

参考文献

[1]连仁都.校园排舞[M].厦门:厦门大学出版社,2014.
[2]中华人民共和国教育部.体育与健康课程标准[S].北京:北京师范大学出版社,2001.
[3]董翠香.体育校本课程导论[M].北京:北京体育大学出版社,2006.
[4]全国体育学院教材委员会.运动训练学[M].北京:人民体育出版社,1990.
[5]李雁冰.课程评价论[M].上海:上海教育出版社,2002.
[6]刁在箴,翟林.体育舞蹈[M].武汉:华中师范大学出版社,1997.
[7]黄甫全.课程与教学论[M].北京:高等教育出版社,2007.
[8]鲁洁.当代教育新理论丛书:新世纪版[M].南京:江苏教育出版社,2000.
[9]刁在箴.中小学健美操教学指南[M].武汉:中国地质大学出版社,1988.
[10]王洁,顾泠沅.行动教育——教师在职学习的范式革新[M].上海:华东师范大学出版社,2007.
[11]杨成.经历·体验·成长[M].广州:广东人民出版社,2004.
[12]骆秉全.美与和谐的体育教学[M].北京:北京师范大学出版社,2007.
[13]柯林·比尔德,约翰·威尔逊.体验式学习的力量[M].黄荣华,等译.广州:中山大学出版社,2003.
[14]王道俊.教育学[M].北京:人民教育出版社,1994.
[15]赵国忠.教师最需要什么[M].南京:江苏人民出版社,2008.
[16]钱宏颖,葛丽华.体育舞蹈与排舞[M].杭州:浙江大学出版社,2011.
[17]霍丽娟.交际舞大全[M].北京:中国华侨出版社,2010.
[18]国家总局体操运动管理中心.全国排舞比赛评分规则[S].2010.
[19]胡晓风.陶行知教育全集[M].四川:四川教育出版社,2007.
[20]阳光校园新课程资源网[EB/OL].http://www.ygty.org.[2019-05-01].
[21]唐古拉排舞广场舞.排舞专业基本舞步名称(一)[EB/OL].http://blog.sina.com.cn/s/blog_5a1349270100bpea.html.[2019-05-20].

我们一起做排舞

后 记

记得2002年有一位教师与我说起"校本课程"这个话题，当时怎么听都很陌生，简直没法与那位教师交流，但却记住了"校本课程"这个词，开始了对校本课程的解读。时光飞逝，到了2010年，几年一路走来，学校开发了"神奇的红树林"校本课程，刘文胜老师的治学态度对我颇有启发。今天自己能够提笔写有关校本课程的文章和书，这期间融入了排舞，是排舞造就了今天的我。

我依然是我，只是这几年有校园排舞的做伴，让我在工作中，感到了体育人的充实。"校园排舞"作为学校重点发展的校本课程之一，得到各界友人的支持，得到各级领导的关心与厚爱。这本书正好见证了我这几年来的辛苦，见证了一位普通教师的成长历程。"路漫漫其修远兮，吾将上下而求索"，这作为我跨进校园后的座右铭，一直激励着我成长。从当初什么都不知道，到今天能为学校校本课程写点东西，其中的点滴心得，希望各位同仁能得到启发。作为教育工作者，我们要寻找自己的目标，构建快乐与健康的体育课堂，让学生热爱排舞，热爱体育，走出校园之后，仍终身热衷体育。

2014年，《校园排舞》专著出版。这三年以来，国内排舞得到快速发展，排舞犹如雨后春笋般出现在中小学课堂上。排舞社团、委员会也相继成立，丰富了学校体育的选择。排舞创造了诗意校园，让每一个师生都不忘初心，做一个真实的自我。

感谢海沧中学张伟斌、林枝示、徐建明、沈坚决等多位领导与同仁的关心与帮助，在此向他们表示衷心的感谢！并向一贯关心本书撰写的同志表示感谢！由于自己对校本课程了解有限，写作过程就是学习的过程，其中必定还有诸多不成熟之处，请各位专家、领导多加指导！

厦门市海沧中学
连仁都
2020年2月23日